■2025年度高等学校受験用

目白研心高等学校

収録内容一覧

★この問題集は以下の収録内容となっています。また、編集の都合上、解説、解答用紙を省略させていただいている場合もございますのでご了承ください。

（○印は収録、一印は未収録）

入試問題と解説・解答の収録内容		解答用紙
2024年度	英語・数学・国語	○
2023年度	英語・数学・国語	○
2022年度	英語・数学・国語	○
2021年度	英語・数学・国語	○
2020年度	英語・数学・国語	○
2019年度	英語・数学・国語	○

★当問題集のバックナンバーは在庫がございません。あらかじめご了承ください。

●凡例●

【英語】

≪解答≫

〔　〕　①別解
　　　②置き換え可能な語句（なお下線は置き換える箇所が2語以上の場合）
　　　　(例) I am 〔I'm〕 glad 〔happy〕 to ~

（　）　省略可能な言葉

≪解説≫

1, **2**… 本文の段落（ただし本文が会話文の場合は話者の１つの発言）

〔　〕　置き換え可能な語句（なお〔　〕の前の下線は置き換える箇所が 2 語以上の場合）

（　）　①省略が可能な言葉
　　　　(例) 「(数が) いくつかの」
　　　②単語・代名詞の意味
　　　　(例) 「彼（＝警察官）が叫んだ」
　　　③言い換え可能な言葉
　　　　(例) 「いやなにおいがするなべにはふたをするべきだ（＝くさいものにはふたをしろ)」

//　　訳文と解説の区切り

cf.　　比較・参照

≒　　ほぼ同じ意味

【数学】

≪解答≫

〔　〕　別解

≪解説≫

（　）　補足的指示
　　　　(例) (右図１参照) など

〔　〕　①公式の文字部分
　　　　(例) 〔長方形の面積〕=〔縦〕×〔横〕
　　　②面積・体積を表す場合
　　　　(例) 〔立方体 ABCDEFGH〕

∴　　ゆえに

≒　　約、およそ

【社会】

≪解答≫

〔　〕　別解

（　）　省略可能な語

＿＿　使用を指示された語句

≪解説≫

〔　〕　別称・略称
　　　　(例) 政府開発援助〔ODA〕

（　）　①年号
　　　　(例) 壬申の乱が起きた (672 年)。
　　　②意味・補足的説明
　　　　(例) 資本収支 (海外への投資など)

【理科】

≪解答≫

〔　〕　別解

（　）　省略可能な語

＿＿　使用を指示された語句

≪解説≫

〔　〕　公式の文字部分

（　）　①単位
　　　②補足的説明
　　　③同義・言い換え可能な言葉
　　　　(例) カエルの子 (オタマジャクシ)

≒　　約、およそ

【国語】

≪解答≫

〔　〕　別解

（　）　省略してもよい言葉

＿＿　使用を指示された語句

≪解説≫

〈　〉　課題文中の空所部分（現代語訳・通釈・書き下し文）

（　）　①引用文の指示語の内容
　　　　(例) 「それ (＝過去の経験) が ～」
　　　②選択肢の正誤を示す場合
　　　　(例) (ア，ウ…×)
　　　③現代語訳で主語などを補った部分
　　　　(例) (女は) 出てきた。

／　　漢詩の書き下し文・現代語訳の改行部分

目白研心高等学校

所在地	〒161-8522 東京都新宿区中落合4-31-1
電　話	03-5996-3133
ホームページ	https://mk.mejiro.ac.jp/
交通案内	西武新宿線・地下鉄大江戸線 中井駅より徒歩12分，地下鉄大江戸線 落合南長崎駅より徒歩9分，地下鉄東西線 落合駅より徒歩14分

普通科

男女共学

くわしい情報は
ホームページへ

応募状況

年度	募集数	受験数	合格数	倍率
2024	推薦 100名 一般 130名	100名 387名	100名 379名	1.0倍 1.0倍
2023	推薦 115名 一般 115名	113名 458名	113名 384名	1.0倍 1.2倍
2022	推薦 115名 一般 115名	181名 457名	181名 424名	1.0倍 1.1倍

※数字は各コースの合計

試験科目　(参考用：2024年度入試)

推薦：作文，面接

一般：国語・数学・英語，面接(フリーのみ)

コース編成

＜特進コース＞

国公立大学や早慶上理などの難関私立大学への進学を目指す。ふだんから大学受験を意識したハイレベルの授業を実施している。

1．高い授業水準
2．週３回の発展問題演習(模試対策)
3．夏期特進特別講習
4．模試前後の面談

＜総合コース＞

早慶上智及びGMARCHなどの難関私立大学への進学を目指す。授業，クラブ，家庭学習をバランスよく両立していくコース。クラブ活動後の学習支援センターでの学習や朝テストで自分のペースをつくっていく。

1．２年次に３種類のクラスに分かれる

①英語難関クラス

英語，国語，地理・歴史を重点的に学習する。英語力を生かして早慶上智などの文系難関私立大学を目指す。

②文系クラス

国語，社会，英語を中心にバランスよく学習する。文系のほか，体育，芸術系など多彩な進路を実現する。

③理系クラス

数学，理科，英語を中心にバランスよく学習する。３年次には時間割の約半分を理数系科目が占める。理工系や情報系のほか，医歯薬学系や看護系への進学を実現する。

2．学習支援センターの利用
3．夏期・冬期・春期講習
4．クラブとの両立

＜Super English Course＞

海外の大学や，スーパーグローバル大学等の国内の大学を目指す。電子黒板やiPadといったICT機器を使い，参加型の授業が多く展開される。世界の現状を知る「世界事情」という科目を設置し，コミュニケーションの土台となる教養を深める。また，「プレゼンテーション＆ファシリテーション」「第二外国語(中国語)」といった独自の科目を用意し，グローバルコミュニケーション力を身につけていく。

1．TOEFL iBT® 80点(PBT® 550点)を目指す
2．iPadを使った参加型授業
3．多彩な科目で包括的なグローバルコミュニケーション力を養成
4．オーストラリアへの留学

編集部注─本書の内容は2024年3月現在のものであり，変更されている場合があります。正確な情報は，学校のホームページ等で必ずご確認ください。

出題傾向と今後への対策　英語

出題内容

	2024	2023	2022
大問数	6	6	6
小問数	52	53	55
リスニング	○	○	○

◎大問数６～８題，小問数50問程度である。放送問題１題と対話文を含む長文読解２～３題のほか，整序結合などが出題されている。

2024年度の出題状況

1 放送問題

2 文法総合―Ｅメール

3 対話文完成―資料を見て答える問題

4 適語補充

5 長文読解総合―対話文

6 長文読解総合―エッセー

解答形式

2024年度	記　述／マーク／併　用

出題傾向

長文の題材は説明文や物語が多く，やや長いものもある。設問は文脈把握，適語・適文選択，指示語，内容真偽など内容把握の問題が中心である。整序結合は日本語つきで６～７語(句)を並べ換える問題。そのほか書き換えや誤文訂正などが出題されている。対話文の読解は適文選択が多い。放送問題は２部構成で英問英答形式である。

今後への対策

基本事項の理解度を問う内容が多いので，教科書を何度も音読し，基本単語や熟語，基本例文をできる限り暗記できるとよい。テストで間違えた問題は必ず見直しておくこと。放送問題対策にはラジオなどの講座を利用し，毎日英語を聴くのが有効。過去問は時間を計って解き，問題形式と時間配分を確認しておこう。

◆◆◆◆◆ 英語出題分野一覧表 ◆◆◆◆◆

分野		年度	2022	2023	2024	2025 予想※
音声	放送問題		■	■	■	◎
	単語の発音・アクセント					
	文の区切り・強勢・抑揚					
語彙・文法	単語の意味・綴り・関連知識				●	△
	適語(句)選択・補充		●	●	■	◎
	書き換え・同意文完成					
	語形変化					
	用法選択					
	正誤問題・誤文訂正		■	■	■	◎
	その他					
作文	整序結合		●	●	●	◎
	日本語英訳	適語(句)・適文選択				
		部分・完全記述				
	条件作文					
	テーマ作文					
会話文	適文選択					
	適語(句)選択・補充		■	■	■	◎
	その他					
長文読解	内容把握	主題・表題				
		内容真偽	★	●	●	◎
		内容一致・要約文完成				
		文脈・要旨把握	●	●	●	◎
		英問英答				
	適語(句)選択・補充		●	●	●	◎
	適文選択・補充			●	●	◎
	文(章)整序				●	△
	英文・語句解釈(指示語など)		●	●	●	◎
	その他					

●印：１～５問出題，■印：６～10問出題，★印：11問以上出題。
※予想欄　◎印：出題されると思われるもの。　△印：出題されるかもしれないもの。

出題傾向と今後への対策　数学

出題内容

2024年度　証

大問７題，22問の出題。1～3は小問集合で，計12問。各分野から基本的な計算力や知識を問うもの中心に出題されている。4は方程式の応用問題。テストの得点を利用したもの。5は平面図形で，三角形について問うもの。相似などの理解が問われている。穴埋め式の証明問題が出された。6は関数で，放物線と直線に関するもの。回転体の体積を求めるものも出された。7は空間図形で，立方体を利用した問題。入試ではよく見る問題。

2023年度

大問７題，25問の出題。1～3は小問集合で，計14問。各分野から基本的な計算力や知識を問うものを中心に出題されている。4は方程式の応用問題。割合を利用したもの。5は平面図形で，平行四辺形について問うもの。相似などの理解が問われている。6は関数で，放物線と直線に関するもの。円を利用するなど，図形の知識も要する。7は空間図形で，立方体を利用した問題。最終題はていねいな計算が必要。

作…作図問題　証…証明問題　グ…グラフ作成問題

解答形式

2024年度	記　述／マーク／併　用

出題傾向

大問６～７題，設問21～26問の出題。1～3は小問集合で，12問程度。計算問題をはじめ，確率，図形などからも出題。4以降は，方程式の応用，関数，平面図形，空間図形の出題。方程式の応用は割合を利用するものが多い。関数は放物線と直線に関するもの。図形は計量題中心。やや難度の高い問題が出題されることもある。

今後への対策

まずは教科書や基本問題集で基礎固め。確実に基礎を定着させるために繰り返し演習を行うこと。公式や定理はしっかり覚え使えるように。基礎が定着したら，標準レベルの問題集で演習を積もう。できるだけ多く問題に接して，問題に慣れていこう。また，いろいろな解法を少しずつマスターしていこう。計算練習もおろそかにしないように。

◆◆◆◆◆ 数学出題分野一覧表 ◆◆◆◆◆

分野	年度	2022	2023	2024	2025予想※
数と式	計算，因数分解	★	★	★	◎
	数の性質，数の表し方	●		■	◎
	文字式の利用，等式変形	●	■		◎
	方程式の解法，解の利用	●	●	●	◎
	方程式の応用	★	■	■	◎
関　数	比例・反比例，一次関数	●			△
	関数$y=ax^2$とその他の関数	★	★	★	◎
	関数の利用，図形の移動と関数				
図　形	（平面）計　量	★	★	★	◎
	（平面）証明，作図			●	
	（平面）その他				
	（空間）計　量	★	★	★	◎
	（空間）頂点・辺・面，展開図				△
	（空間）その他				
データの活用	場合の数，確率	●	●	●	◎
	データの分析・活用，標本調査		●		△
その他	不 等 式				
	特殊・新傾向問題など				
	融合問題				

●印：１問出題，■印：２問出題，★印：３問以上出題。
※予想欄　◎印：出題されると思われるもの。　△印：出題されるかもしれないもの。

出題傾向と今後への対策　国語

出題内容

2024年度

一 漢字　二 論説文
三 小説　四 古文

課題文
二 信原幸弘『「覚える」と「わかる」』
三 鈴村ふみ『櫓太鼓がきこえる』
四 兼好法師『徒然草』

2023年度

一 漢字　二 論説文
三 小説　四 古文

課題文
二 内山　節『山里の釣りから』
三 麻希一樹
『「未完成」なぼくらの，生徒会』
四『大和物語』

2022年度

一 漢字　二 論説文
三 小説　四 古文

課題文
二 外山滋比古
『乱読のセレンディピティ』
三 原田マハ『リーチ先生』
四『宇治拾遺物語』

解答形式

2024年度	記　述／マーク／併　用

出題傾向

設問は，現代文にそれぞれ９～10問程度，古文に５問程度付されており，それに漢字10問が加わって，全体で30問強の出題となった。そのうちの約７割が内容理解に関するもので，30～60字程度の記述式解答のものも複数含まれる。現代文の課題文は，小説・論説文ともに，比較的新しい作品から選ばれることが多いようである。

今後への対策

全体としてオーソドックスな出題なので，日頃から問題集に取り組んで練習を積んでいけば，十分に合格点に達すると考えられる。ただし，記述式解答の設問が複数あるので，40字程度の解答を正確に書けるように練習しておくこと。国語の知識については，漢字を中心に語句関連を簡単な問題集などで復習しておくとよい。

◆◆◆◆ 国語出題分野一覧表 ◆◆◆◆

分野		年度	2022	2023	2024	2025予想※
現代文	論説文・説明文	主題・要旨	●	●	●	◎
		文脈・接続語・指示語・段落関係		●	●	◎
		文章内容	●	●	●	◎
		表現		●	●	◎
	随筆・日記・手紙	主題・要旨				
		文脈・接続語・指示語・段落関係				
		文章内容				
		表現				
		心情				
	小説	主題・要旨			●	△
		文脈・接続語・指示語・段落関係				
		文章内容	●	●	●	◎
		表現	●	●		◎
		心情	●	●	●	◎
		状況・情景				
韻文	詩	内容理解				
		形式・技法				
	俳句・和歌・短歌	内容理解				
		技法				
古典	古文	古語・内容理解・現代語訳	●	●	●	◎
		古典の知識・古典文法	●	●	●	◎
	漢文	（漢詩を含む）				
国語の知識	漢字・語句	漢字	●	●	●	◎
		語句・四字熟語	●		●	◎
		慣用句・ことわざ・故事成語	●			△
		熟語の構成・漢字の知識				
	文法	品詞				
		ことばの単位・文の組み立て				
		敬語・表現技法				
	文学史					
作文・文章の構成・資料						
その他						

※予想欄　◎印：出題されると思われるもの。　△印：出題されるかもしれないもの。

合格を勝ち取るための

本書の使い方

本書に掲載されている過去問をご覧になって，「難しそう」と感じたかもしれません。でも，大丈夫。ほとんどの受験生が同じように感じるのです。高校入試の出題範囲は中学校の定期テストに比べて広いですし，残りの中学校生活で学ぶはずの，まだ習っていない内容からも出題されているかもしれません。

ですから，初めて本書に取り組む際には，点数を気にする必要はありません。点数は本番で取れればいいのです。

過去問で重要なのは「間違えること」です。自分の弱点を知るために，過去問に取り組むのです。当然，間違った問題をそのままにしておいては意味がありません。

本書には，長年にわたって高校受験に関わってきたベテランスタッフによる詳細な解説がついています。間違えた問題は重点的に解説を読み，何度も解きなおしてください。時にはもう一度，教科書で復習するのもよいでしょう。

別冊として，抜き取って使える解答用紙を収録しました。表示してあるように拡大コピーをとれば，実際の入試と同じ条件で，何度でも過去問に取り組むことができます。特に記述問題では解答欄の大きさがヒントになる場合があります。そうした，本番で使える受験テクニックの練習ができるのも，本書の強みです。

前のページにある「出題傾向と今後への対策」もよく読んで，本校の出題傾向に慣れておきましょう。

2025年度 高校受験用

目白研心高等学校　6年間スーパー過去問

をご購入の皆様へ

お詫び

本書、目白研心高等学校の入試問題につきまして、誠に申し訳ございませんが、以下の問題文は著作権上の問題により掲載することができません。設問と解説、解答は掲載してございますので、ご必要とされる方は原典をご参照くださいますよう、お願い申し上げます。

記

2024年度　英語　6　の問題文

以上

株式会社　声の教育社　編集部

2024年度 目白研心高等学校

【英　語】（50分）〈満点：100点〉

1　（リスニングテスト）

Part A:　英語の放送を聞いた後、それぞれの内容に関する質問が流れます。その質問に対し最も適切な答えを**(A)**、**(B)**、**(C)**、**(D)**の中から1つ選び、その記号を答えなさい。音声は**2回流します。**

1.

(A)　Speaking
(B)　Reading
(C)　Listening
(D)　Writing

2.

(A)　14:45
(B)　15:45
(C)　16:45
(D)　The flight has been canceled.

3.

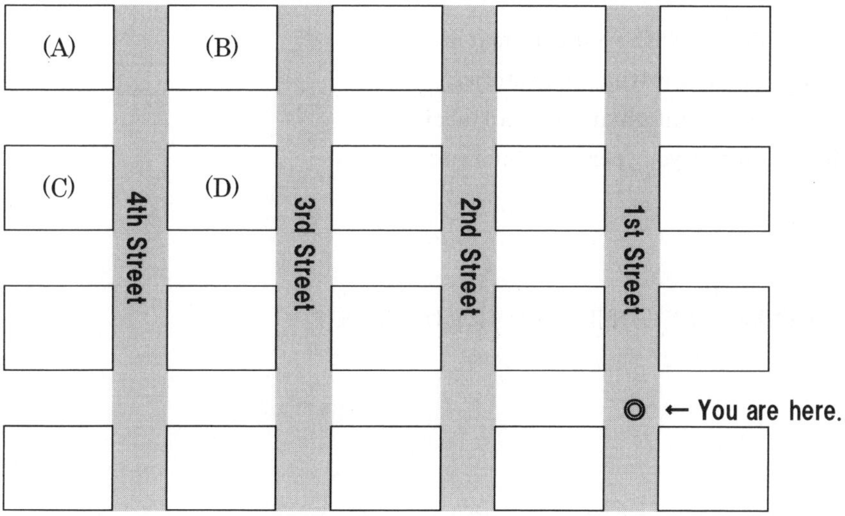

Part B: 英語の放送を聞いた後、**その内容に**関する質問が 4 つ流れます。その質問に対し最も適切な答えを**(A)**、**(B)**、**(C)**、**(D)** の中から 1 つ選び、その記号を答えなさい。音声は **2 回流します。**

1.
(A) Media and people
(B) Media and information
(C) Information and online
(D) Online and technology

2.
(A) To think carefully.
(B) To check what is true.
(C) To save money.
(D) To stay safe online.

3.
(A) Numbers and data
(B) Numbers and personal messages
(C) Personal messages and data
(D) Data and discussion

4.
(A) How to discuss with your classmates.
(B) How to find interesting news stories.
(C) How to choose information to talk about.
(D) How to protect your personal information.

※＜リスニングテスト放送原稿＞は英語の問題の終わりに付けてあります。

2 次の２つのＥメールについて、設問に答えなさい。

A 高校１年生のタケシは、イギリスにいる中学時代のALTにメールを送ったが、英語の先生に下線部①～⑥が文法上間違っているとの指摘を受けた。下線部①～⑥の語を適切な形に直して解答欄に書きなさい。ただし、解答が２語以上になる場合もある。

From: Takeshi Koyanagi
To: Joe Stewart
Subject: About the Camping Trip
Sent: 8/11, 9:07 A.M.

Hello, Joe-sensei!　How are you doing?

Thank you for ①let me join you on the camping trip.　It usually rains a lot in my hometown around this season.　Last year, I wanted to go camping with my friends, but we ②have to cancel it because it was rainy.

Your hometown is not so hot and is much drier than Japan, so I believe camping at night will be very relaxing.　There are a lot of beautiful ③star at night, ④are there?　I think seeing ⑤their from the mountain will be nice.

I have gone camping in Japan only a few times, so I don't know much about what to prepare.　Please tell me if I need ⑥bring anything.　My flight will arrive at the airport at 4:00 p.m.　If you could come to the airport to see me, I would be happy.

Looking forward to seeing you,
Takeshi

B　以下は A のメールに対する Joe 先生からの返信メールである。⑦～⑨が意味の通る英文になるように【　】内の語句を並べ替えるとき、【　】内で**3番目と6番目**に来る語句の記号を答えなさい。

From: Joe Stewart
To: Takeshi Koyanagi
Subject: Re: About the Camping Trip
Sent: 8/11, 1:34 P.M.

Hi Takeshi,
Thank you very much for your email. I am happy that you are coming.

I will pick you up at the airport, so no worries. ⑦I want【 ア to / イ where / ウ me / エ should / オ tell / カ I / キ you 】go. Call me when you arrive at the airport.

We are going to have a barbecue dinner. After that, we will go hiking in the mountains to see the night sky. You're right, Takeshi. ⑧The sky at night is【 ア be / イ beautiful / ウ that / エ you / オ so / カ surprised / キ will 】when you look up.

You don't have to bring food or drinks, but don't forget a raincoat, a big towel, and warm clothes. It's sometimes rainy and a little cold at night. ⑨So, make【 ア to / イ bring / ウ you / エ sure / オ things / カ that / キ these】the camping trip.

Take care and have a safe flight,
Joe

3　資料と会話文について、設問に答えなさい。

SA（学校ボランティア：Student Ambassador の略称）を務めている 2 人の生徒がSA活動に参加した記録のスタンプや活動実績が記されているSAダイアリーを見ながら話をしている。

＜SA レベル　条件表＞

条件＼レベル	Gold	Silver	Bronze
SA 活動で集めたスタンプの数	20 個以上	12 個以上	6 個以上
リーダーを務めた回数	5 回以上	2 回以上	0～1 回

＜Tom's SA Diary＞

Your SA Level: (　①　)

You got
(A) Stamp(s)

You worked as a leader
(B) Time(s)

Tom: You look happy, Jake. Is that your SA diary?

Jake: It is! I have 24 stamps now. Look, here it says "Gold." I'm the first Gold SA!

Tom: Wow! You're a superstar! I'm still at the (　①　) level. That's because it's (　②　) for me to work as a group leader.

Jake: You told me you never tried. Why?

Tom: I'm a bit shy about raising my hand in front of others.

Jake: Come on! We will be third year students next year. So you will have (　③　) chances to be a leader.

Tom: Thanks. I thought I (　④　) a lot of stamps, but you have twice as many as me. How did you have time to join activities 24 times? It seems (　⑤　).

Jake: No, actually I didn't. It works like this; every time you participate in a single event, you get one stamp. And when you take part in two events on the same day, you get a stamp for each event and one bonus stamp! I did that three times this summer.

Tom: Did you get (　C　) stamps just during the summer vacation? I'll do the same next time.

Jake: You'll get lunch too. Just so you know.

Tom: Even better. Thanks, Golden boy!

1. 資料と会話文を参考に、<Tom's SA Diary>と会話文の空欄①～⑤に入る語として最も適切なものを、それぞれの選択肢から 1 つ選び、その記号を答えなさい。
ただし、同じ番号の空欄には、同じ語が入る。

① ア Silver イ Bronze

② ア hard イ easy

③ ア more イ much

④ ア gave イ collected

⑤ ア possible イ impossible

2. 会話文をもとに、<Tom's SA Diary>と会話文の空欄 (A)～(C) に入る数字を答えなさい。ただし、算用数字で答えること。

4 学校の創立100周年を記念した特別講演会を地域の方にお知らせするため、あなたはチラシを作っている。日本語版を参考に、英語版の空欄①〜⑤に英単語1語を入れ、チラシを完成させなさい。

創立100周年記念 特別講演会 「私たちの町と学校」

日時	7月26日（日） 開場：12:00／開演: 13:00
会場	研心記念ホール
内容	・歴史と理科の教員が、研心町と学校について語ります。
	・この町出身の有名なピアノ奏者が、校歌を演奏します。
	・生徒たちが撮影した地域の写真を入口に展示します。
チケット	こちらのフォームに、名前・住所・電話番号を入力してください。 → www.*form.mkjs_100th*

100th Anniversary Special Talk "Our Town and Our School"

Date & Time	Sunday, (①) 26th Open: 12:00／Start: 13:00
Place	Kenshin Memorial Hall
About Talk	・Our history and (②) teachers will give a talk about Kenshin Town and our school.
	・A famous (③) from this town will perform our school (④).
	・Photos of the area taken (⑤) the students will be displayed at the entrance.
Ticket	Fill in your name, address and phone number on the form here. → www.*form.mkjs_100th*

5 Taku と短期留学生 Kate の対話文を読んで、設問に答えなさい。

Kate: Hey Taku. How's studying for your entrance exams going?

Taku: Hi Kate. It's been 【①-X】. I've been studying this page for one hour, but I can't remember anything. [②-X]

Kate: You look so tired. You should take a break to refresh yourself. Hey! What do you think about watching a musical? My friend told me about a musical called *Crazy For You.* She said it made her laugh so much. Let's go and see it. I think you need a good laugh.

Taku: A musical? I don't know. I've never seen a musical before. ③<u>It may not be my cup of tea.</u>

Kate: Come on. You loved the drama (④) that Yoshio was in at the school festival, right?

Taku: Yeah, his acting was 【①-Y】. I can't believe that was a school (④).

Kate: And you also like the music in Disney movies. You're always singing the songs from *The Little Mermaid, Aladdin*, and *Beauty and the Beast.*

Taku: Hey, you too! You're always singing right next to me.

Kate: That's true. And that's why I know you'll love watching a musical. Remember, you need a break, and I really want to see *Crazy For You*, so come with me. We'll have so much fun together. [②-Y]

Taku: Yeah, I know. I always have fun when I'm with you. Okay, ⑤<u>I'm in.</u> So, when is the next (④)?

Kate: Let me check the website for tickets. Oh no! The final (④) is this weekend, but it's already sold out. We could see this one, but there are just a few tickets left. We might not be able to sit together.

Taku: Hey, don't give up yet. Let me see. How about this one? There are still some tickets left.

Kate: But that show is for tonight. [②-Z]

Taku: Sure, there is. It's only 4:30 now. The show doesn't start until 6:30. If we leave now, we'll have plenty of time to get there and buy tickets.

Kate: You're right. Okay. Let's do it. I'm so 【①-Z】. I can't believe we are going to see *Crazy For You* tonight.

Taku: Me neither. This is going to be awesome.

1.　空欄【①-X】、【①-Y】、【①-Z】に入る最も適切な表現を以下の選択肢から 1 つずつ選び、その記号を答えなさい。ただし、選択肢は1度しか使えない。

ア　amazing　　イ　calm
ウ　excited　　エ　terrible

2.　空欄 ②-X 、②-Y 、②-Z に入る最も適切な表現を以下の選択肢から 1 つずつ選び、その記号を答えなさい。ただし、選択肢は1度しか使えない。

ア　I feel like I am wasting my time.　　イ　There isn't enough time.
ウ　I promise.　　エ　Let's give up.

3.　下線部③の意味として最も適切な表現を以下の選択肢から 1 つ選び、その記号を答えなさい。

ア　このカップはぼくのものではない。　　イ　紅茶はあまり好きではない。
ウ　ミュージカルをあまり知らない。　　エ　ぼくの好みではないかもしれない。

4.　空欄④に共通して入る最も適切な語を以下の選択肢から 1 つ選び、その記号を答えなさい。

ア　break　　イ　performance
ウ　class　　エ　movie

5.　下線部⑤を言い換えたものとして最も適切な表現を以下の選択肢から 1 つ選び、その記号を答えなさい。

ア　I'll think about it.　　イ　I'll be inside.
ウ　I'll go.　　エ　I'll go home.

6.　下の表は「クレイジー・フォー・ユー」のチケット販売状況を表したものである。2人が公演を観に行く曜日を1つ選び、その曜日の単語を◯で囲みなさい。

Monday	Tuesday	Wednesday	Thursday	Friday	Saturday	Sunday
—	○	△	—	▽	×	×

○ : many tickets are left　　△ : some tickets are left
▽ : only a few tickets are left　　× : sold out

6 次の文章を読んで、設問に答えなさい。

〔編集部注…課題文は著作権上の問題により掲載しておりません。作品の該当箇所につきましては次の内容を参考にしてください〕

Kay Hetherly『Tokyo Wonderland』
〈NHK 出版　2006 年 1 月 25 日第 1 刷　2018 年 11 月 15 日第 14 刷〉
「The Rice Mystery」〔一部改変あり〕

P.72 の 1 行目～ P.75 の最終行

〔設問の箇所〕

1．下線部①「irritated」(P.72 の 5 行目)
2．空　欄②（P.72 の最終行～ P.73 の 5 行目）
3．下線部③「that kind of mistake」(P.74 の 1 行目)
4．下線部④「I was really confused」(P.74 の 12 ～ 13 行目)
5．下線部⑤「she laughed」(P.74 の下から 6 ～ 5 行目)
6．空　欄⑥（P.75 の 4 ～ 5 行目）
7．空　欄⑦（P.75 の下から 3 行目～最終行）

注)

get rid of it in the proper way: それを適切に処分する

stuff A with B: A に B を詰める

embarrassing: 恥ずかしい

perception: 認識、物の見方

in case ~: ～する場合に備えて

national diet: 国民食

admit: ～を認める

quote: ～を引用する

1. 下線部①に最も近い意味の語を以下の選択肢から 1 つ選び、その記号を答えなさい。

ア angry　イ happy　ウ surprising　エ nervous

2. 空欄 ② に入るよう以下の 4 文を正しい順番に並べ替え、その順に記号を答えなさい。

ア At first, I thought, "Maybe a friend who knows my bicycle put it there."

イ But this rice was clearly store-bought, not homegrown.

ウ It's because his family grows rice, and sometimes he does give me a bag.

エ Just in case, though, I called him on my cell phone.

3. 下線部③について、

(1) 下線部③が指す具体的内容を説明する文となるよう、以下の文の下線部に日本語を補い、文を完成させなさい。

自分が買ったものを ＿＿＿＿＿(15 字程度目安)＿＿＿＿＿ に入れてしまうこと。

(2) 筆者は下線部③が発生するのはなぜだと考えているか。その理由として、最も適切なものを以下の選択肢から 1 つ選び、その記号を答えなさい。

ア 袋にレシートがついていないから。

イ ゴミを捨てたいから。

ウ 筆者の自転車がありふれたものだから。

エ 交番が離れたところにあるから。

4. 下線部④の理由を説明する文となるよう、以下の文の下線部に日本語を**簡潔に**補い、文を完成させなさい。答えは、解答欄の枠内におさまる文字数にすること。

筆者が届けたものはもちろん自分のものではないが、＿＿＿(ア)＿＿＿にもかかわらず、たとえ持ち主が現れなかったとしても＿＿＿(イ)＿＿＿とスーパーのサービスカウンターで言われたから。

5. 下線部⑤の理由として、最も適切なものを以下の選択肢から１つ選び、その記号を答えなさい。

ア　アメリカでは安価なものに筆者がこだわって話していることがおかしかったから。

イ　落とし物の持ち主が見つかるわけがなく、信じられない気持ちだったから。

ウ　日本のスーパーのサービスカウンターの対応が非常に素晴らしいと感動したから。

エ　見つけたものがゴミのようなものでなく、もっと高価なものであればと悔しかったから。

6. 空欄⑥に入る文として最も適切なものを以下の選択肢から１つ選び、その記号を答えなさい。

ア　Also, I learned about the history of rice.

イ　I have wanted to grow such rice in Japan by myself.

ウ　I often enjoyed rice served in Japanese restaurants.

エ　When I had to eat it, I added lots of salt and butter.

7. 空欄⑦に入る文として最も適切なものを以下の選択肢から１つ選び、その記号を答えなさい。

ア　In America, rice is much more valuable than it is in Japan.

イ　In America, rice is just rice, but in Japan it's much more meaningful.

ウ　In America, most of the people don't eat rice.

エ　Rice is valuable in America and Japan.

8. 本文の内容と一致するものには **T**、そうでないものには **F** と答えなさい。

(1) To the writer, something in a bicycle basket always seems to be expensive.

(2) At first, the writer thought, "My friend left the rice in the basket."

(3) The service desk told the writer to take the rice to the police.

(4) Before coming to Japan, the writer didn't like eating rice.

〈リスニングテスト放送原稿〉

Part A

#1

A: Hi, Sakura.　How was the English test?
B: Well, it was OK, but the writing part was a little bit difficult.
A: I agree.　How about the reading part?　It took a lot of time for me.
B: It was a piece of cake.

QUESTION:　What was difficult for both speakers?

(A)　Speaking
(B)　Reading
(C)　Listening
(D)　Writing

#2

Hello, everyone.　We have an important announcement about flight MK161.　It was going to leave at 3:45 pm.　Because of an unexpected situation, the departure time has been changed.　The new departure time is one hour later than the original time.　We apologize for any inconvenience.

QUESTION:　What time will the airplane leave?

(A)　14:45
(B)　15:45
(C)　16:45
(D)　The flight has been canceled.

#3

A: Excuse me, can you help me to find the city library?

B: Of course! We're now on the 1st Street.　Keep walking straight down for two blocks.　On the corner, turn left.　Walk three more blocks until you reach the 4th Street, then turn right.　You'll find the library on your left.

A: Thank you very much.　You helped me a lot.

QUESTION:　Where is the city library?

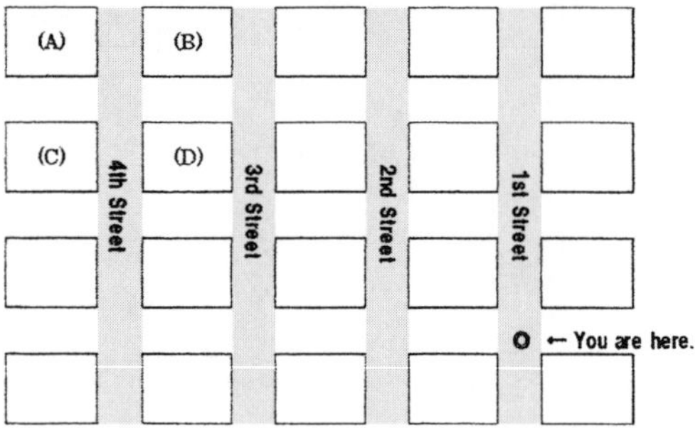

Part B

英語で講義を受講しています。

In this class, we'll learn about media and how to think carefully about information. We'll start by talking about what media is and why it's important.　You'll learn about different types of media like newspapers, TV, social media, and podcasts, and how they share information.

A big part of this class is to think carefully.　You'll learn how to check if something is fair, if the information is true, and if you can trust the sources.

We'll also show you how to use media.　You'll learn how to find secret messages in things like ads, news stories, and social media.　We'll also talk about numbers and data to know what's true and what's not.

Since we use the Internet a lot, we'll talk about how to keep your information safe. You'll learn how to protect your personal information and stay safe online.

As a part of the class, you'll choose some media to talk about.　You'll share what you find with your classmates, and we'll have discussions.

By the end of this class, you'll know how to think carefully about information, to use media, and to stay safe online.　These skills will help you a lot in today's world.

Questions:

#1: What is the main topic of this course?

(A) Media and people
(B) Media and information
(C) Information and online
(D) Online and technology

#2: Which is <u>not</u> discussed as a part of the course?

(A) To think carefully.
(B) To check what is true.
(C) To save money.
(D) To stay safe online.

#3: According to the lecture, what is needed to know the truth in media?

(A) Numbers and data
(B) Numbers and personal messages
(C) Personal messages and data
(D) Data and discussion

#4: What will you learn by the end of the course?

(A) How to discuss with your classmates.
(B) How to find interesting news stories.
(C) How to choose information to talk about.
(D) How to protect your personal information.

【数　学】（50分）〈満点：100点〉

〈注意〉答えが分数の場合は，既約分数(これ以上約分できない分数)で答えなさい。

1　次の各問いに答えなさい．

(1)　$-\frac{3}{7}-\left(-\frac{1}{2}\right)^3\times 2$　を計算しなさい．

(2)　$\frac{3x-y}{8}-\frac{x-5y}{6}$　を計算しなさい．

(3)　$\left(-ab^2\right)^2\div\left(-\frac{1}{2}abc\right)\times\frac{c^2}{8b}$　を計算しなさい．

(4)　$x^2-11x+10$　を因数分解しなさい．

(5)　$\left(\sqrt{2}+\sqrt{3}\right)^2-\frac{6\sqrt{2}}{\sqrt{3}}$　を計算しなさい．

2　次の各問いに答えなさい．

(1)　2次方程式　$x^2+ax+12=0$　の1つの解が2次方程式　$2x^2-6x=0$　の小さい方の解より2小さいとき，aの値を求めなさい．

(2)　$x=6+2\sqrt{2}$，$y=4+3\sqrt{2}$のとき，$x^2+y^2-2xy+2x$の値を求めなさい．

(3)　次の4つの数のうち，最も大きい数をア～エの中から選び，記号で答えなさい．

ア　$5\sqrt{2}$　　イ　7　　ウ　$\frac{12}{\sqrt{3}}$　　エ　$2+3\sqrt{3}$

3 次の各問いに答えなさい.

(1) Aさん，Bさん，Cさん，Dさんの4人でじゃんけんを1回するとき，Aさんがグーを出してあいことなるのは何通りありますか.

(2) 右の図において，同じ印をつけた線分の長さは等しいとする．このとき，xの値を求めなさい.

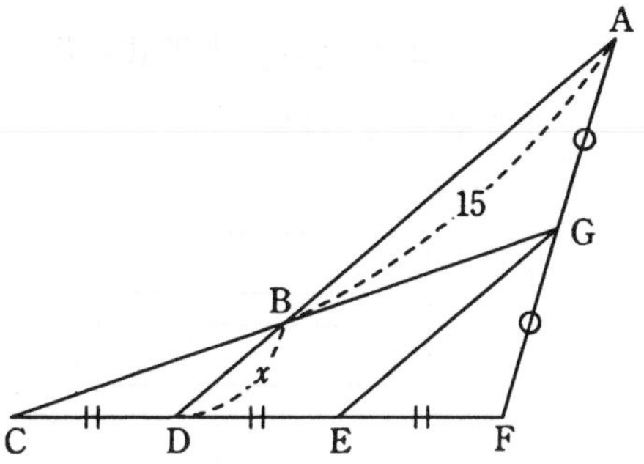

(3) 右の図において，$\angle x$ の大きさを求めなさい.

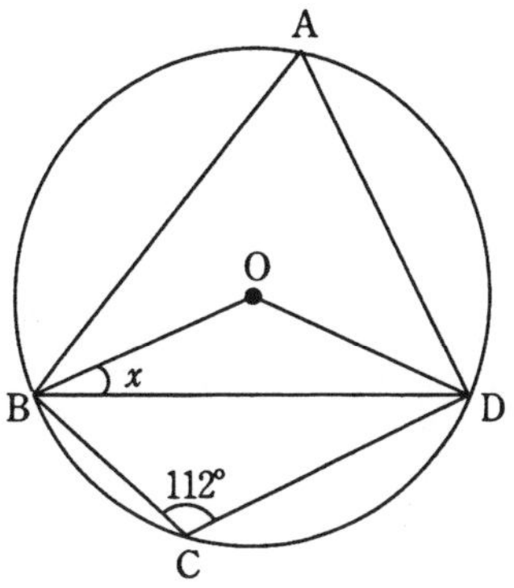

(4) $a^2 - b^2 = 20$ を満たす自然数a，bの値を求めなさい.

4 次の表は高校１年１組と２組で実施した５点満点の数学の小テストの結果を表している．このとき，次の各問いに答えなさい．

点数	0	1	2	3	4	5	合計
人数(1組)	2	6	7	x	2	y	30
人数(2組)	0	4	4	y	x	9	30

(1)　１組と２組の平均点を比較したところ，２組の方が１点高かった．x，yを用いて，次のような連立方程式を作った．このとき，$\boxed{}$ にあてはまる最も簡単な式を答えなさい．

$$\begin{cases} \boxed{} = 13 \\ \boxed{} = -1 \end{cases}$$

(2)　x，yの値を求めなさい．

5 **右の図で△ABC は∠ABC＝90°の直角三角形です．AB，BC の中点をそれぞれ D，E とし，AE と CD の交点を G とします．このとき，次の各問いに答えなさい．**

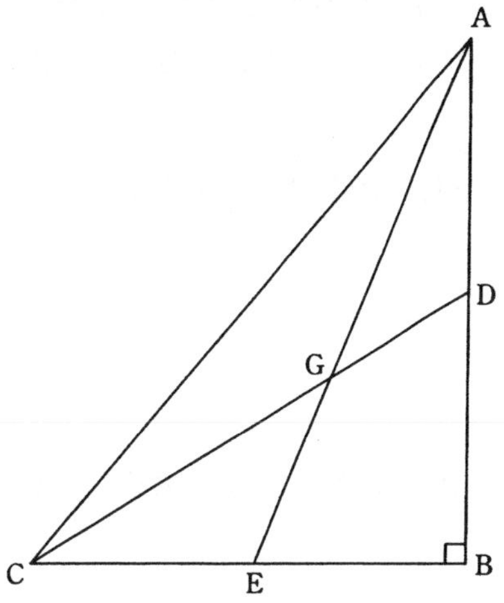

(1)　AG : GE＝2 : 1 であることを次のように証明しました．[あ]，[い] には適切な記号を書きなさい．また，[a]～[f] にあてはまる角，ことばを下の [　] のア～ツの中から 1 つずつ選び，その記号を書きなさい．

〔証明〕

補助線 DE を引く．

△ACG と△EDG において，

AD＝DB，CE＝EB であるから，

[a] より

AC [あ] DE　……①

AC : DE＝ 2 : 1　……②

①より，[b] は等しいので，

∠GAC＝ [c]　……③

また，[d] は等しいので，

∠AGC＝ [e]　……④

③，④より，[f] がそれぞれ等しいので，

△ACG [い] △EDG

したがって，AG : GE＝2 : 1　〔証明終〕

ア　三平方の定理	イ　中点連結定理	ウ　円周角の定理
エ　対頂角	オ　同位角	カ　錯角
キ　∠GCA	ク　∠AGC	ケ　∠EGD
コ　∠GDE	サ　∠GED	シ　3 辺
ス　3 辺の比	セ　2 角	ソ　2 辺の比
タ　2 辺の比とその間の角	チ　1 辺とその両端の角	ツ　2 辺とその間の角

(2)　AB = 8cm，BC = 6cm のとき，四角形 BDGE の面積を求めなさい．

6 右の図のように，関数 $y = ax^2$ のグラフと直線 ℓ が 2 点 A，B で交わっている．点 A の座標は $(-3, -3)$，点 B の x 座標は 6 である．また，点 C は直線 ℓ と x 軸との交点である．このとき，次の各問いに答えなさい．

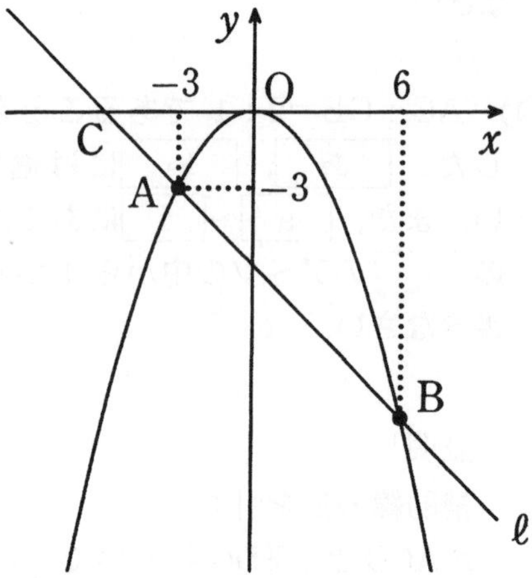

(1) a の値を求めなさい．

(2) 直線 ℓ の式を求めなさい．

(3) △OBC を，直線 ℓ を軸として回転させてできる立体の体積を求めなさい．ただし，円周率を π とする．

7 右の図の立体 ABCD−EFGH は 1 辺の長さが 4 cm の立方体である． M は AD の中点，I は 2 直線 AE，MH の交点である．この立方体を 3 点 M，F，H を通る平面で切るとき，次の各問いに答えなさい．

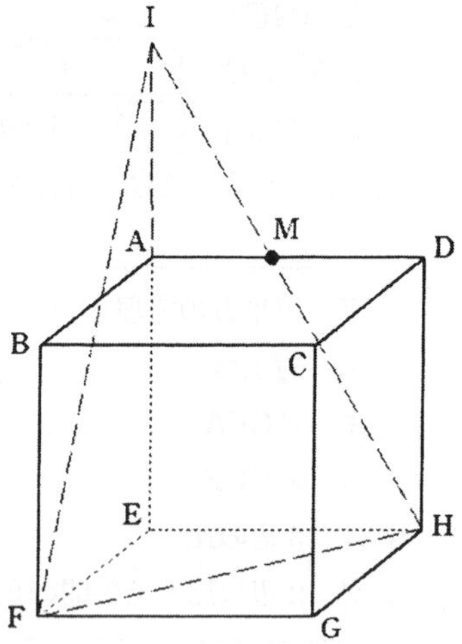

(1) IA : DH を最も簡単な整数の比で答えなさい．

(2) 切り口の図形の周の長さを求めなさい．

(3) 3 点 M，F，H を通る平面で切った立体のうち，点 A を含む立体の体積を求めなさい．

問一 ――線①「大方廻らざりければ、」の現代語訳として最も適当なものを次から選び、記号で答えなさい。

ア　まったく回らなかったので、
イ　まったく回らなかったならば、
ウ　まったく回らなかったとしても、
エ　まったく回らなかったけれども、

問二 ――線②「いたづらに立てりけり。」の主語を本文の言葉で答えなさい。

問三 ――線③「思ふやうに」を現代仮名遣いに直しなさい。

問四 ――線④「その道を知れる者」について設問に答えなさい。

(1)「その道を知れる者」とはどのような人のことをいうのですか。最も適当なものを次から選び、記号で答えなさい。

ア　仏道修行をしてきた人　　イ　幅広い知識がある人
ウ　専門的な技術を持つ人　　エ　礼儀をわきまえた人

(2)「その道を知れる者」とは、この場合誰のことですか。本文から五字以内で抜き出して答えなさい。

(2)「案の定」の意味として最も適当なものを次から選び、記号で答えなさい。
ア　さらに悪いことに　　イ　想像したように
ウ　深く考えた末に　　エ　仕方ないことだが

問五　――線⑤「心が一番大事なんだ。」とありますが、師匠はどのような心構えが大事だと言っているのですか。本文の言葉を使って、二十字以内で答えなさい。**（句読点は数える）**

問六　――線⑥「篤は廊下の一番奥にある物置へ向かった。」とありますが、篤がこのような行動を取ったのはなぜですか。その理由を本文の言葉を使って、四十～五十字で答えなさい。**（句読点は数える）**

問七　――線⑦「ぶっきらぼうに」の意味として最も適当なものを次から選び、記号で答えなさい。
ア　そっけない様子で　　イ　機嫌を損ねないように
ウ　なれなれしい態度で　　エ　何も知らないふりをして

問八　――線⑧「そうなんすか」とありますが、この時の篤の心情として最も適当なものを次から選び、記号で答えなさい。
ア　失敗をして師匠からひどく怒られた自分を心配して、練習を見に来てくれた坂口さんの善意をありがたいとは思うものの、その調子の良さに今一つ信頼がおけないでいる。
イ　いつも冗談ばかり言ってふざけている坂口さんが、急に実力者の武藤さんと「トレーニングを始める」と言い出したことが意外であり、その真意をつかめないままでいる。
ウ　弟弟子の武藤さんのトレーニングに参加しようという決意を述べた坂口さんに、そこに至るまで複雑な心情があったことを思うと、気の利いた言葉が言えずにいる。
エ　弟弟子の武藤さんの実力にいつも嫉妬していた坂口さんが、急に「一緒にトレーニングをしたい」と相手を認め始めたことに気づき、その精神的な成長に感心している。

問九　次のうち、本文の内容と合っているものを一つ選び、記号で答えなさい。
ア　呼出の仕事に意欲を感じられない篤であったが、進さんや師匠の言葉で相撲に最も必要な「心技体」を身をもって学び、相撲界に自分の居場所を見出すようになる。
イ　力士の四股名を呼び間違えるという大きな失敗を犯した篤は、兄弟子の光太郎から厳しい言葉を浴びせられたことで、呼出という仕事への情熱を取り戻すようになる。
ウ　呼出の仕事を長く続けることが想像できなかった篤であったが、周囲の人々の温かい励ましや厳しい指導によって、この仕事に腰を据えて取り組む意志が芽生えつつある。
エ　呼出の仕事を始めたばかりで技術も所作も身についていない篤であったが、毎晩練習を続けるなど努力を重ね、徐々に裏方として力士を支える使命感を持つようになる。

四　次の文章を読んで、後の問に答えなさい。

※1亀山殿《かめやまどの》の御池《みいけ》に大井川の水を※2まかせられんとて、大井の土民《どみん》に※3仰《おほ》せて、水車《みづぐるま》を作らせられけり。多くの銭《あし》を給ひて、数日に営み出《い》だして、掛けたりけるに、①大方廻《おほかためぐ》らざりければ、とかく直しけれども、終《つひ》に廻らで、②いたづらに立てりけり。

さて、宇治の里人を召して、※4こしらへさせられければ、やすらかに※5結ひて参《まゐ》らせたりけるが、③思ふやうに廻りて、水を汲《く》み入るる事めでたかりけり。万《よろづ》に、④その道を知れる者は、※6やんごとなきものなり。

（『徒然草』）

※1　亀山殿…後嵯峨上皇の離宮
※2　まかせられんとて…引き入れなさろうとして
※3　仰せて…命令なさって
※4　こしらへさせられければ…作らせなさったところ
※5　結ひて参らせたりけるが…こしらえて献上したところ
※6　やんごとなきものなり…尊いものである

坂口さんは真剣な目をしていたのに、ありきたりな相づちしか打てなかった。兄弟子としてのプライドをいったん捨て、弟弟子と一緒にトレーニングをしようと決意するまでに、当然葛藤があったはずだ。その葛藤は、きっと坂口さんにしかわからない。

「あ、俺のこと見直しただろ？　差し入れも買ってきてやったし、ちゃんと俺を敬えよ」

わざとらしく口を尖らせ、坂口さんが篤の肩をつつく。坂口さんの葛藤はわからなくても、冗談を言って強がろうとしていることはわかった。

頑張ってくださいと坂口さんを送り出してから、篤はふたたび扉を閉めた。さすがに蒸し暑かったので、もらったミルクティーのボトルを開けた。口に含むと、ほのかな甘さが沁《し》みわたった。三分の一ほどを飲むと、また、ひがあああしいいい――、と何度も繰り返した。

（鈴村ふみ『櫓太鼓《やぐらだいこ》がきこえる』）

※1　序ノ口…大相撲で一番下の番付
※2　四股名…力士の呼び名
※3　踵を返す…来た道を引き返すこと
※4　ちゃんこ番…各部屋の料理担当のこと
※5　進さん…ベテランの呼出で篤の指導役
※6　大銀杏…大相撲で十両以上の力士が結うことのできる髪型
※7　デジャヴ…初めての経験なのに、過去に同じような経験をした感覚を持つこと
※8　武藤…朝霧部屋の力士。坂口より年下だが、番付は上である

問一　――線①「ぎこちない動きをしていたはずだ。」とありますが、篤がこのように感じたのはなぜですか。その理由として最も適当なものを次から選び、記号で答えなさい。

ア　力士の四股名を呼び間違え、親方や力士、兄弟子たちから叱責されると思い、一刻も早くこの場を立ち去りたいと思ったから。

イ　力士の四股名を呼び間違え、今までの呼び上げの練習が無駄になったかと思うと、今後呼出を続けていく自信がなくなったから。

ウ　力士の四股名を呼び間違え、呼出の仕事を勧めてくれた叔父に報いることができないと思うと、情けなくてたまらなかったから。

エ　力士の四股名を呼び間違え、慌てて呼び直したものの、してはならない大きな失敗をしたことへの動揺がまだ続いていたから。

問二　――線②「喉はいっそう渇いていった。」とありますが、この時の篤の心情として最も適当なものを次から選び、記号で答えなさい。

ア　力士の四股名を呼び間違えるという失敗をして、後悔の念で混乱している時に、女性二人組から呼出としての実力不足を指摘され、反論の言葉を探そうと躍起になっている。

イ　力士の四股名を呼び間違えたことで多くの関係者に謝って回り、気持ちが張り詰めていた時に、女性二人組に嘲笑されていると思い込み、さらに追い詰められた気持ちになっている。

ウ　力士の四股名を呼び間違え叱責されたことで、多くの観客の前で恥をかいた上、女性二人組の態度から直之さんとの実力の違いを思い知らされ、自己嫌悪でいっぱいになっている。

エ　力士の四股名を呼び間違えたことで、審判の親方から叱責され、さらに顔なじみの女性二人組から馬鹿にされるという屈辱を味わい、呼出の仕事を選んだことを後悔し始めている。

問三　――線③「やっとまともに進さんの顔を見ることができた。」とありますが、なぜ篤はそれまで進さんの顔を見ることができなかったのですか。その理由を本文の言葉を使って、四十～五十字で答えなさい。（**句読点は数える**）

問四　――線④「案の定」について設問に答えなさい。

(1)　「案の定」の読みをひらがなで答えなさい。

「顔上げろ」
言われた通り顔を上げると、「心技体」と書かれた書が見えた。同じものが稽古場の上がり座敷にも飾ってあるが、師匠の知り合いの書道家の作品らしい。
「心技体」の文字を篤が目にしたことがわかっているのか、師匠は「力士は、心技体揃ってようやく一人前と言われるが、技でも体でもなく、⑤心が一番大事なんだ。心を強く持っていなければ、技も身につかないし、丈夫な体も出来上がらない」と話を続けた。
突然話題が変わったことに戸惑いつつ、はいと頷く。
「呼出のお前には心技体の体はまあ、そんなに関係ないけれど、それでも心が大事ってのは力士と変わんねえぞ。自分の仕事をしっかりやろうと思わなければ、いつまでたっても半人前のままだ。お前だって、できないことを叱られ続けるのは嫌だろう」
はいと弱々しく返事をすると、師匠は語気を強めて篤に言い聞かせた。
「だったら、自分がどうすべきかちゃんと考えろ」
黒々とした※6大銀杏が結わえられていた現役時代に比べ、今の師匠は髪の毛がずいぶん薄い。加齢で顔の皮膚もたるんでいる。しかし、いつぞやインターネットで見た若かりし頃の写真と同様に、師匠の目には人を黙らせるほどの強い光があった。
何度目かのはい、という返事を口にすると、師匠の話が終わった。
師匠の自室を出て、一階まで降りると、⑥篤は廊下の一番奥にある物置へ向かった。念のため、周りに誰もいないのを確認する。
扉を閉めると、何も持っていない右手を胸の前にかざした。
ひがあしいい——　はああたあああのおおお——……
にいいいしいいいい————……
息を継ぐ合間に、扉を叩く音が聞こえた。
「篤、そこにいるんだろ」
声がするのとほぼ同時に、扉が開いた。扉の外にいたのは坂口さんだった。手には、ミルクティーのペットボトル。二十四時間ほど前にも見た、※7デジャヴのような光景だ。
「ほれ、差し入れ。お前、昨日もの欲しそうな顔してたから買ってきてやったんだぞ。感謝しろよ」
坂口さんが⑦ぶっきらぼうに言ってペットボトルを差し出す。ありがとうございますと軽く頭を下げ、それを受け取った。結局今日はミルクティーを飲み損ねていたので、この差し入れはありがたい。
顔を上げると坂口さんと目が合った。
「お前、今日も練習するんだな」
「ああ、はい」
「嫌になんねえの。せっかくやる気出した途端、失敗してめちゃくちゃ怒られて」
さきほどよりも声を落として、坂口さんが尋ねる。
「……なんか失敗したからこそ、やらなきゃいけない気がして」
光太郎と呼ばれた兄弟子の嫌味な口調を思い出すと、胃がきゅっと絞られるように痛む。
それでも、進さんが助けてくれた。師匠も、わざわざ篤に話をしてくれた。
明日こそは失敗してはいけない。そう自分に言い聞かせ、篤は物置に籠った。
「まあそうだよな」
坂口さんは頭を掻くと、もしも、と続けた。
「お前が昨日の一回きりで練習やめてたら、俺も今日普通にゲームしてたかもしれない」
え？　と聞き返すと坂口さんは遠くをちらりと見て、重々しく口を開いた。
「俺、一緒にトレーニングしたいって※8武藤に言おうと思う」
坂口さんの視線の先には、電気の点いた一室があった。武藤さんが毎晩籠っているトレーニングルームだ。あの部屋で、武藤さんは今もダンベルを持ち上げているのだろう。
「⑧そうなんすか」

その後は、朝霧部屋※4ちゃんこ番の二人が揃って負けたことと、いつものように直之さんが声援を受けていたことしか覚えていない。飛ぶような早さで取組が過ぎていった。

　全取組と明日の準備が終わり、控室で帰り支度をしていたところに、篤より四、五歳ほど年上と思《おぼ》しきスーツ姿の呼出が近づいてきた。

「お前、今日別の力士の四股名呼んでたな。普通、そこ間違えるか？　やる気あんの？」

　そう篤に声をかける顔には、冷ややかな笑みが浮かんでいた。

「答えられないってことはやる気ないんだな。だったら辞めれば？明日もバカみたいな失敗されたら迷惑だもんな」

　兄弟子は続けて言った。その口角が鋭く持ち上がった。これは、誰かを嘲《あざけ》るのを楽しんでいる人の顔だ。瞬時に悟り、背筋が冷たくなる。何か言わなければと思うけれども、舌がもつれたように動かない。するとそこへ、※5進さんが割って入ってきた。

「光太郎、そんなこと言うな。こいつはまだ二場所目なんだから。失敗することだってあるさ」

　そう言って、篤の肩に手を置く。

「お前だって、新弟子の頃はしょっちゅう声裏返ってただろ」

　進さんにまっすぐ見つめられ、光太郎と呼ばれた兄弟子はふんと鼻を鳴らして、そそくさと部屋を出て行った。進さんの手が肩から離れる。

「すみません。進さん、ありがとうございます」

　頭を下げたが、みっともない失敗をしてしまったのにフォローしてもらった申し訳なさで、目を見ることができなかった。

「いいんだよ。あいつは昔から困った奴なんだ。お前は何も気にするな」

　同じ呼出でも、さきほどの兄弟子とはほとんど口を利いたことがなかった。接点は少なくとも、場所中は毎日顔を合わせる人だと思うと、ひどく気分が塞《ふさ》いだ。

「でも、本当に四股名間違えないようにしろよ。今日は間違えられた奴が勝ったからまだよかったけれど、下手したら力士が相撲に集中できなくなるからな」

　声のトーンを一段下げ注意されたところで、③やっとまともに進さんの顔を見ることができた。目尻にはしっかり皺《しわ》が刻まれていて、進さんが自分の父親より年上だったことを思い出す。

　この人くらいの年齢まで、俺は呼出を続けられるだろうか。

ふたたび、篤は自分に問いかける。続けられる自信なんて、まだない。答えは簡単にはじき出された。それでも進さんのてのひらは温かかった。

　カレーを食べ終え、食器を洗っていると師匠が帰ってきた。師匠が帰ったときは、足音でわかる。部屋の誰より、重々しい音を響かせて歩くからだ。この足音が聞こえるといつも、部屋は一瞬で緊張した空気になる。

「おい、帰ったぞ」

　師匠がちゃんこ場に入ってくると、ゲームをしていた兄弟子たちは立ち上がって、お疲れさんでございますと頭を下げた。篤も皿を洗う手を止めて、師匠に挨拶をする。師匠は大股でずんずん突き進み、篤の前で足を止めた。

「篤、ちょっと上に来い」

　上、とは三階にある師匠の自室のことだ。朝霧部屋では、三階で師匠とおかみさんが暮らしている。師匠の自室には過去に一度、呼ばれたことがある。宮川さんと柏木さんに連れられ渋谷へ遊びに行き、門限を破ってしまったのだ。前回は説教で呼び出されたので、今日も叱られるのだろう。ひやひやしながら行くと、④案の定、

「お前、今日みたいに四股名間違えるんじゃねえぞ。気を抜くからああいうことになるんだ」と叱られた。

　はい。すみません。

　今朝審判部に注意されたときのように、師匠に向かって頭を下げる。

三　次の文章を読んで、後の問いに答えなさい。（問題作成上、本文に省略した部分があります。）

> 　高校を中退した十七歳の篤《あつし》は、叔父に勧められ、大相撲で力士の名前を呼び上げる「呼出《よびだし》」として朝霧部屋に入門した。呼出の先輩である直之さんが毎晩呼び上げの練習をしていると聞いた篤は、ある夜、部屋の近所の公園で練習を始める。偶然通りかかった同じ部屋の力士・坂口さんは「練習なら物置の方がいい」と言い、篤を励ますのだった。本文はその翌日の場面である。

秋場所の二日目も、朝早くから出勤することに変わりはなかった。平日であるぶん、昨日より朝の客入りは少ない。しかし例によって今日も、篤は※1序ノ口力士の※2四股名《しこな》を呼び上げなければならない。

　取組の始まりを告げる拍子木《ひょうしぎ》が鳴った。二日目だから今日は西方《にしがた》から呼び上げるんだなと確認する。まだ、ここまではよかった。

　にいいい――――しいいい――――　のおおお―もおおお―とおおお――

　そう呼び上げたとき、ざわめきがはっきり聞こえた。何だろうと訝《いぶか》ったときにちらりと力士の表情が見え、ようやく篤は自分の失敗に気づいた。力士はぎょっとした顔で篤を見ていた。

　四股名を間違えたのだ。

　一瞬にして血の気が引き、慌てて手持ちで正しい四股名を確認する。どうやら一行見落としていて、次に相撲を取る力士の四股名を呼んでしまっていたようだ。白扇を持った右手には、汗が滲《し》みだしていた。土俵下で控えている親方や力士、遠くから土俵を見つめる、兄弟子の呼出たちに目を向けるのが怖い。

　篤は西方に体を向けたまま、改めて声を発する。

　にいいい――――しいいい――――　あわのおお――しいいまあああ――

それから何事もなかったかのように東方に向き直り、四股名を呼び上げた。

　土俵周りを箒《ほうき》で掃き整えたが、おそらく初めて土俵に上がった先場所の初日と同じくらい、①ぎこちない動きをしていたはずだ。

　円の上を一周し土俵を下りたところで、ある審判の親方に呼びとめられた。

「お前、何してくれてんだ」

　眼光の鋭い親方なので、小声で注意しても威圧感があった。観客に聞こえないように、篤も蚊の鳴くような声ですみませんと謝罪する。親方の名前は出てこないが、このほんの数秒のやり取りで、心臓がすっかり縮んでしまった。

　四股名を間違えられた力士は引き落としで勝ったものの、複雑そうな顔をして下がっていった。それを見て、悪かったと心の中で詫びる。

　なんとか最後の一番まで呼び上げを行うと、審判部の親方全員に頭を下げて謝った。

　花道を下がっていく途中、どうして手持ちをちゃんと見なかったのかと後悔の念が込み上げてきた。ぐっと奥歯を嚙《か》みしめ、売店横にある自販機に向かう。息苦しいほど、喉が渇いていた。

　昨日と同様、通路には力士を待つ客がうろうろしていた。

　突然「あっ、さっきの呼出の子」と大きな声がした。聞き覚えのある声だった。振り向くとそこには昨日、直之さんに声をかけてきた女性二人組が立っていた。

　背の高い方が一瞬笑ったように見えて、篤は咄嗟《とっさ》に※3踵《きびす》を返した。栗毛の方の顔はよく見えなかったが、きっと彼女も篤を笑っているのだろう。直之さんにきゃあきゃあ言っていた彼女たちからすれば、篤など嘲笑の的に違いない。呼び上げも下手で、しょうもない失敗をしてしまうのだから。

　②喉はいっそう渇いていった。

を筆者は本文で何と言いかえていますか。四字で抜き出して答えなさい。

問三 ――線②「『内観』」とありますが、それはどのようなものですか。これについて述べたものとして最も適当なものを次から選び、記号で答えなさい。

ア　人間の心の状態は意識的な状態と無意識的な状態に分けて考えられるが、「内観」では無意識的な心の状態しか知ることができない。

イ　意識的な心の状態はその人の表情や行動などを観察することなく知ることができ、そのように直接心の状態を判断する方法を「内観」という。

ウ　私たちが自分の心の状態を知るには、直接自分の心の中をのぞきみるような「内観」という方法が最も良いと考えられる。

エ　自分の無意識的な心の状態を知ることはできないが、「内観」という方法を用いれば他人の無意識的な心の状態を知ることはできる。

問四 ――線③「無意識的な心の状態をこのように意識的な状態にすること」とありますが、これはどのようなことですか。本文の言葉を使って三十～四十字で答えなさい。**（句読点は数える）**

問五 ――線④「よそよそしくなり」とありますが、どのような関係になるということですか。最も適当なものを次から選び、記号で答えなさい。

ア　緊迫して安心できない関係。

イ　気を許し配慮をしない関係。

ウ　疎遠で冷淡な関係。

エ　敵対し、反目しあう関係。

問六 ――線⑤「以上、マインドリーディング装置を用いて、自分の心の状態を知ることができるようになれば、自己認識がどう変わるかを見てきた。」とありますが、「マインドリーディング装置」の話はどこから始まっていますか。初めの五字を抜き出して答えなさい。

問七 ――線⑥「他者の心の状態を知る」とありますが、そのために使う要素は何ですか。本文から十字以内で抜き出して答えなさい。

問八 ――線⑦「さまざまな利点」とはどのようなことですか。あてはまらないものを次から一つ選び、記号で答えなさい。

ア　言葉を交わすことなく相手の心の状態を知ることができるということ。

イ　相手の話が本当のことなのかを正確に判断することができるということ。

ウ　相手に伝えるべき気持ちを自分で決めることができるということ。

エ　言葉ではなく脳どうしのコミュニケーションが可能になるということ。

問九 ――線⑧「『心のプライバシー』が侵害される」とはどのようなことですか。本文の言葉を使って四十～五十字で答えなさい。**（句読点は数える）**

問十 次のうち本文の内容に合っているものを一つ選び、記号で答えなさい。

ア　科学技術が進歩する一方で、その負の側面も浮き彫りになってきているため、人間はさらに技術を発展させ、欠点を改善する必要がある。

イ　科学技術は大きく発展を遂げたが、人間の能力をはるかにしのぐ力を持ち始めたことによって、自然との共存が難しくなってきている。

ウ　いくら科学技術が発展しても「無意識的な心の状態」を知ってしまうことは危険であるため、脳活動の計測は行うべきではない。

エ　科学技術が発達したことで他者の心の状態を推測する道が開けたが、そのことが逆に人間の心の自由を奪う可能性がある。

ことはそれに劣らず大事である。他者の考えや気持ちがよくわからないために、コミュニケーションがうまくいかず、人間関係がぎくしゃくすることはよくある。

　このように他者の心がわからないことが多いのは、私たちがふつう、他者の心を知るために、他者の振舞いや表情を手がかりにするほかないからである。さきに説明したように、私たちは自分の心をのぞきこむことができる。しかし、他者の心をのぞきこむことはできない。だから、他者の心の状態を内観によって知ることができない。他者の心の状態を知るには、もっぱら他者の振舞いや表情を観察して、そこから推定しなければならない。しかし、そのような推定がいつも確実にできるとはかぎらない。とくに他者が自分の考えや気持ちを表に出さないようにしている場合は、他者の心の状態を知ることはむずかしい。

　しかし、脳活動を計測して心の状態を読み取る機械を使用すれば、私たちは他者の振舞いや表情から他者の心の状態を推定するのではなく、脳活動からそれを知ることができるようになる。そうなれば、私たちの他者理解はどう変わるだろうか。

　たとえば、太郎が密かに次郎を嫌っているかどうかは、太郎の脳活動を計測することによって明らかになる。また、花子が文学を重要だと考えているかどうかは、花子の脳活動を計測することでわかる。

　この機械の実用的な応用も、いろいろ考えられる。たとえば、刑事が容疑者を取り調べるとき、容疑者が嘘をついていないかどうかをその脳活動から判定できるようになる。そうなれば、いまよりはるかに取り調べが容易になるだろう。つまり、この機械は「うそ発見器」として使用することができるのである。

　また、ふたつの脳をこの機械につなぐことで、脳から脳への直接的なコミュニケーションが行えるようになる。たとえば、太郎の脳と花子の脳をともにこの機械につないで、太郎の脳活動がこの機械によって計測され、そこから読み取られた太郎の心の状態が花子の脳に伝えられる。花子の心の状態も、同じような仕方で太郎の脳に伝えられる。こうして太郎と花子は、声に出して言葉を交わすことなく、脳どうしで情報をやりとりすることができるようになる。このようなコミュニケーションはＢＢＣ（brain-to-brain communication）とよばれ、すでに研究も始まっている。

　ただし、⑦さまざまな利点があるとしても、脳活動の計測から他者の心の状態がわかるようになると、いろいろ困ったことも出てくる。その最たるものは、「心のプライバシー」を失いかねないというものであろう。私たちは自分の考えや気持ちを誰にどの程度伝えるかを自分で自由に決めたい。マインドリーディングが可能になれば、この「心のプライバシー」がやすやすと侵害されてしまうだろう。反乱者に自白を強要する権力者は、拷問に頼らなくても、マインドリーディングによって容易に反乱者の心を読み取ることができる。権力者のまえでは、心の秘密すら保てないのだ。

　科学技術には光と影の両面が付きものだが、マインドリーディングもその例外ではない。マインドリーディングによって、私たちは自分の心の状態も、また他者の心の状態も、いまよりはるかに多く迅速に知ることができるようになる。しかし、自分の心の状態がわかりすぎるのはかえって煩わしいし、⑧「心のプライバシー」が侵害されるのはたいへんな脅威だ。たしかに私たちの生を活気あるものにするには、科学技術の光がなければならないだろう。しかし、そうであれば、私たちは科学技術の光と影のバランスを巧みに取って、何とかうまく綱渡りしていかなければならないのである。

（信原幸弘『「覚える」と「わかる」』）

※1　往々にして…そうであることが多く

問一　空欄[A]～[C]にあてはまる語として最も適当なものを次から選び、記号で答えなさい。

ア　だから　　イ　むしろ　　ウ　さらに
エ　または　　オ　つまり　　カ　では

問二　――線①「自分の心の状態を知る」とありますが、このこと態を知ることによって、その誤りや不適切さを改めたり、自分の本当の欲求にもとづいて何をするかを決めたりするのを助けるという重要な働きを担う。

　以上、私たちがふつう自分の心の状態をどのようにして知るかを見てきた。つぎに、それを踏まえて、脳活動を計測して心の状態を読み取る機械（マインドリーディング装置）が開発されれば、私たちが自分の心の状態をどのようにして知ることになるかを考えてみよう。

　いま、マインドリーディング装置を耳に装着しているとしよう。この装置は私に何らかの無意識的な心の状態が生じたとき、私の脳活動を計測して、その無意識の心の状態を教えてくれる。

　たとえば、私が自分でも気づかずに友人に腹を立てているとしよう。このとき、その装置が私の脳活動を計測して、そこから私の怒りを推定し、「怒っているよ」と耳元でささやいてくれる。私はそれを聞いてただちに、自分が怒っていることに気づく。したがって、私はこの装置を装着することで、自分の無意識の心の状態を自分の振舞いや表情を観察せずに、ほぼ内観に近い仕方で知ることができるようになる。

　［B］、このような装置をICチップのような形にして脳のなかに埋めこむことができたとしよう。この装置は、無意識的な怒りが生じたときに、「怒っているよ」と耳元でささやくのではなく、その怒りを電気刺激によって直接私の脳に知らせる。したがって、私は無意識的な怒りが生じたときに、直接それに気づくことができるようになる。こうなれば、無意識的な心の状態も完全に内観的に知ることができるようになり、それはもはや無意識的ではなく、意識的な心の状態だと言えよう。こうしてそのような装置を脳に埋めこむことで、無意識的な心の状態は存在しなくなる。

　ただし、③無意識的な心の状態をこのように意識的な状態にすることが私たちにとってつねに善いことなのかどうかは、よく考えてみる必要があろう。友人への怒りに気づくことは、ほとんどの場合、善いことであろう。一方で、太郎が花子への愛に気づいてしまうと、二人はどこか④よそよそしくなり、無邪気な関係を続けることはむずかしくなるだろう。そのため、太郎にとって自分の無意識の愛に気づくことは、［C］善くないことかもしれない。

　また、無意識的な心の状態は多くの場合、とくにそれを知らないほうがスムーズに生活できる。私たちはスーパーで買い物をするとき、いろいろな商品を見ながら、「良いな」、「良くないな」、「高いな」、などさまざまな気持ちを抱きながら、買うものを決める。そのとき、自分がどんな気持ちを抱いたかをいちいち意識したりはしない。それでも、たいてい買い物はうまくいく。もし無意識的な心の状態を検出する機械によって、いちいち自分の気持ちが意識化されたりすれば、その気持ちが煩わしくて仕方ないだろう。このようにふだんは意識にのぼらないほうがよい心の状態もたくさんある。

　そのため、自分の心の状態を検出する機械は、「ここぞ」というときにだけ作動することが望ましい。ただでさえ、そのような機械を開発するのはむずかしいのに、「ここぞ」の判断までしなければならないとすると、その開発は困難を極めるだろう。それでも、「ここぞ」の判断ができる機械が開発されれば、私たちの内観能力が改善され、私たちの「ウェルビーイング（人生の善いあり方）」を促進するのにおおいに役立つだろう。

　⑤以上、マインドリーディング装置を用いて、自分の心の状態を知ることができるようになれば、自己認識がどう変わるかを見てきた。つぎに、この装置を用いて、他者の心の状態を知ることができるようになれば、他者理解がどう変わるかを見ていこう。

　そのまえに、まず、私たちがふつう、どのようにして⑥他者の心の状態を知るかを確認しておこう。

　私たちは他者の心がわからずに困ることがしばしばある。「あいつは何を考えているのか、さっぱりわからん」とか、「あの人は私のことをどう思っているのかしら」とつぶやくことは、※1往々にしてあるだろう。自分の心を知ることも大事だが、他者の心を知る

二〇二四年度
目白研心高等学校

【国　語】〈五〇分〉〈満点：一〇〇点〉

一　次の①～⑤の――線の漢字には読みをひらがなで記し、⑥～⑩の――線のカタカナは漢字に直しなさい。

① 講演の主旨を説明する。
② 悪者を懲らしめる。
③ 手続きがとても煩雑だ。
④ 専ら聞き役に徹する。
⑤ 問屋から商品を卸す。
⑥ シンチョウに計算する。
⑦ 成績の伸びがケンチョだ。
⑧ 電気は三日でフッキュウした。
⑨ サイフの中身を確かめる。
⑩ 決勝戦でセキハイした。

二　次の文章を読んで、後の問いに答えなさい。（問題作成上、本文に省略した部分があります。）

まず、脳の状態を計測して心の状態を読み取る機械が誕生すると、私たちの自己認識（自分の心についての認識）や他者理解（他者の心についての認識）がどう変化するかを考えてみよう。脳状態を計測して心の状態を読み取る技術は「マインドリーディング」とよばれる。このマインドリーディングの技術を用いて、自分の心の状態や他者の心の状態を知ることができるようになれば、私たちの自己認識や他者理解はどう変わるだろうか。

それを考えるうえで、まず、私たちがふつう、マインドリーディングの技術を用いずに、どのようにして①自分の心の状態を知るかを確認しておきたい。

私たちは自分のさまざまな心の状態を知ることができる。私が歯に痛みを感じていれば、私は自分がそのような痛みを感じていることを知ることができる。また、明日のテストに怖れを抱いたり、幽霊は存在しないと信じていたり、勉強しようと決断したりすれば、自分がそのような心の状態にあることを知ることができる。［Ａ］、私たちは自分の心の状態を知るとき、どのような仕方で認識しているのだろうか。

この問題に答えるためには、自分の心の状態を意識的なものと無意識的なものに分けて考える必要がある。意識的な心の状態は、自分の意識に現れる心の状態である。歯に痛みを感じるとき、その痛みの感覚は自分の意識に現れているから、意識的な心の状態である。このような心の状態については、②「内観」という仕方で知ることができる。内観は、自分の振舞いや表情を観察することなく、いわば直接自分の心のなかをのぞきこむような仕方で、自分の心の状態を認識する方法である。歯に痛みを感じるという意識的な心の状態は、頬を押さえたり、顔をしかめたりしているのを自分で観察しなくても、内観によって直接的に知ることができる。

しかし、自分の心の状態であっても、無意識的な状態は内観できない。太郎が花子を愛していても、無意識的であれば、太郎はその愛を内観によって知ることができない。知ろうと思えば、自分の振舞いや表情を観察しなければならない（ときには、人から教えられる場合もある）。自分が花子にやさしく接していることや、花子に会ったときにうれしそうな表情をしていることなどを自分で観察して、そこから花子を愛していることを推定しなければならない。つまり、他人が太郎の振舞いや表情を観察することで花子への太郎の愛を推定するように、太郎は自分で自分の振舞いや表情を観察することでその愛を推定するのである。

内観によってであれ、観察によってであれ、とにかく自分の心の状態を知ることを「メタ認知」とよぶ。メタ認知は、自分の心の状

英語解答

1 Part A　1…(D)　2…(C)　3…(A)
Part B　1…(B)　2…(C)　3…(A)
4…(D)

2 A　① letting　② had　③ stars
④ aren't　⑤ them
⑥ to bring
B　⑦ 3番目…オ　6番目…カ
⑧ 3番目…ウ　6番目…ア
⑨ 3番目…ウ　6番目…オ

3 1　①…イ　②…ア　③…ア　④…イ
⑤…イ
2　(A)…12　(B)…0　(C)…9

4 ① July　② science
③ pianist
④ song(s)〔anthem(s), hymn(s)〕
⑤ by

5 1　①－X…エ　①－Y…ア　①－Z…ウ
2　②－X…ア　②－Y…ウ　②－Z…イ
3　エ　4　イ　5　ウ
6　Wednesday

6 1　ア　2　ア→ウ→イ→エ
3　(1)　他人の自転車のカゴ　(2)…ウ
4　(ア)　スーパーの売り物〔商品〕でもない
(イ)　届けたものを筆者に返さない
5　ア　6　エ　7　イ
8　(1)…F　(2)…T　(3)…F　(4)…T

1〔放送問題〕解説省略

2〔文法総合—Eメール〕

A＜誤文訂正＞≪全訳≫差出人：コヤナギタケシ／宛先：ジョー・スチュワート／件名：キャンプ旅行について／送信日時：8月11日，午前9時7分／こんにちは，ジョー先生！　お元気ですか？／キャンプ旅行に参加させていただきありがとうございます。たいていこの季節，僕の地元は雨がよく降ります。去年，友達とキャンプに行きたかったのですが，雨が降っていたので中止にしなければなりませんでした。／先生の故郷はそれほど暑くないし，日本よりもずっと乾燥しているから，夜のキャンプはとてもリラックスできることでしょう。夜はきれいな星がたくさん出るのでしょうね。山から星を見るのはすてきだと思います。／日本でキャンプに数回しか行ったことがないので，何を準備すればいいのかよくわかりません。何か持っていく必要があれば教えてください。飛行機は午後4時に空港に着く予定です。空港まで迎えに来てくださると，うれしいです。／お会いできるのを楽しみにしています。／タケシ

＜解説＞①直前に前置詞 for があるので，動名詞(～ing)にする。Thank you for ～ing で「～してくれてありがとう」。　②過去の内容なので，過去形にする。'had to＋動詞の原形' で「～しなければならなかった」。　③a lot of「たくさんの」に続くことから，複数形にする。　④「～ですよね」と念を押したり，確認を求めたりする付加疑問文。肯定文の付加疑問は原則として '否定の短縮形＋主語を受ける代名詞＋?' を文末に置く。There is/are ～「～がある」の文では 'isn't/aren't＋there?' となる。　⑤see(ing)の目的語になるので，目的格(「～を，～に」の形)にする。 they－their－them－theirs　⑥'need to＋動詞の原形' で「～する必要がある」。

B＜整序結合＞≪全訳≫差出人：ジョー・スチュワート／宛先：コヤナギタケシ／件名：Re：キャ

ンプ旅行について／送信日時：８月11日，午後１時34分／こんにちは，タケシ。メールをどうもありがとう。来てもらえるなんてうれしいよ。／空港まで迎えに行くから，ご心配なく。⑦どこに行けばいいか教えてほしいな。空港に着いたら電話してね。／夕食にバーベキューをするつもりだよ。その後，夜空を見に山へハイキングに行くんだ。君の言うとおりだよ，タケシ。⑧夜空はとてもきれいだから，見上げるとびっくりするよ。／食べ物や飲み物を持ってくる必要はないけれど，レインコート，大きなタオル，暖かい服を忘れないで。ときどき雨が降るし，夜は少し寒いこともあるんだ。⑨だから，キャンプ旅行には必ずこれらを持ってきてね。／気をつけて，安全なフライトを。／ジョー

<解説>⑦want to ～「～したい」とするとうまくまとまらないので，‘want＋人＋to＋動詞の原形’「〈人〉に～してほしい」の形を考え want you to tell me とまとめる。残りは where があるので‘疑問詞＋主語＋動詞…’の語順の間接疑問で where I should go「私がどこに行くべきか」とする。‘tell＋人＋物事’の‘物事’の部分が間接疑問になっている形。 I want you to tell me where I should go. ⑧語群から，‘so ～ that …’「とても～なので…」の文になると考えられる。まず，is の後を so beautiful that とまとめ，that の後は‘主語＋(助)動詞…’が続くので，you will be surprised とつなげる。 The sky at night is so beautiful that you will be surprised when you look up. ⑨‘make sure that＋主語＋動詞…’で「～であることを確実にする，確かに～する」という意味を表せる。‘主語＋動詞…’の‘動詞’の部分を ‘bring ～ to …’「～を…に持ってくる」の形にまとめる。 So, make sure that you bring these things to the camping trip.

3 〔対話文完成―資料を見て答える問題〕

≪全訳≫❶トム(T)：うれしそうだね，ジェイク。それは君のSA日記？ ❷ジェイク(J)：そうだよ！ 今，スタンプが24個あるんだ。見て，ここに「ゴールド」って書いてあるだろう。僕が最初のゴールドSAなんだ！ ❸T：わあ！ スーパースターだね！ 僕はまだブロンズレベルだよ。それは，グループリーダーとして働くのが僕には難しいからなんだ。❹J：君はやってみたことがないって言ってたね。どうして？ ❺T：人前で手を挙げるのがちょっと恥ずかしいんだ。❻J：しっかりしてくれ！ 僕らは来年３年生になるんだよ。だから，リーダーになるチャンスも増えるよ。❼T：ありがとう。僕はスタンプをたくさん集めたと思ったけど，君は僕の２倍あるんだね。どうやって24回も活動に参加する時間をつくったの？ 僕には無理だと思うよ。❽J：いや，実はつくってないんだよ。こういうことなんだ。１つのイベントに参加するごとにスタンプが１つもらえる。同じ日に２つのイベントに参加すると，それぞれのイベントのスタンプとボーナススタンプが１つもらえるんだ！ この夏はそれを３回やったのさ。❾T：夏休み中だけで９つもスタンプをもらったの？ 次は僕も同じことをしてみるよ。❿J：昼食ももらえるよ。念のために言っておくけど。⓫T：さらにいいね。ありがとう，ゴールデンボーイ！

1 <適語選択>①第３，４段落から，トムはリーダーを務めたことがないとわかる。表の「リーダーを務めた回数」からレベルがわかる。 ②続く第４，５段落のやりとりから，トムは，自分がリーダーとして働くのは「難しい」と考えていることがわかる。 ③直後が chances と複数形になっているので，この chance は‘数えられる名詞’である。‘数えられる名詞’を修飾できるのは much ではなく more。 ④文章全体の内容から，２人はスタンプを「集めて」いることがわかる。 ⑤直前で「どうやって？」と尋ねたのは，自分には「不可能」だと思っているからだと考えられる。

2＜適語補充＞(A)第7段落第2文参照。ジェイクのスタンプはトムの2倍で24個なので，トムのスタンプは12個。 ‘twice as ～ as …’「…の2倍～」 (B)第3，4段落参照。トムはリーダーを務めたことがない。 (C)直前のジェイクの発言参照。夏休みの間，同じ日に2つのイベントに参加して3つスタンプをもらうことを3回やったと言っているので，3個×3＝9個となる。

4 〔適語補充〕

＜解説＞①「7月」は July。 ②「理科」は science。 ③「ピアノ奏者」は pianist。 ④「校歌」は school song(s)と表せる。「賛歌」を表す anthem(s)，hymn(s)も可。 ⑤「生徒たちが撮影した地域の写真」は，前に過去分詞の taken があるので「生徒たちによって撮影された地域の写真」と考える。

5 〔長文読解総合─対話文〕

≪全訳≫❶ケイト(K)：こんにちは，タク。受験勉強はどう？❷タク(T)：やあ，ケイト。ひどいもんだよ。このページを1時間勉強しているけれど，何も覚えられないんだ。②-X時間を無駄にしている気がするよ。❸K：とても疲れているみたいね。気分転換に休んだ方がいいわよ。ねえ！ ミュージカルを見るのはどう思う？ 『クレイジー・フォー・ユー』っていうミュージカルについて，友達が話してくれたの。すごく笑わせてくれるんだって。見に行こうよ。あなたにはよい笑いが必要だと思う。❹T：ミュージカル？ わからないよ。ミュージカルを見たことがないんだ。僕の好みではないかもしれない。❺K：ねえ。あなたは文化祭でヨシオが出演したドラマの公演を気に入ってたでしょう。❻T：うん，彼の演技はすばらしかったよ。あれが学校の出し物だなんて信じられないよ。❼K：ディズニー映画の音楽も好きなんだよね。『リトル・マーメイド』や『アラジン』，『美女と野獣』の曲をいつも歌っているよね。❽T：おい，君もだよ！ いつも僕のすぐ隣で歌ってるじゃないか。❾K：そのとおり。だから，あなたはミュージカルを見るのが大好きなはずよ。忘れないで，あなたには休息が必要だし，私は『クレイジー・フォー・ユー』が本当に見たいから，一緒に行きましょうよ。絶対一緒に楽しめるわ。②-Y約束する。❿T：そうだね。君といるといつも楽しいし。わかった，行くよ。それで，次の公演はいつなの？⓫K：チケットのウェブサイトを見てみるわ。えっ，やだ！ 最終公演は今週末だけど，もう売り切れてるわ。この回は見られるけれど，チケットはほんのわずかしか残っていないの。一緒に座れないかもしれない。⓬T：ねえ，まだ諦めないで。見せて。この回はどう？ まだいくらかチケットが残ってるよ。⓭K：でも，そのショーは今夜よ。②-Z時間がないわ。⓮T：いや，時間はあるよ。今はまだ4時半だよ。ショーは6時半にならないと始まらない。今出れば，そこまで行ってチケットを買う時間はたっぷりある。⓯K：そのとおりね。わかったわ。そうしましょう。私，すごくわくわくしてるわ。今夜『クレイジー・フォー・ユー』を見に行くなんて信じられない。⓰T：僕もだよ。これは最高の時間になるね。

1＜適語選択＞①-X．直後の文から，受験勉強はうまくいっていないことがわかる。 terrible「ひどい」 ①-Y．直前の文から，タクはドラマの公演を気に入っていたことがわかるので，ヨシオの演技に肯定的な言葉が入る。 acting「演技」 amazing「すばらしい」 ①-Z．見たいショーを見に行けることになったので，excited「わくわくして」いるのである。

2＜適文選択＞②-X．直前で「1時間勉強しても何も覚えられない」と言っていることから判断できる。 feel like ～「～のように感じる」 waste「～を無駄にする」 ②-Y．一緒にミュージカルに行くよう促している場面。直前で「一緒に楽しめる」と述べた後，念を押したのだと考えられる。　②-Z．タクが提案した公演が今晩行われるものだったのでケイトは「時間がない」と思ったのである。

3＜英文解釈＞～'s cup of tea で「～の好きなもの，性に合うもの」という意味。この意味を知らなくてもこの後に続く内容から推測できる。

4＜適語選択＞最初の２つの空所は文化祭で行われたドラマに関するもの，後の２つの空所は２人が見に行くミュージカル。両者に共通するのは performance「公演」ということである。

5＜英文解釈＞この後，ミュージカルを見に行く具体的な日時についての話になっていることから，タクはミュージカルに行くことにしたのである。この I'm in. は「私は(仲間に)入る」，つまり「私は参加する」という意味を表している。

6＜要旨把握＞第12～15段落参照。第12段落で There are still some tickets left. と述べており，この公演を見に行くことになったので，表の「△：some tickets are left」の曜日を確認すればよい。

6〔長文読解総合―エッセー〕

≪全訳≫❶東京で自転車に乗っている人なら誰でもこの経験をしたことがあるだろう。とめておいた自転車の所に戻ると，カゴの中に自分が入れていないものが見つかるのだ。たいてい，それはゴミだ。あなたはいらいらするかもしれないが，ここは大都市なのだから，ゴミをただ道に捨てるよりかはいいと思う。願わくは，自転車の持ち主が適切な方法で処分し，それで話が終わることだが，カゴの中のものが，たまたま貴重なものである場合は話が別である。❷少し前のことだが，私は自分の自転車のカゴの中にレジ袋を見つけた。中を見ると，コシヒカリの米２キロの新品の袋が入っていた。／→ア．最初，私は「もしかしたら私の自転車を知っている友人が入れてくれたのかもしれない」と思った。／→ウ．というのも，彼の家族が米をつくっていて，ときどき一袋分をくれるからだ。／→イ．しかし，この米は明らかに自家製ではなく，店で買ったものだった。／→エ．だが念のため，私は携帯電話で彼に電話した。／会話はこうだった。／私：やあ。僕の自転車のカゴに何か入れた？／友達：君の自転車のカゴ？　何の話をしているのかわからないよ。／私：そうか，僕はカゴの中に米袋を見つけて，どうしようかと思ってるんだよ。／友達：持って帰りなよ。❸私はさよならを言い，さらに考えた。私の自転車はスーパーの前にとめてあったので，米袋は，そこで買い物をしていた人のものかもしれないと思った。誰かがたまたまそれを私のカゴに入れて，他のものを買うために店に戻ったのかもしれない。私の自転車はごく普通のものだから，同じような自転車を持っている人がそういう間違いをするのは簡単だろう。不思議だったのは，その米が別のスーパーの買い物袋に入っていたことで，レシートもなかった。それでも，何かアドバイスをもらうため，買い物をしていた店に入ってみることにした。❹サービスカウンターで私は状況を説明した。そして，誰かが捜しに来た場合に備えて，お米か私の電話番号を置いていっていいかどうか尋ねた。「こちらは当店のものではありません。でも，お預かりします」と，彼らは私に言った。「誰も来なかったらどうなるんですか？　返してもらえますか？」と私は尋ねた。「いいえ」と彼らは言った。「お返しできません」　えっ？　私は本当に混乱した，というのも，その米は彼らのものでもなかったからだ。私は，カゴの中に高価な米袋ではなく，ただのゴミが入っていればよかったのに，と思い始めた。❺テキサスの友人にこの話をすると，彼女は笑った。彼女の米に対するイメージは私とはまったく違っていた。実際，彼女は５キロの米袋を３ドルで買ったところで，それを手づくりの枕に詰めようと計画していたのだ。アメリカの米は安く，国民食の重要な部分を占めるわけではないのだ。母が夕食にジャガイモの代わりに米を炊くと，私はいつもがっかりした。日本に来た後も，最初の１年はお米を食べたいと思わなかった。⑥食べなければならないときは，塩とバターをたくさん入れた。今では日本の米がいかにおいしいか知っているので，それを認めるのは恥ずかしいのだが，自分の国にいたときに米が好きではなかったので，日本でも好きになるとは思っていなかったのだ。**6**米の謎は，日本に来てから自分の認識がどれほど変わったかということを気づかせてくれた。「ジャパン・ジャーナルズ」の中で，ドナルド・リチーは「米は日本のルーツだ」と言った，ある日本人の友人の言葉を引用しており，リチー自身もそれを「この国のシンボル」と呼んでいる。そのとおりだ。⑦アメリカでは米はただの米だが，日本ではもっと重要なものなのだ。

1＜**単語の意味**＞自転車のカゴにゴミを入れられたときの心境を考える。irritated は「いらいらして」という意味。

2＜**文整序**＞カゴの中に米袋が入っていることに気づいた後の場面。まず，At first「最初は」で始まり「友達が入れたのかもしれない」と推測するアを置く。ウは，アのように考えた理由となるので，ア→ウとする。次に，ア→ウの考えを否定する内容のイを置く。最後に「友達に電話をかけた」という内容のエを置くと，空所直後の会話につながる。

3＜**指示語・文脈把握**＞⑴that kind of mistake は「その種の間違い」という意味。直前で，自分のものとよく似た自転車を自分のものだと勘違いして，そのカゴの中に自分が買ったものを入れてしまうことが述べられている。　⑵下線部を含む文にある so は「だから，その結果」という意味の接続詞。この前後は‘理由’→‘結果’の関係になる。　ordinary「ありふれた」

4＜**文脈把握**＞㈠confused は「困惑して」という意味。困惑した理由は直後の because 以下に書かれており，この部分が該当する。　belong to ～「～のものである」　㈡直前でスーパーの店員に言われた言葉の内容が入る。

5＜**文脈把握**＞筆者の友人が笑った理由は，この後に続く内容から読み取れる。アメリカでは米が安く生活に密着したものではないので，そんなものにこだわっている筆者のことをおかしく感じたのである。

6＜**適文選択**＞筆者が米を好きではなかったことが述べられている部分なので，米に対して否定的な内容が入ると考えられる。

7＜**適文選択**＞本文の結論となる部分。直前では米が日本人にとって特別なものであることが述べられている。その内容に沿うものを選ぶ。

8＜**内容真偽**＞⑴「筆者には，自転車のカゴの中のものはいつも高価に見える」…×　そのような記述はない。　⑵「最初，筆者は友達がカゴの中に米を置いていったのだと思った」…○　第２段落第３文(空欄②のア)に一致する。　⑶「サービスカウンターの人は筆者に，米を警察に届けるように言った」…×　そのような記述はない。　⑷「日本に来る前，筆者は米を食べるのが好きではなかった」…○　第５段落第５，６文に一致する。

数学解答

1 (1) $-\dfrac{5}{28}$　(2) $\dfrac{5x+17y}{24}$

(3) $-\dfrac{1}{4}ab^2c$　(4) $(x-1)(x-10)$

(5) 5

2 (1) 8　(2) 18　(3) エ

3 (1) 13通り　(2) 5　(3) 22°

(4) $a=6$，$b=4$

4 (1) $x+y$，$-x+2y$　(2) $x=9$，$y=4$

5 (1) あ…$/\!/$　い…$\backsim$　a…イ　b…カ

c…サ　d…エ　e…ケ　f…セ

(2) 8 cm^2

6 (1) $-\dfrac{1}{3}$　(2) $y=-x-6$

(3) $72\sqrt{2}\,\pi$

7 (1) 1：1　(2) $6\sqrt{2}+4\sqrt{5}$ cm

(3) $\dfrac{56}{3}\mathrm{cm}^3$

1 〔独立小問集合題〕

(1)＜数の計算＞与式$=-\dfrac{3}{7}-\left(-\dfrac{1}{8}\right)\times 2=-\dfrac{3}{7}+\dfrac{1}{4}=-\dfrac{12}{28}+\dfrac{7}{28}=-\dfrac{5}{28}$

(2)＜式の計算＞与式$=\dfrac{3(3x-y)-4(x-5y)}{24}=\dfrac{9x-3y-4x+20y}{24}=\dfrac{5x+17y}{24}$

(3)＜式の計算＞与式$=a^2b^4\div\left(-\dfrac{abc}{2}\right)\times\dfrac{c^2}{8b}=-a^2b^4\times\dfrac{2}{abc}\times\dfrac{c^2}{8b}=-\dfrac{1}{4}ab^2c$

(4)＜式の計算―因数分解＞和が-11，積が10となる２数は-1と-10だから，与式$=(x-1)(x-10)$である。

(5)＜数の計算＞与式$=2+2\times\sqrt{2}\times\sqrt{3}+3-\dfrac{6\sqrt{2}\times\sqrt{3}}{\sqrt{3}\times\sqrt{3}}=5+2\sqrt{6}-\dfrac{6\sqrt{6}}{3}=5+2\sqrt{6}-2\sqrt{6}=5$

2 〔独立小問集合題〕

(1)＜二次方程式＞二次方程式$2x^2-6x=0$を解くと，$2x(x-3)=0$，$x(x-3)=0$より，$x=0$，3となるので小さい方の解は$x=0$である。$x=0$より２小さい値は-2だから，$x=-2$を二次方程式$x^2+ax+12=0$に代入して，$(-2)^2+a\times(-2)+12=0$，$4-2a+12=0$，$-2a=-16$より，$a=8$である。

(2)＜数の計算＞与式$=(x^2-2xy+y^2)+2x=(x-y)^2+2x$として，$x=6+2\sqrt{2}$，$y=4+3\sqrt{2}$を代入すると，与式$=\{(6+2\sqrt{2})-(4+3\sqrt{2})\}^2+2(6+2\sqrt{2})=(6+2\sqrt{2}-4-3\sqrt{2})^2+12+4\sqrt{2}=(2-\sqrt{2})^2+12+4\sqrt{2}$ $=4-2\times2\times\sqrt{2}+2+12+4\sqrt{2}=18-4\sqrt{2}+4\sqrt{2}=18$となる。

(3)＜数の性質＞正の数を２乗しても大小関係は変わらない。ア～エの数をそれぞれ２乗すると，アは$(5\sqrt{2})^2=50$，イは$7^2=49$，ウは$\left(\dfrac{12}{\sqrt{3}}\right)^2=\dfrac{144}{3}=48$，エは$(2+3\sqrt{3})^2=4+2\times2\times3\sqrt{3}+27=31+12\sqrt{3}$となり，ア，イ，ウの中ではアが最も大きいので，アとエを比べる。エで，$12\sqrt{3}=\sqrt{432}$とすると，$\sqrt{20^2}=\sqrt{400}$，$\sqrt{21^2}=\sqrt{441}$だから，$\sqrt{400}<\sqrt{432}<\sqrt{441}$より，$20<\sqrt{432}<21$である。これより，エは$31+20<31+12\sqrt{3}<31+21$，$51<31+12\sqrt{3}<52$である。よって，アよりエの方が大きいので，最も大きい数はエである。

3 〔独立小問集合題〕

(1)＜場合の数―じゃんけん＞Ａさんがグーを出してあいことなるのは，まず，(ⅰ)全員がグーを出す場合が１通りある。次に，全員が違う手を出す場合を考える。(ⅱ)B，C，Dのうち１人がグーを出し，残り２人がチョキかパーを出すとき，３人の手の出し方は，(B，C，D)＝(グー，チョキ，パー)，

(グー，パー，チョキ)，(チョキ，グー，パー)，(チョキ，パー，グー)，(パー，チョキ，グー)，(パー，グー，チョキ)の6通りあり，(iii)グーを出すのはAだけで，B，C，Dの3人がチョキかパーを出し，3人が同じ手を出さないとき，(B，C，D)＝(チョキ，チョキ，パー)，(チョキ，パー，チョキ)，(チョキ，パー，パー)，(パー，チョキ，チョキ)，(パー，チョキ，パー)，(パー，パー，チョキ)の6通りある。以上，(i)，(ii)，(iii)より，求める場合の数は1＋6＋6＝13(通り)ある。

(2)＜**平面図形—長さ**＞右図1の△ADFにおいて，DE＝EF，AG＝GFだから，中点連結定理より，AD∥GE，GE＝$\frac{1}{2}$ADとなる。このとき，△CEGで，BD∥GEだから，△CDB∽△CEGとなり，対応する辺の比は等しいから，BD：GE＝CD：CE＝CD：(CD＋DE)となり，CD＝DEより，CD＋DE＝CD＋CD＝2CDとなるから，BD：GE＝CD：2CD＝1：2である。よって，BD＝xより，GE＝2BD＝2xと表せる。また，AD＝AB＋BD＝15＋xと表せる。したがって，GE＝$\frac{1}{2}$ADのとき，$2x=\frac{1}{2}(15+x)$が成り立つ。これを解くと，$4x=15+x$，$3x=15$，$x=5$である。

図1

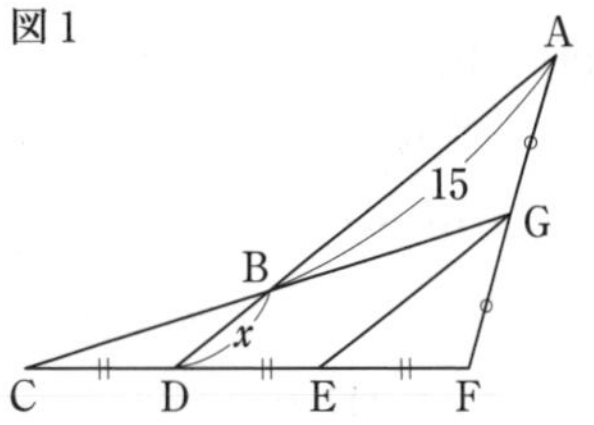

(3)＜**平面図形—角度**＞右図2で，$\overset{\frown}{\mathrm{BAD}}$に対する円周角は112°だから，円周角と中心角の関係より，$\overset{\frown}{\mathrm{BAD}}$に対する中心角は2×112°＝224°となる。これより，$\overset{\frown}{\mathrm{BCD}}$に対する中心角は360°－224°＝136°である。よって，△OBDが，OB＝OD(半径)の二等辺三角形より，∠OBD＝∠ODBとなるから，内角の和が180°より，∠OBD＝∠x＝(180°－136°)÷2＝22°である。

図2

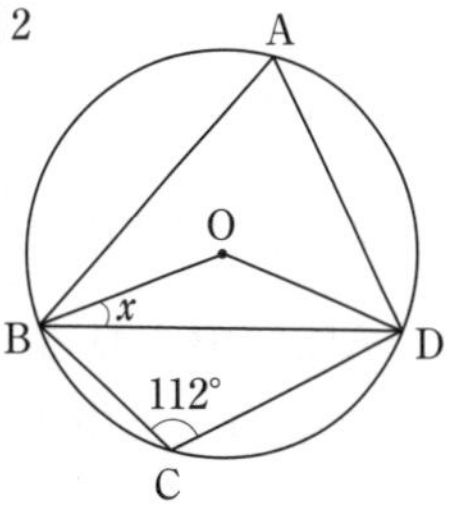

(4)＜**数の性質—a，bの値**＞$a^2-b^2=20$の左辺を因数分解すると，$(a+b)(a-b)=20$となる。a，bが自然数より，$a+b$は自然数，$a-b$は整数であり，20＞0であるから，$a-b$も自然数となる。このとき，20＝20×1，10×2，5×4より，$a+b$，$a-b$の組は，$(a+b,\ a-b)=(20,\ 1)$，$(10,\ 2)$，$(5,\ 4)$の3通りが考えられる。(i)$(a+b,\ a-b)=(20,\ 1)$の場合，$a+b=20$……①，$a-b=1$……②とすると，①＋②より，$a+a=20+1$，$2a=21$，$a=\frac{21}{2}$となり，aは自然数ではないので適さない。(ii)$(a+b,\ a-b)=(10,\ 2)$の場合，$a+b=10$……③，$a-b=2$……④とすると，③＋④より，$a+a=10+2$，$2a=12$，$a=6$，これを③に代入して，$6+b=10$，$b=4$となり，適する。(iii)$(a+b,\ a-b)=(5,\ 4)$の場合，$a+b=5$……⑤，$a-b=4$……⑥とすると，⑤＋⑥より，$a+a=5+4$，$2a=9$，$a=\frac{9}{2}$となり，aは自然数ではないので適さない。よって，求めるa，bの値は，$a=6$，$b=4$である。

4 〔連立方程式の応用〕

(1)＜**立式**＞右表より，まず，人数について，1組，2組の人数は30人で等しいから，1組で，$2+6+7+x+2+y=30$，$x+y=13$……①が成り立つ。次に，1組の平均点は，$(0\times2+1\times6+2\times7+3\times x+4\times2+5\times y)\div30=(0+6+14+3x+8+5y)\div30=\frac{3x+5y+28}{30}$と表され，2組の平均点は，$(0\times0+1\times4+2\times4+3\times y+4\times x+5\times9)\div30=(0+4+8+3y+4x+45)\div30=\frac{4x+3y+57}{30}$と表

点数	0	1	2	3	4	5	合計
人数(1組)	2	6	7	x	2	y	30
人数(2組)	0	4	4	y	x	9	30

される。平均点は2組の方が1点高かったことから，$\frac{3x+5y+28}{30}-\frac{4x+3y+57}{30}=-1$となり，両辺を30倍すると，$3x+5y+28-(4x+3y+57)=-30$，$3x+5y+28-4x-3y-57=-30$，$-x+2y=-1$……②が成り立つ。

(2)＜**生徒数**＞(1)の①，②を連立方程式として解く。①＋②より，$y+2y=13+(-1)$，$3y=12$，$y=4$となり，これを①に代入すると，$x+4=13$より，$x=9$となる。

5 〔平面図形―三角形〕

(1)＜**証明**＞右図で，DEを引くと，点D，Eがそれぞれ辺AB，BCの中点だから，中点連結定理$_{a}$より，AC$/\!/_{あ}$DE……①，AC：DE＝2：1……②である。①より，錯角$_{b}$は等しいので，∠GAC＝∠GED$_{c}$……③である。また，対頂角$_{d}$は等しいので，∠AGC＝∠EGD$_{e}$……④である。③，④より，2角$_{f}$(2組の角)がそれぞれ等しいので，△ACG$\backsim_{い}$△EDGとなる。したがって，②より，AG：GE＝AC：DE＝2：1である。

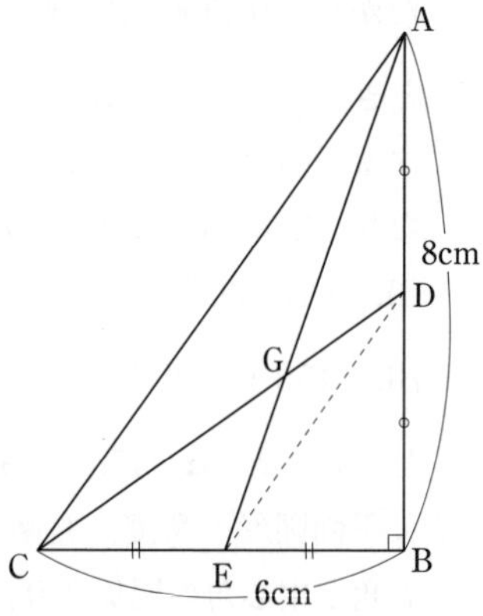

(2)＜**面積**＞右図で，〔四角形BDGE〕＝△DEB＋△DGEとして面積を求める。まず，$\mathrm{DB}=\frac{1}{2}\mathrm{AB}=\frac{1}{2}\times8=4$，$\mathrm{EB}=\frac{1}{2}\mathrm{CB}=\frac{1}{2}\times6=3$より，$\triangle\mathrm{DEB}=\frac{1}{2}\times\mathrm{EB}\times\mathrm{DB}=\frac{1}{2}\times3\times4=6$である。次に，△AEDと△DEBの底辺をそれぞれAD，DBと見ると，AD＝DBで，高さがEBで等しいから，△AED＝△DEB＝6となる。ここで，△AGDと△DGEの底辺をそれぞれAG，GEと見ると，高さが等しいから，面積の比は底辺の比に等しくなり，(1)より，△AGD：△DGE＝AG：GE＝2：1となる。よって，$\triangle\mathrm{DGE}=\frac{1}{1+2}\triangle\mathrm{AED}=\frac{1}{3}\times6=2$となるから，〔四角形BDGE〕＝△DEB＋△DGE＝6＋2＝8(cm^2)である。

6 〔関数―関数$y=ax^2$と直線〕

≪基本方針の決定≫(3)　OA⊥BCとなることに気づきたい。

(1)＜**比例定数**＞右図で，A$(-3,\ -3)$は放物線$y=ax^2$上の点だから，$y=ax^2$に$x=-3$，$y=-3$を代入すると，$-3=a\times(-3)^2$，$a=-\frac{1}{3}$である。

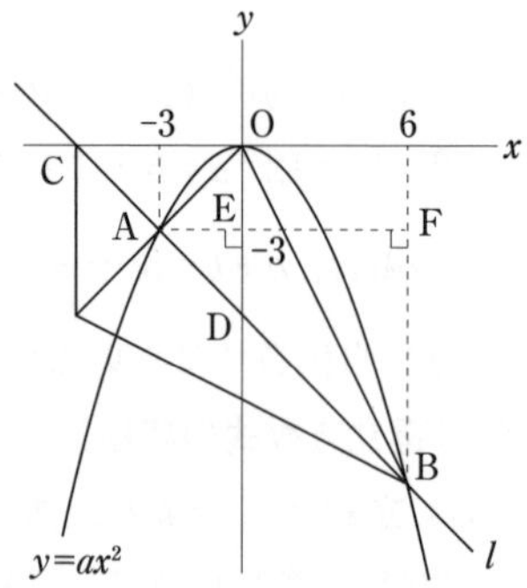

(2)＜**直線の式**＞右図で，(1)より放物線の式は$y=-\frac{1}{3}x^2$である。よって，点Bは放物線$y=-\frac{1}{3}x^2$上の点で，x座標が6だから，$y=-\frac{1}{3}x^2$に$x=6$を代入して，$y=-\frac{1}{3}\times6^2=-12$となり，B$(6,\ -12)$である。これとA$(-3,\ -3)$より，直線$l$の傾きは$\frac{-12-(-3)}{6-(-3)}=\frac{-9}{9}=-1$だから，直線$l$の式は$y=-x+k$とおける。この直線が点Bを通ることより，$x=6$，$y=-12$を代入すると，$-12=-6+k$，$k=-6$となるから，直線$l$の式は$y=-x-6$である。

(3)＜**体積**＞右上図で，直線lとy軸の交点をDとし，点Aからy軸に垂線AEを引くと，直線lの傾きが−1だから，OC＝ODであり，△OCDは直角二等辺三角形となり，∠ADO＝45°である。また，A(−3，−3)より，OE＝AEであり，△OAEは直角二等辺三角形となるから，∠AOD＝45°である。よって，△ADOは，∠ADO＝∠AOD＝45°より，∠OAD＝90°の直角二等辺三角形となる。これより，△OBCを直線lを軸として1回転させてできる立体は，中心が点Aで，半径がAOの円を共通の底面とし，高さがABの円錐と，高さがACの円錐を合わせたものになる。図のように，点Aを通りx軸に平行な直線と，点Bを通りy軸に平行な直線の交点をFとする。△OAEが直角二等辺三角形より，$AO=\sqrt{2}AE=\sqrt{2}\times3=3\sqrt{2}$となり，直線$l$の傾きが−1より，AF＝BFであり，△ABFは直角二等辺三角形で，2点A，Fのx座標より，$AF=6-(-3)=9$だから，$AB=\sqrt{2}AF=\sqrt{2}\times9=9\sqrt{2}$となる。さらに，△OACも直角二等辺三角形だから，$AC=AO=3\sqrt{2}$となる。以上より，求める立体の体積は，$\frac{1}{3}\times\pi\times AO^2\times AB+\frac{1}{3}\times\pi\times AO^2\times AC=\frac{1}{3}\times\pi\times(3\sqrt{2})^2\times9\sqrt{2}+\frac{1}{3}\times\pi\times(3\sqrt{2})^2\times3\sqrt{2}=54\sqrt{2}\pi+18\sqrt{2}\pi=72\sqrt{2}\pi$となる。

7 〔空間図形—立方体〕

≪基本方針の決定≫(3)　2つの三角錐の体積の差として求める。

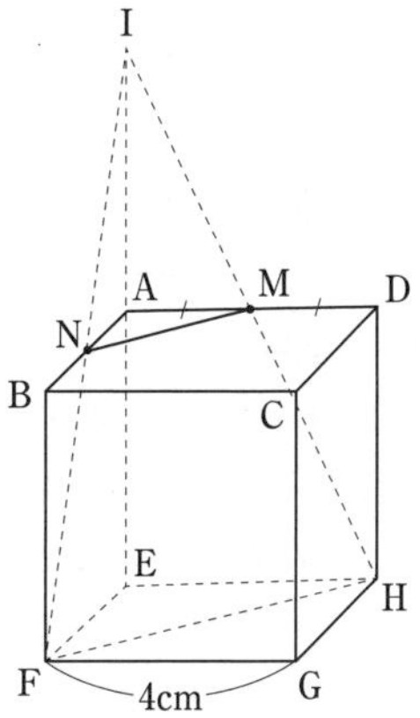

(1)**＜長さの比＞**右図の△IAMと△HDMにおいて，点Mは辺ADの中点より，MA＝MD，∠IMA＝∠HMD(対頂角)，∠IAM＝∠HDM＝90°より，1組の辺とその両端の角がそれぞれ等しいから，△IAM≡△HDMとなる。よって，IA＝HDであるから，IA：DH＝1：1となる。

(2)**＜長さ＞**右図で，IFと辺ABの交点をNとすると，3点M，F，Hを通る平面は四角形NFHMとなる。ここで，△INAと△FNBは，IA∥BFより，相似であり，IA：DH＝1：1より，IA：BF＝1：1だから，△INA≡△FNBである。よって，$AN=BN=\frac{1}{2}AB=\frac{1}{2}\times4=2$となり，△NBFで，三平方の定理より，$NF=\sqrt{NB^2+BF^2}=\sqrt{2^2+4^2}=\sqrt{20}=2\sqrt{5}$となる。△MDHもMD＝2，DH＝4だから，同様に，$MH=2\sqrt{5}$である。また，△ANMは，AN＝AMより，直角二等辺三角形となるから，$NM=\sqrt{2}AN=\sqrt{2}\times2=2\sqrt{2}$，同様に△EFHも直角二等辺三角形だから，$FH=\sqrt{2}EF=\sqrt{2}\times4=4\sqrt{2}$である。以上より，切り口である四角形NFHMの周の長さは，$NM+FH+NF+MH=2\sqrt{2}+4\sqrt{2}+2\sqrt{5}+2\sqrt{5}=6\sqrt{2}+4\sqrt{5}$(cm)となる。

(3)**＜体積＞**体積を求める立体は三角錐I-EFHから三角錐I-ANMを除いた立体である。まず，(1)で，IA：DH＝1：1より，IA＝DH＝4だから，IE＝IA＋AE＝4＋4＝8となり，〔三角錐I-EFH〕＝$\frac{1}{3}\times$△EFH×IE＝$\frac{1}{3}\times\left(\frac{1}{2}\times4\times4\right)\times8=\frac{64}{3}$である。次に，〔三角錐I-ANM〕＝$\frac{1}{3}\times$△ANM×IA＝$\frac{1}{3}\times\left(\frac{1}{2}\times2\times2\right)\times4=\frac{8}{3}$である。よって，求める立体の体積は，$\frac{64}{3}-\frac{8}{3}=\frac{56}{3}$(cm³)となる。

国語解答

一 ① しゅし　② こ　③ はんざつ　④ もっぱ　⑤ おろ　⑥ 慎重　⑦ 顕著　⑧ 復旧　⑨ 財布　⑩ 惜敗

二 問一 A…カ　B…ウ　C…イ
問二 メタ認知　問三 イ
問四 無意識な心の状態も完全に内観的に知ることができるようになること。(32字)
問五 ウ　問六 つぎに，そ
問七 他者の振舞いや表情　問八 ウ
問九 自分の考えや気持ちをどの程度伝えるかを自分で自由に決めることができなくなるということ。(43字)
問十 エ

三 問一 エ　問二 イ
問三 みっともない失敗をしてしまったのに，フォローしてもらった申し訳なさでいっぱいだったから。(44字)
問四 (1) あんのじょう　(2)…イ
問五 自分の仕事をしっかりやろうと思うこと。
問六 今日失敗したからこそ明日は失敗しないように，呼び上げの練習をしなければいけないと思ったから。(46字)
問七 ア　問八 ウ　問九 ウ

四 問一 ア　問二 水車
問三 思うように
問四 (1)…ウ　(2) 宇治の里人

一〔漢字〕

①「主旨」は，文章や話などの中心となる考えのこと。　②他の訓読みは「こ(りる)」「こ(らす)」。音読みは「懲役」などの「チョウ」。　③「煩雑」は，こみ入っていて面倒なこと。　④「専ら」は，ただ一つのことだけに集中するさま。　⑤「卸す」は，問屋が仕入れた商品を小売商に売る，という意味。　⑥「慎重」は，注意深く考え，軽々しく行動しないこと。　⑦「顕著」は，はっきりと目立つこと。　⑧「復旧」は，壊れたり崩れたりしたものがもとの状態に戻ること。　⑨「財布」は，布や皮でつくった，金を入れる入れもの。　⑩「惜敗」は，競技や試合などで，少しの差で負けること。

二〔論説文の読解―教育・心理学的分野―心理〕出典：信原幸弘『「覚える」と「わかる」』。

≪**本文の概要**≫私たちの心の意識的な状態は，直接自分の心の中をのぞき込む，内観という方法で知ることができる。だが，無意識的な状態については，自分の振る舞いや表情を観察し，そこから推定しなければならない。私たちは，他者の心の状態も，自分の無意識的な心の状態と同じように，他者の振る舞いや表情を手がかりに推定している。もしも，心の状態を読み取るマインドリーディング装置が開発されたら，私たちは，自分自身の無意識的な心の状態に直接気づくことができるようになるだろう。しかし，ふだんは意識にのぼらない方がいい心の状態もたくさんある。マインドリーディング装置を用いれば，他者の気持ちや，他者が本当のことを言っているかどうかを知ることができるし，脳から脳への直接的なコミュニケーションも行えるようになるだろう。しかし，その代わりに，自分の考えや気持ちも，相手に容易に読み取られることとなり，心のプライバシーが侵害される恐れがある。私たちの生を活気あるものにするために，科学技術は欠かすことができない。しかし，私たちは，その利点と欠点についてよく考え，うまくバランスを取っていかなければならない。

問一＜接続語＞A．私たちは「自分のさまざまな心の状態を知ることができる」が，それならば，私たちは自分の心の状態を「どのような仕方で認識している」のだろうか。　B．「マインドリーディング装置を耳に装着」すれば，自分の「無意識的な心の状態」を装置がささやいて教えてくれるだろうし，加えて，装置を「脳のなかに埋めこむ」と，装置は自分の「無意識的な心の状態」を直接自分の「脳に知らせ」てくれるのである。　C．太郎が無意識的な心の状態であった花子への愛に気づいた場合，二人は今までの「無邪気な関係」ではいられなくなってしまうため，「太郎にとって自分の無意識の愛に気づくこと」は，かえって「善くないこと」かもしれない。

問二＜文章内容＞私たちが「自分の心の状態を知る」方法としては，意識的な心の状態を直接「のぞきこむような仕方」の「内観」と，「自分の振舞いや表情」から無意識の心の状態を「推定」する「観察」がある。どちらの仕方であっても，「自分の心の状態を知る」ことを「メタ認知」と呼ぶ。

問三＜文章内容＞内観とは，「自分の振舞いや表情を観察」せずに，「直接自分の心のなかをのぞきこむような仕方」で「意識的な心の状態」を「直接的に知る」方法である。

問四＜文章内容＞マインドリーディング装置を脳の中に埋め込むことができたら，装置は私たちに，「無意識的な心の状態」を「電気刺激によって直接」知らせることができるようになる。それは，「無意識的な心の状態」を，「内観的に知る」ことであり，「意識的な状態にする」ことだといえる。

問五＜語句＞「よそよそしい」は，態度に親しみがなく，知らない人どうしのように，冷たいさま。

問六＜表現＞マインドリーディング装置を用いて自分や他者の心の状態を知れるようになることで，私たちの自己認識や他者理解がどう変わるかを考えるために，まず，装置を用いずに「私たちがふつう自分の心の状態をどのようにして知るか」が述べられる。そして，「つぎに，それを踏まえ」て，マインドリーディング装置の開発によって，「私たちが自分の心の状態をどのようにして知ることになるか」が述べられている。

問七＜文章内容＞私たちは，「他者の心を知るために，他者の振舞いや表情を手がかり」にして，そこから他者の心を「推定」するのである。

問八＜文章内容＞私たちは，「自分の考えや気持ちを誰にどの程度伝えるかを自分で自由に決めたい」と思っているが，マインドリーディングが可能になった場合，自分の「心の秘密」を保つこともできず，自分の考えや気持ちが相手に容易に読み取られてしまうということにもなる(ウ…×)。

問九＜文章内容＞私たちは，「自分の考えや気持ちを誰にどの程度伝えるかを自分で自由に決めたい」と思っている。しかし，マインドリーディング装置の使用が可能になれば，「自分の心の状態」が相手に容易に読み取られ，「心の秘密」すら保てなくなり，自分の考えや気持ちをどこまで伝えるかを「自分で自由に」決められなくなってしまう。

問十＜要旨＞科学技術が発展してマインドリーディング装置が誕生すると，自分の心の状態も他者の心の状態も「知ることができるように」なるが，それによって生じる「心のプライバシー」の侵害は，「たいへんな脅威」である。一方で，人間の「生を活気あるものにする」ために，科学技術は必要なものである。だから，私たちは，科学技術から得られる利点と，そこから生じる不都合の「バランスを巧みに取って」いく必要がある。

三　**〔小説の読解〕**出典：鈴村ふみ『櫓太鼓がきこえる』。

問一＜文章内容＞篤は，自分が「四股名を間違え」て呼び上げたことに気づき，慌てて「正しい四股名」を呼び上げたが，右手には「汗」が滲み出すほどに，自分の失敗にうろたえていた。

問二＜心情＞篤は，呼出の際に力士の四股名を間違えるという失敗をしたことについて，「審判部の親方全員に頭を下げて」謝って回り，失敗に対する「後悔の念」にかられていた。そんなときに，通路で「女性二人組」から「さっきの呼出の子」と言われ，篤は，自分が「嘲笑の的」になっているに違いないと思った。

問三＜文章内容＞篤は，呼出の兄弟子から自分の失敗について嘲りを受けたが，何も言い返すことができなかった。そこに進さんが「割って入って」かばってくれた。篤は，自分が「みっともない失敗をしてしまった」のに進さんに「フォローしてもらった」ことに「申し訳なさ」を感じ，進さんの「目を見ることができなかった」のである。

問四＜語句＞「案の定」は「あんのじょう」と読み，予想していたとおりだ，という意味。

問五＜文章内容＞師匠は，力士は「心技体揃《そろ》ってようやく一人前」であるが，中でも「心が一番大事」だと言った。そして「心が大事」なのは呼出も同様であり，「自分の仕事をしっかりとやろうと思わなければ，いつまでたっても半人前のままだ」と，師匠は篤に言い聞かせた。

問六＜文章内容＞篤は，自分の失敗を嘲った兄弟子から「進さんが助けてくれた」ことや，師匠が「わざわざ」自分に話をしてくれたことに感謝し，身を引き締め直した。練習を「失敗したからこそ，やらなきゃいけない気が」した篤は，「明日こそは失敗してはいけない」と考えて，物置で呼び上げの練習をしようとした。

問七＜語句＞「ぶっきらぼう」は，話や態度に愛想がないこと。

問八＜心情＞篤は，坂口さんは「兄弟子としてのプライドをいったん捨て，弟弟子と一緒にトレーニングをしようと決意」したのだろうと思った。坂口さんがそう決意するまでには，「当然葛藤があったはず」であり，「その葛藤は，きっと坂口さんにしかわからない」と思った篤は，「ありきたりな相づちしか打てなかった」のである。

問九＜要旨＞自分の失敗を嘲った兄弟子の光太郎に何も言い返せないでいたところを，進さんにかばってもらったとき，篤は，進さんくらいの年齢まで「呼出を続けられるだろうか」と自問自答し，「続けられる自信なんて，まだない」と思った。しかし，進さんのフォローや，師匠がわざわざ話をしてくれたことによって，篤は，「明日こそは失敗してはいけない」と自分に言い聞かせ，自主的に物置で呼び上げの練習をした。

四〔**古文の読解―随筆**〕出典：兼好法師『徒然草』第五十一段。

≪現代語訳≫後嵯峨上皇の離宮の御池に大井川の水を引き入れなさろうとして，大井の住民に命令なさって，水車をつくらせなさった。多くの金銭を(住民たちに)お与えになって，(住民は水車を)数日かけてつくり出して，(水車を川に)かけたところ，全く回らなかったので，(住民が水車を)あれこれと修理したけれど，(水車は)結局回らないで，何の役にも立たずに立っていた。

そこで，宇治の里人をお呼びになって，(水車を)つくらせなさったところ，(宇治の里人が)やすやすとこしらえて献上したところ，(水車は)思いのままに回り，(離宮に)水を汲み入れることが見事であった。全てのことに(おいて言えるが)，専門的な技術を持つ人は，尊いものである。

問一＜現代語訳＞「大方」は，下に打ち消しの語を伴うとき，全く～ない，という意味になる。「ざり」は，打ち消しの意味を表す助動詞「ず」の連用形。「けれ」は，過去の意味を表す助動詞「けり」の已然形。已然形の下に接続助詞の「ば」がつくと，～ので，～ところ，という意味になる。

問二＜古文の内容理解＞大井の住民につくらせた「水車」は，全く回らなかった。そのため，水車は水を汲み入れることができず，役に立たずに立っていたのである。

問三＜歴史的仮名遣い＞歴史的仮名遣いの語頭以外のハ行は，現代仮名遣いでは，原則として「わいうえお」となる。また，歴史的仮名遣いの「au」は，現代仮名遣いでは「ou」となる。

問四⑴**＜現代語訳＞**「道」は，ここでは，専門の道，という意味。　⑵**＜古文の内容理解＞**大井の住人に水車をつくらせたときは，完成に数日かかり，完成した水車は回らなかった。しかし，専門的な技術を持つ宇治の里人は，思いのままに回る水車をやすやすとつくることができた。

2023年度 目白研心高等学校

【英　語】（50分）〈満点：100点〉

1　（リスニングテスト）

Part A: 英語の放送を聞いた後、それぞれの内容に関する質問が流れます。その質問に対し最も適切な答えを(A)、(B)、(C)、(D)の中から１つ選び、その記号を答えなさい。音声は<u>**2回流します。**</u>

1.

(A) At the piano school

(B) At Mejiro Hall

(C) At the man's house

(D) At the woman's house

2.

(A) Looking at a picture.

(B) Painting a wall.

(C) Buying a shirt.

(D) Ordering her lunch.

3.

(A) Cold and wet

(B) Warm and rainy

(C) Cold and dry

(D) Warm and cloudy

4.

(A) Wait on the stage.

(B) Walk off the stage.

(C) Say your name and number.

(D) Take the microphone with you.

Part B: 英語の放送を聞いた後、その内容に関する質問が 4 つ流れます。その質問に対し最も適切な答えを**(A)**、**(B)**、**(C)**、**(D)** の中から 1 つ選び、その記号を答えなさい。音声は**2回流します。**

【状況】パーティーでマイクはレイチェルと初めて会いました。

1.

(A) Chile
(B) The United States
(C) Argentina
(D) France

2.

(A) 3 years
(B) 5 years
(C) 7 years
(D) 10 years

3.

(A) French history
(B) Technology
(C) Biology
(D) Computer science

4.

(A) She works for the same company as his brother.
(B) He has met her before.
(C) She is interested in university, too.
(D) She met his brother in his university.

※＜リスニングテスト放送原稿＞は英語の問題の終わりに付けてあります。

2 次の２つのＥメールについて、設問に答えなさい。

A 高校１年生のユウトは、フィリピンに住んでいる友人にメールを送ったが、英語の先生に下線部①～⑥が文法上間違っているとの指摘を受けた。下線部①～⑥の語を適切な形に直して解答欄に書きなさい。

From: Yuto Imai
To: Ryan Walker
Subject: Japan Trip in Fall
Sent: 2022/9/10, 8:08 P.M.

Hi, Ryan!　How are you doing?

It is getting cooler here in Japan.　I can feel that summer has ①<u>went</u> and fall is coming, and that means you are going to come here soon!　I am so excited to see you!

Before, you ②<u>tell</u> me that you and your family wanted to see the autumn leaves in Japan.　I am ③<u>plan</u> to take you all to a shrine which is not so far from ④<u>we</u> house.　There you can see the beautiful autumn leaves.　You can also enjoy many ⑤<u>kind</u> of Japanese food because there ⑥<u>is</u> some good restaurants in that area.

To go to that place, we can drive or take a train.　Which do you like?　Please talk about it with your family and let me know.　My father and I can make a plan for you.

Your friend,
Yuto

B　以下は A のメールに対するライアンからの返信メールである。意味の通る英文になるように【　】内の語句を並べ替えるとき、⑦～⑨の【　】内で<u>**2番目**</u>と<u>**5番目**</u>に来る語句の記号を答えなさい。

From: Ryan Walker
To: Yuto Imai
Subject: Re: Japan Trip in Fall
Sent: 2022/9/12, 8:34 A.M.

Hey, Yuto. Thanks for your message. I'm doing great and enjoying the new school *semester.

Yes! We can see each other again soon. Can you believe that three years have already passed since you left here and went back to Japan? Since then, ⑦【ア has / イ Japan / ウ / to / エ been / オ one of / カ going】my dreams. I was so happy when my parents decided to go on a trip to Japan.

We love your plan. Actually, my aunt visited Japan last year and enjoyed the view of the autumn leaves there. She thinks that it ⑧【ア has ever / イ the most / ウ she / エ is / オ seen / カ beautiful thing】.

Also, we want to go there by train. We usually travel by car in the Philippines, so ⑨【ア be / イ fun / ウ ride / エ it / オ to / カ will】on a train.

We're looking forward to going there and seeing you and your family.

All the best,
Ryan

注)　semester：学期

3 次の表と会話文について、設問に答えなさい。

合唱発表会で発表する曲を決めるため、クラスでアンケート調査を行った。実行委員の生徒2人が投票結果を見て、どの曲にするか話をしている。

＜投票結果表＞

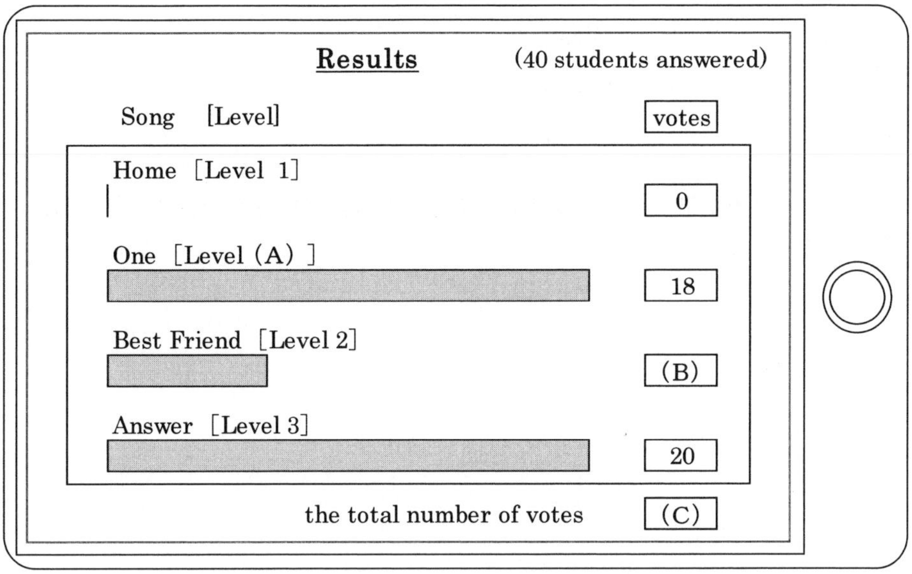

Lisa: Harry, here is the result.

Harry: Thanks. Is there anyone who hasn't answered yet?

Lisa: No, here, it says all 40 students answered. They could *vote for up to two different songs if they wanted. Let's see…

Harry: Only two students chose two songs. I'm a bit surprised (①) one chose the song "Home."

Lisa: Interesting. I thought many students would choose "Best Friend," but only one in 10 students did.

Harry: Maybe that's because we've sung those songs in music class many times. It seems (②) of us want to try something new.

Lisa: Almost all of our classmates voted (③) "One" or "Answer." Which one should we choose?

Harry: "Answer" is such a great song.

Lisa: We only have three weeks left to practice. Do you think we should choose the (④) one between the two songs?

Harry: You mean "One"? Isn't it too easy? It's just as simple as "Home."

Lisa: I know. But…

Harry: Don't give up before you even try. Give it a shot, Lisa!

Lisa: I like that spirit. Let's go with (⑤) then.

注) vote: 投票、投票する

1.　＜投票結果表＞を参考に、会話文の空欄①～⑤に入る語として最も適切なものを、それぞれの選択肢から 1 つ選び、その記号を答えなさい。

①　ア　any　　　　イ　no

②　ア　most　　　　イ　few

③　ア　both　　　　イ　either

④　ア　easier　　　　イ　easiest

⑤　ア　“One”　　　　イ　“Answer”

2.　会話文をもとに、＜投票結果表＞の空欄 (A)～(C) に入る数字を答えなさい。ただし、算用数字で答えること。

4 海外の各姉妹校と共同でリサイクルを推進するプロジェクトを行うにあたり、あなたの学校ではペットボトルの捨て方を紹介するポスターを英語で作成することになった。日本語を参考に、英語のポスターの空欄①～⑤に英単語１語を入れ、英語のポスターを完成させなさい。

地球を守ろう！ 「どうやってペットボトルをリサイクルするの？」

1. キャップを外す。
2. ボトルを洗う。
3. ラベルをはがす。
4. 別々の３つの箱に入れる。
   - ラベル → 自分の教室のゴミ箱
   - ボトル → 校内のリサイクルボックス
   - キャップ → 各階のエレベーター前にある回収箱

☆10/14(火)に姉妹校とのオンライン交流会を行います。ぜひ参加してください！

Save the Earth! “(　　①　　) can we recycle plastic bottles?”

1. Remove the cap.
2. (　　②　　) the bottle.
3. Get the label off.
4. Put them into (　　③　　) different boxes.
   - Labels → Trash can in your own classroom
   - Bottles → Recycling Box in school
   - Caps → Collection Box in front of the elevator on each (　　④　　)

☆We’ll have an online gathering on Tuesday, (　　⑤　　) 14th.　Come and join us!

5 Yoshio と留学生 Kate の対話文を読んで、設問に答えなさい。

Kate: (①)

Yoshio: Not bad. How about yourself?

Kate: I'm so excited because we have the school festival next Saturday and Sunday.

Yoshio: Me too. (②)

Kate: We are going to sell a baked potato called *Jagabata*. I hope it will ③<u>be gone</u> by the end of the last day. By the way, how's your English drama coming along?

Yoshio: It's getting better. We ④<u>are out of the woods</u> now. Luckily, all the students will have two more days to prepare before the event. We have no classes on both days, right? Oh, my gosh! I *totally forgot to save seats for you and your friend. Let me check... Umm... There are just two seats left, (⑤) and (⑥). (⑤) is in the second *row from the stage and the third from the right *aisle. (⑥) is two rows behind (⑤). Is this OK?

STAGE

aisle (left)

A1	A2	A3	A4	A5	A6	A7
B1	B2	B3	B4	B5	B6	B7
C1	C2	C3	C4	C5	C6	C7
D1	D2	D3	D4	D5	D6	D7
E1	E2	E3	E4	E5	E6	E7
F1	F2	F3	F4	F5	F6	F7
G1	G2	G3	G4	G5	G6	G7

aisle (right)

Kate: (⑦) I'm looking forward to your performance. I'll let you know what I think of it next Thursday, the next school day after the festival.

Yoshio: Thursday? ⑧<u>How come?</u>

Kate: Don't you know? Well, Monday and Tuesday are make-up holidays for Saturday and Sunday. Also, we have the school's anniversary the next day, November 11th.

Yoshio: What? I can't ⑨<u>figure it out</u>.

Kate: OK. Let me explain. First, a make-up holiday is a day off from school when we go to school on a holiday. Second, the school's anniversary is the day to *celebrate the *founding of the school. We have no school that day.

Yoshio: I've got it! Thanks, Kate.

Kate: Good luck, Yoshio.

注) totally: 完全に　　row: 列
aisle: 通路　　celebrate: ～を祝う
founding: 創立、設立

1. 空欄①、②、⑦に入る最も適切な表現を以下の選択肢から 1 つずつ選び、その記号を答えなさい。

ア How are you doing?　　イ What is your class going to do?

ウ We don't mind.　　エ You have the wrong number.

2. 下線部③を言い換えたものとして最も適切な表現を以下の選択肢から 1 つ選び、その記号を答えなさい。

ア be delicious　　イ be made up　　ウ be popular　　エ be sold out

3. 下線部④の意味として最も適切な表現を以下の選択肢から 1 つ選び、その記号を答えなさい。

ア 相変わらずだ　　イ 安心ができない

ウ 危機は脱している　　エ 最悪の事態だ

4. 空欄⑤、⑥に入る最も適切な座席（A1~G7）を本文中の表から選び、アルファベットと数字で答えなさい。なお、同じ番号の空欄には、同じ答えが入る。

5. 下線部⑧を言い換えたものとして最も適切な表現を以下の選択肢から 1 つ選び、その記号を答えなさい。

ア How will you come on Thursday?　　イ How well did I perform?

ウ What will we talk about?　　エ Why will we not see each other until Thursday?

6. 下線部⑨を言い換えたものとして最も適切な表現を以下の選択肢から 1 つ選び、その記号を答えなさい。

ア answer it　　イ hope it

ウ understand it　　エ worry about it

7. 下のカレンダーを参考にして、文化祭前の最後の授業日と文化祭後の最初の授業日の日付を答えなさい。

カレンダー 11月						
日	月	火	水	木	金	土
1	2	3	4	5	6	7
8	9	10	11	12	13	14
15	16	17	18	19	20	21
22	23	24	25	26	27	28
29	30					

6 次の文章を読んで、設問に答えなさい。

The story of the English language is a story of change. *Old English is very different from *Modern English. The story of the English language began some time after the year *A.D. 400, when many groups of people came to England from North-West Europe. They were called *Anglo-Saxons and *Jutes. Their languages helped to make up Old English. In Old English, the ends of words were very important because they carried many meanings such as *past and *present time. In Modern English, most of these endings have disappeared. ①This is one of the biggest differences between Old and Modern English.

All languages change over time, and this is often influenced by some outside events. For example, Old English used to be just a spoken language. However, when the church became important, Old English became a written language. Before this, (②). Latin, the old language of Italy, was used in the church and because of this, many Latin words entered the English language. For example, the word "school" came from the Latin language. At that time, most schools were a part of the church.

In the year 1066, France attacked England and French became the language used by English kings and queens and the rich people of the country. However, everybody else continued to use English. Then, English slowly became important again, and many of the schools began to use English instead of French. Over this time, many French words came into the English language. There were often two words for one thing, a French word and an English word. In Modern English, "ask" and "demand" have almost the same meaning but "ask" comes from Old English and "demand" comes from French. English has ③many words like this. The English language between the year 1066 and 1500 is called *Middle English. Some time after 1500, we have ④the beginning of Modern English. At that time, the school system developed, and more people went to school. English ships *sailed all over the world, and words from the new countries became part of the English language. While Latin was still used in the church, English was becoming more widely used. Writers, like William Shakespeare, used the language in beautiful and new ways.

Around the year 1750, many books about the English language were written. ⑤The writers of these books thought that people were speaking English badly, so they tried to show people how to use the language *correctly. They thought that Latin was the best language to use as a model, and they wanted English to become more like Latin. At the same time, correct spelling was beginning to be important too. These books made the spoken language different from the written language. When people wrote, they were very careful about the rules, but when they spoke, they just said what they wanted to say. However, later another change happened, and written English started to become like spoken English again. Sentences were shorter, and people used easier words. The English language and all languages are always changing. When a language does not (⑥), it dies.

Paul Nation, “The English Language”, Extensive Reading Central, https://www.er-central.com/reader/?id=256, 8th Aug 2022 (出題の都合上一部変更)

注)

Old English: 古英語
Anglo-Saxons: アングロサクソン人
present: 現在の
correctly: 正しく
Modern English: 近代英語
Jutes: ジュート人
Middle English: 中英語
A.D. 400: 西暦 400 年
past: 過去の
sail: 航海する

1. 下線部①について、以下の文の(ア)、(イ)に適切な日本語を補い、その説明文を完成させなさい。

古英語では(　　ア　　)が現在や過去といった多くの意味を表すので大切だったが、近代英語ではそれらのほとんどが(　　イ　　)ということ。

2. 本文の内容に即し、空欄②に入る英文として最も適切なものを以下の選択肢から 1 つ選び、その記号を答えなさい。

ア　a lot of people could read and write Old English
イ　a lot of people could read and write Modern English
ウ　only a few people could read and write Old English
エ　only a few people could read and write Modern English

3. 下線部③の内容を表すものとして最も適切なものを以下の選択肢から 1 つ選び、その記号を答えなさい。

ア　貴族が英国で使用していたフランス語の単語
イ　フランス語と古英語の両方に語源を持つ 1 つの英単語
ウ　フランスの侵略後も市民によって使われ続けた英単語
エ　同じ意味を表す古英語起源とフランス語起源の 2 つの英単語

4. 下線部④とあるが、近代英語が普及した理由として<u>本文中に述べられていない</u>ものを以下の選択肢から１つ選び、その記号を答えなさい。

ア　人々が英語を学ぶ機会が増えたこと。
イ　航海で訪れた国の母語を英語に置き換えたこと。
ウ　新しい単語を英語に取り入れたこと。
エ　作家が新たな方法で英語を表現したこと。

5. 下線部⑤とあるが、彼らが英語に与えた影響として最も適切なものを以下の選択肢から１つ選び、その記号を答えなさい。

ア　人々が書き言葉のように英語を話すようになったこと。
イ　文章が短くなり、人々は簡単な単語を書くようになったこと。
ウ　人々が正しいスペルで英語を書くようになったこと。
エ　人々が日常的にラテン語を話すようになったこと。

6. 本文の内容に即し、空欄⑥に入る最も適切な語を本文中から<u>英語１語で抜き出しなさい</u>。

7. 本文の内容と一致するものには **T**、そうでないものには **F** と答えなさい。全て同じ解答をした場合、解答は無効とする。

(1) The English language first appeared about 1,600 years ago.
(2) In the old days, schools used to play the role of churches.
(3) After France attacked England in the 11th century, all the people in England had to use French instead of English.
(4) William Shakespeare lived in the age of Middle English.
(5) During 18th century, some people began to realize the importance of correct English.

＜リスニングテスト放送原稿＞

Part A

#1

M: My brother is going to play the piano at Mejiro Hall this Saturday. I'm going to see him.

W: That's really nice. Can I come too?

M: Sure. I'll wait for you at Mejiro Hall.

W: Sorry, I don't know how to get there. Can I go to your house first, and then leave together?

M: Of course.

QUESTION: Where will they meet?

(A) At the piano school
(B) At Mejiro Hall
(C) At the man's house
(D) At the woman's house

#2

M: Hello, may I help you?

W: Do you have this shirt in a different color?

M: Yes, we have it in blue and in white.

W: I'll take a white one, please.

QUESTION: What is the woman doing?

(A) Looking at a picture.
(B) Painting a wall.
(C) Buying a shirt.
(D) Ordering her lunch.

#3

Usually in this city, it's cold and dry on winter days. However, this year it has been warm and rainy. I think it's because the environment is changing year by year. My science teacher says it will be much warmer in the future.

QUESTION: What is the weather usually like in winter?

(A) Cold and wet
(B) Warm and rainy
(C) Cold and dry
(D) Warm and cloudy

#4

May I have your attention, please? The singing contest will begin soon. When the judge calls your number, please come up to the stage. During your song, do not touch the microphone. When you finish singing, walk off the stage and go to the waiting room. Thank you.

QUESTION: What should you do when you finish singing?

(A) Wait on the stage.
(B) Walk off the stage.
(C) Say your name and number.
(D) Take the microphone with you.

Part B

Mike: Hi. I don't think we've met. My name's Mike.

Rachel: Hi, Mike. Nice to meet you. My name is Rachel.

Mike: Nice to meet you, Rachel. So, where are you from?

Rachel: Well, originally I'm from Chile, but we moved to the United States when I was about five years old. My parents now live in Argentina. That's where they first met. How about you, Mike?

Mike: I was born in Appleton, Wisconsin and lived there with my family until I was seven, but because my father worked for a trading company, we moved all over the place.

Rachel: Oh yeah? Where are some places you've lived?

Mike: Mostly overseas. We spent ten years living in China, France, and Japan before coming back to the States three years ago.

Rachel: Wow. It sounds like you've had an interesting life. So, what do you do now?

Mike: I'm a university student.

Rachel: Oh really? What are you studying?

Mike: I'm learning about French history. How about you? What do you do?

Rachel: Well, I'm working for a computer company called MejiroTech.

Mike: No kidding! My brother works there too.

Questions:

#1: Where is the woman originally from?

(A) Chile
(B) The United States
(C) Argentina
(D) France

#2: How long did the man live in Wisconsin before he moved overseas?

(A) 3 years
(B) 5 years
(C) 7 years
(D) 10 years

#3: What is the man studying?

(A) French history
(B) Technology
(C) Biology
(D) Computer science

#4: What did the man find out about the woman?

(A) She works for the same company as his brother.
(B) He has met her before.
(C) She is interested in university, too.
(D) She met his brother in his university.

【数　学】（50分）〈満点：100点〉

〈注意〉答えが分数の場合は，既約分数(これ以上約分できない分数)で答えなさい。

1　次の各問いに答えなさい．

(1)　$\frac{1}{8}+3\times\left(-\frac{5}{6}\right)^2$ を計算しなさい．

(2)　$\frac{3x-5y}{3}-\frac{2y-6x}{5}$ を計算しなさい．

(3)　$\left(\frac{3}{8}x^2y\right)^2\div\frac{3}{20}x^3y^2\times12x$ を計算しなさい．

(4)　$4x^2-49$ を因数分解しなさい．

(5)　$\left(\sqrt{3}-4\right)^2-\frac{6}{\sqrt{3}}$ を計算しなさい．

2　次の各問いに答えなさい．

(1)　2次方程式 $(x+3)^2=12$ を解きなさい．

(2)　等式 $\frac{pV}{T}=k$ を V について解きなさい．

(3)　$x=\frac{6}{5}$，$y=\frac{5}{2}$ のとき，$(x-2y)^2-x(x-y)$ の値を求めなさい．

(4)　右の図は，あるクラスの生徒が1カ月の間に読んだ本の冊数を表したヒストグラムである．この資料の中央値を求めなさい．

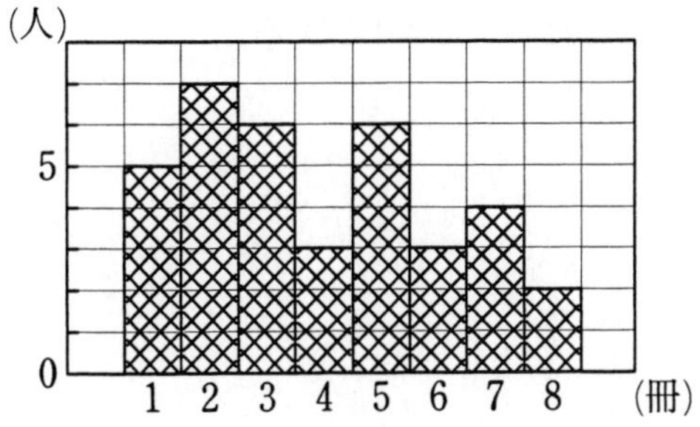

(5)　2つの関数 $y=ax^2$，$y=-x+4$ は，x の値が1から3まで増加するときの変化の割合が等しい．このとき，a の値を求めなさい．

3　次の各問いに答えなさい．

(1)　1つのさいころを3回続けて投げ，出た目を順番に百の位，十の位，一の位とし，3桁の自然数を作る．このとき，3桁の自然数が4の倍数になる目の出方は何通りあるか求めなさい．

(2)　右の図で $\overset{\frown}{\mathrm{AD}}=\overset{\frown}{\mathrm{BD}}$，$\angle\mathrm{ACD}=40^\circ$ のとき，$\angle x$ の大きさを求めなさい．

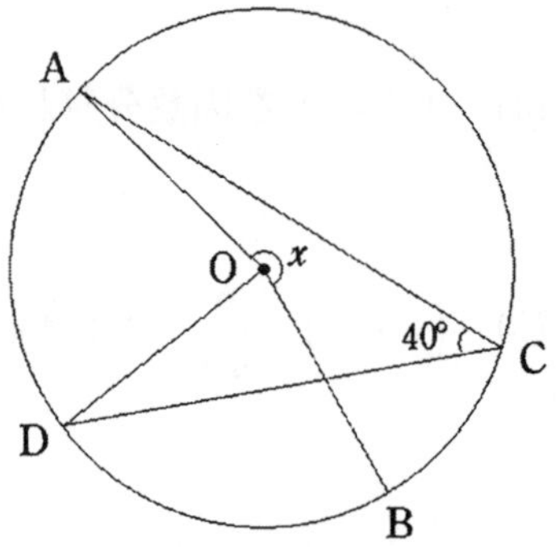

(3)　右の図において，$l /\!/ m$ のとき，$\angle x$ の大きさを求めなさい．

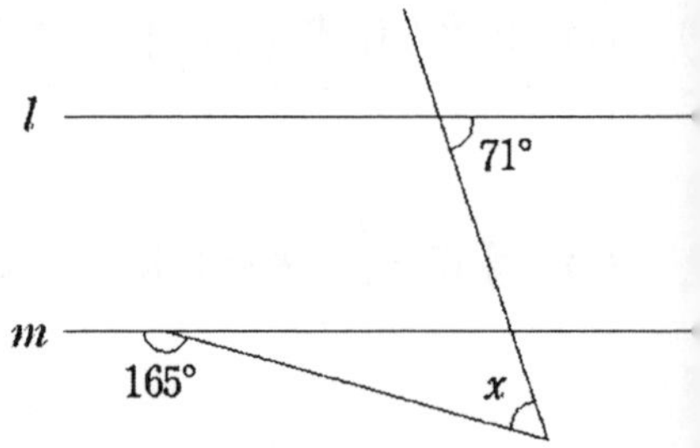

(4)　$a+c=6b$，$a=3c$ のとき，$a : b : c$ を最も簡単な整数比で表しなさい．ただし，$c\neq 0$ とする．

4 **ある中学校の 3 年生全員に，数学検定 3 級を取得しているか質問したところ，60%が「はい」と答えた．また，男女別に調べたところ，「はい」と答えたのは男子が 64%，女子が 55%であり，「はい」と答えた人数は男子が女子より 40 人多かった．このとき，次の各問いに答えなさい．**

(1)　中学 3 年生の男子生徒の人数を x 人，女子生徒の人数を y 人として，次のような連立方程式を作った．このとき，$\boxed{}$ に当てはまる文字や数字，式を答えなさい．

$$\begin{cases} \boxed{} = 40 \\ \dfrac{60}{100}\left(\boxed{}\right) = \boxed{} \end{cases}$$

(2)　中学 3 年生の男子と女子の生徒数をそれぞれ求めなさい．

5 **右の図のような平行四辺形 ABCD において，AB，AD の中点をそれぞれ M，N とする．また，NC と対角線 BD の交点を E とする．このとき，次の各問いに答えなさい．**

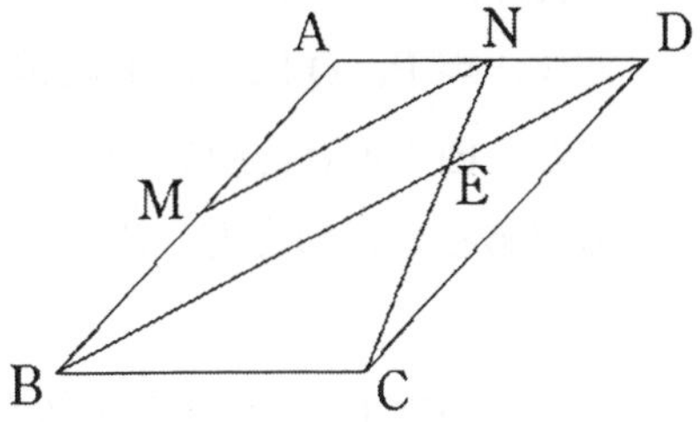

(1)　△AMN : △ABD を最も簡単な整数比で表しなさい．

(2)　NE : NC を最も簡単な整数比で表しなさい．

(3)　四角形 MBCN の面積は，平行四辺形 ABCD の面積の何倍か求めなさい．

6 右の図のように，関数 $y=ax^2\ (a>0)$ のグラフ上に 2 点 A，B がある．点 A の座標は $(-2,\ 1)$ で，点 B を中心とする円が y 軸と直線 $y=3$ に接している．このとき，次の各問いに答えなさい．

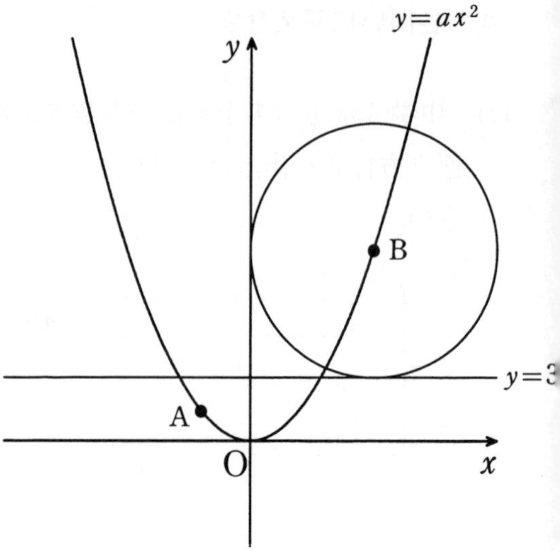

(1) a の値を求めなさい．

(2) 点 B を中心とする円の半径を求めなさい．

(3) 点 B を中心とする円の周上に線分 AP の長さが最も短くなるように点 P をとる．このとき，AP の長さを求めなさい．

7 右の図で，立方体 ABCD−EFGH は 1 辺の長さが 4cm の立方体，点 P，Q はそれぞれ辺 FG，GH の中点である．
また，面 EFGH 上にある曲線 FH は点 G を中心とする扇形の弧である．このとき，次の各問いに答えなさい．

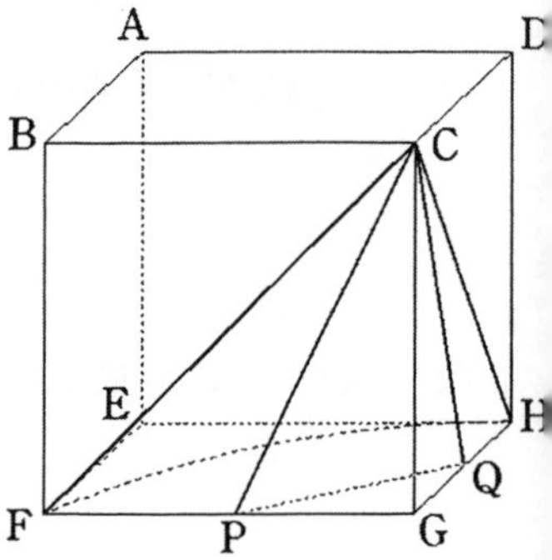

(1) 三角錐 C−PGQ の体積を求めなさい．

(2) 底面を△CPQ としたとき，三角錐 G−CPQ の高さを求めなさい．

(3) 扇形 GFH を底面とし，頂点を C とする立体 C−GFH から三角錐 C−PGQ を取り除いた立体の表面積を求めなさい．ただし，円周率は π とする．

四 次の文章を読んで、後の問いに答えなさい。

信濃《しなの》の国に更級《さらしな》といふ所に、①男すみけり。若き時に、親は死にければ、※1をばなむ親のごとくに、若くよりそひてあるに、この妻《め》の※2心憂《こころう》きことおほくて、この姑《しうとめ》の、老いかがまりてゐたるを、つねに②憎みつつ、男にもこのをばの※3御心《みこころ》のさがなくあしきことをいひ聞かせければ、むかしのごとくにもあらず、おろかなることおほく、③このをばのためになりゆきけり。このをば、いといたう老いて、※4ふたへにてゐたり。これを④なほ、この嫁、※5ところせがりて、今まで死なぬことと思ひて、よからぬことをいひつつ、「もていまして、深き山に捨てたうびてよ」とのみ責めければ、責められわびて、⑤さしてむと思ひなりぬ。

（『大和物語』）

※1 をばなむ親のごとくに…「をば」が親のように
※2 心憂きこと…不愉快なこと
※3 御心のさがなく…心の性質がよくない
※4 ふたへにて…体が折れ重なるように腰が曲がって
※5 ところせがりて…じゃまでわずらわしいと思って

問一 ――線①「男すみけり。」を現代語訳しなさい。

問二 ――線②「憎みつつ」について、「憎む」は現代語で「いやだと思う」という意味ですが、妻は「をば」のどんな様子をいやだと思っているのですか。最も適当なものを次から選び、記号で答えなさい。

ア 妻に意地悪する様子。
イ 昔のことばかり話す様子。
ウ 男のことを大切にしない様子。
エ 腰が曲がっている様子。

問三 ――線③「このをばのためになりゆきけり。」とありますが、男の「をば」への接し方はどうなったのですか。「大切」という言葉を使って十～十五字で答えなさい。（**句読点も数える**）

問四 ――線④「なほ」を現代仮名遣いに直しなさい。

問五 ――線⑤「さしてむと思ひなりぬ。」とありますが、男はどうしようと思ったのですか。最も適当なものを次から選び、記号で答えなさい。

ア 「をば」のために深い山奥に家を建てよう。
イ 「をば」と妻が仲良く暮らせるよう、二人の仲を取り持とう。
ウ 「をば」によって深い山奥に捨てられた持ち物を拾ってこよう。
エ 「をば」を深い山奥に捨ててしまおう。

エ　美月は自分にとってよきライバルだと思っていたのに、涙を流すような気の弱い一面を見せられてがっかりしたから。

問四　――線④「絶対に叶わぬ夢」とありますが、どのようなことですか。本文の言葉を使って三十五〜四十字で答えなさい。**（句読点も数える）**

問五　――線⑤「もっと早くに知っていたら、自分たちの関係も違っていたかもしれないのに……。」とありますが、この時の葵の美月に対する心情はどのようなものですか。最も適当なものを次から選び、記号で答えなさい。

ア　美月がもっと早く自分のサッカーの実力を評価してくれていたら、本格的に競技を再開する決意をしていただろうということ。

イ　自分がもっと早く美月の苦悩を理解できていたら、お互いのわだかまりも消え、ここまで疎遠にはならなかっただろうということ。

ウ　美月にもっと早く自分の選手生命を奪ったことを話せていたら、絶縁することができたので、このように再会しなくて済んだはずだということ。

エ　自分がもっと早く美月の謝罪を受け入れていたら、お互いを傷つけたまま別れてしまった辛い過去も清算できただろうということ。

問六　――線⑥「晴人」とありますが、晴人はこの場面では葵にとってどのような存在として描かれていますか。最も適当なものを次から選び、記号で答えなさい。

ア　困った時には的確な助言を与えてくれるが、目の前にすると緊張を強いられる存在。

イ　自分の生活態度に厳しい指導をしてくるが、素直に反省する気持ちになれる存在。

ウ　泣いている自分に対して穏やかに接してくるが、今一つ気を許すことができない存在。

エ　本当の意図はよくわからないが、今後の自分自身を考える機会を与えてくれた存在。

問七　――線⑦「しかし、次の瞬間、そう思ってしまった自分を恥じた。」とありますが、以下は、この時の葵の心情を四人の生徒が話し合っている場面です。本文の内容に**あてはまらないものを次から一つ**選び、記号で答えなさい。

ア　生徒A―晴人が嬉しそうにほほえんでるし、普段の彼からは想像もつかないほど優しいと葵は感じているね。

イ　生徒B―怪我でサッカーをやめたことや、神高に来た理由を晴人が知っているのではないかと葵は推測しているね。

ウ　生徒C―晴人がすべてを知った上で、自分に過去と向き合うチャンスを与えようとしていると葵は確信したんだよ、きっと。

エ　生徒D―晴人がいつになく穏やかだから、葵は晴人の真意をはかりかねているよね。自分から聞けばいいんだろうけど、なかなか聞けないみたい。

問八　――線⑧「その答え」とありますが、誰のどのような問いに対する「答え」なのですか。本文の言葉を使って、三十五〜四十字で答えなさい。**（句読点も数える）**

問九　この文章の表現上の特色として最も適当なものを次から選び、記号で答えなさい。

ア　短い文を畳みかけることで、起こった出来事が時系列で客観的に語られている。

イ　文中に「……」を多用することで、主人公の優柔不断な性格が表現されている。

ウ　主人公の心情の変化が、登場人物との対話を通じて劇的な展開で描かれている。

エ　過去に起きた大きな事件の真相が、様々な登場人物の視点に立って描かれている。

「なにをだ？」

「前に会長、言ってましたよね？　これから頑張って探せば、今まで気づかなかった第三の道だって、見つかるかもしれないって。この神高で、私はサッカーみたいに夢中になれることに、また出会えると思いますか？」

　葵の問いかけに、晴人はうなずくことも、首を横に振ることもなかった。代わりに、彼は葵の眼差しを正面から受け止めたまま、ゆっくりと答えた。

「お前がこの先、神高でなにを見つけるか、俺にはわからない。すべてお前次第だ。だが、迷ってるなら生徒会へ来い。生徒会でなら、⑧その答えを見つけられるかもしれないぞ」

「……会長」

「なんだ？」

「勧誘がうまくなりましたね」

「当然だ。俺は神高の生徒会長だからな。人心を掌握できなければ、トップは務まらん」

　晴人がニヤッと笑って、胸を張る。いつもの彼らしい仕草に、葵もつられて笑った。

　四月の暮れゆく空の下で、そっと目を閉じ、胸に手を当てる。つらくて仕方ない過去が消えてなくなることも、この胸の傷が完全に癒えることも、きっと一生ない。この先いくら頑張ったって、サッカーみたいに夢中になれることを見つけられる保証だって、どこにもない。

　それでもいい。弱く、傷ついた自分を認めること。恐くて震える足でも、逃げずに現実と向き合い、前に進もうとすること。それが、今の葵にできる精一杯だった。

（麻希一樹『「未完成」なぼくらの、生徒会』）

問一　――線①「余計なことをしたと、監督を責める気にはなれなかった。」とありますが、葵がそう思った理由として最も適当なものを次から選び、記号で答えなさい。

ア　もう以前のようにはプレーできない今の自分を見られたくなかったが、監督には心配をかけてしまったという後ろめたさがあったから。

イ　今の自分を見られたくなかったので、美月とは会いたくなかったが、監督には二人を再会させようという意図があることがわかり、しかたがないとあきらめていたから。

ウ　ライバルである美月に自分のプレーを見られて研究され、弱点を見透かされてしまうと不安になったが、心配をかけた監督の判断ならば受け入れるしかないと思ったから。

エ　ライバルではあるが、親友でもある美月とは、自分の気持ちの整理がついてからゆっくり会いたいと思っていたが、監督はそんな気持ちを知るよしもなかったから。

問二　――線②「こんなつらい目」とありますが、それはどのようなことですか。最も適当なものを次から選び、記号で答えなさい。

ア　不注意で自分に怪我をさせた美月が悪いのに、すべてが自分の責任であるかのように言われたこと。

イ　自分が怪我をしたことで親友だった美月を恨んでしまい、自分自身が汚い人間に思えてしまったこと。

ウ　ライバルの美月を助けたことで、致命的な怪我をしてしまい、それがチームの敗戦につながったこと。

エ　怪我をしたことでサッカーだけでなく、学校生活のすべてが嫌になり、毎日家に引きこもっていたこと。

問三　――線③「葵は、言葉を失った。」とありますが、それはなぜですか。最も適当なものを次から選び、記号で答えなさい。

ア　美月の身勝手な言いぐさに憤《いきどお》りを感じていたら、実は彼女が泣いていることに気づき、普段の彼女との落差に驚いたから。

イ　美月が自分に怪我をさせてしまったことをずっと苦しんでいて、涙を流して謝罪してくる姿に申し訳なさが募ったから。

ウ　美月を助けたせいで自分が怪我をしてしまったのに、泣いて「助けなくてよかった」と言われたことが心外だったから。

「あの時、助けてくれてありがとう。でも、やっぱりくやしいの。私、あんたのプレーが、本当に好きだったから……」

この子はなんで今頃になって、本心を打ち明けるんだろう？　⑤もっと早くに知っていたら、自分たちの関係も違っていたかもしれないのに……。

腕の中に、互いのぬくもりを感じる。言葉もなく、二人で泣き続ける。その耳に一際《ひときわ》大きな歓声が聞こえてきた。今は遠いフィールドで、サッカーの決勝に決着がついたようだった。

四月の暖かな太陽が、ゆっくり沈んでいく。美月と二人で互いに涙も涸《か》れるほど泣き続け、溜めこんでいた感情を吐き尽くしたあと、葵は彼女を校門まで送って行った。「また会おう」とは、言わなかった。互いの道が交わることはもうないと、二人とも察していたから。

葵は一人だけ戻ってきた屋上で、手すりに身を預け、静かに目を閉じた。このまま一年くらい過ぎてしまえばいいのに、と願う。そうすれば、次に目を開けた時には、この胸の奥底でうずく痛みも、やるせなさも、すべて消えているかもしれないのに。

葵が胸の上でそっと手を重ねた。その時、後ろで扉の開く気配を感じた。肩越しに様子を窺《うかが》う。葵は自らの不運を呪って、うめきそうになった。

屋上に現れたのは、⑥晴人だった。彼は、葵の泣きはらした顔を見て驚いたようだったが、そのことには一切触れずに近づいてきた。

「教室にもグラウンドにも姿がないと思ったら、こんなところにいたんだな。捜したぞ」

「捜すって、なんで私を………あ！」

葵は自分の置かれている状況を思い出した。美月のことがあったせいで、すっかり忘れていたけれど、生徒会への入会を巡って晴人と勝負し、負けたのだ。彼は早速、入会の手続きをしに来たに違いない。

晴人を前にして、全身を緊張させる。見ていた晴人が、プッと吹き出した。

「そんなに警戒するな。俺は、詐欺師でも悪魔でもないんだから」

「似たようなものだと思いますけど」

葵が、我ながら的確だと思ったツッコミを、晴人は無視することに決めたらしい。彼はこちらの顔を見たまま、めずらしく穏やかな口調で続けた。

「実はな、お前に伝えたいことがあって、捜してたんだ」

「なんですか？」

「よく頑張ったな。今日、お前とサッカーの試合ができてよかったよ」

「そんな……」

どうせ自分に勝ったから、喜んでいるだけだろう。葵はいらついて、つい意地の悪いことを考えてしまった。⑦しかし、次の瞬間、そう思ってしまった自分を恥じた。

晴人が嬉しそうにほほえんでいた。その眼差しは、普段の彼からは想像もつかないほど優しげで、やわらかい。彼が試合直後に見せた、あの笑顔と同じように。

晴人と向き合っているうちに、一つの推測が葵の頭に浮かんだ。どうやって調べたのか知らないが、彼は自分が怪我でサッカーをやめたことも、おそらくは神高に来た理由も把握しているようだった。

彼は、それらのことをすべて承知した上で、自分に過去と向き合うチャンスを与えるために、あえてサッカーの勝負を挑んできたのではないか？……って、いやいや！　いくら晴人が優秀だとしても、さすがにそこまでは考えていないだろう。

いつになく穏やかな晴人の顔からは、その真意を汲《く》み取ることはできない。今なにを考えているのか、聞いてみたい気もするけれど、聞かない方がいい気もする。

（中略）

「会長、教えてもらえませんか？」

「いくら軽傷でも、怪我した時は休め」と、今なら言える。でも、あの時は監督やチームメイトたちの期待を裏切ることができず、無理を押して試合に出場し……靭帯《じんたい》断裂という重傷を負ってしまった。身体《からだ》のできあがっていない中学生は、大人みたいに手術で膝を治すことができない。葵はたった一度の無茶でプロへの道を断たれ、癒えない傷を心に負った。一方、美月が率いる鎌北中は、エースの葵が抜けた藤沢女子に勝って、全国大会に進み、初優勝を飾った。

なんであの時、美月を助けちゃったんだろう？　彼女は友人である前に、ライバルだったのに。どうして助けた方の自分が、②こんなつらい目に遭わなきゃならないんだろう？

葵は何度も自らに問い、悩んで、後悔した。そのたびに、こんなことを考えてしまう自分自身がどうしようもなく汚い人間に思えてしまって、泣いた。

すべてが嫌で嫌で仕方なくて……葵は心にきつくフタをし、見て見ぬ振りをしながら、毎日をやり過ごす術《すべ》を覚えた。それなのに、今になって、そのフタをこじ開けに来るなんて！

「お願いだから、私に関わらないで！　私はもう『藤沢女子の椎名』じゃないから」

心を絞るようにして、かろうじて想いを口にした。うつむく葵の前に、美月がさらに一歩踏み出してきた。

「じゃあ聞くけど、あんた、サッカーのことはもう完全に吹っ切れたの？」

「…………うん」

「本当？　なら、さっきの試合で、どうしてあんな楽しそうにボールを蹴ってたの？　勝ち逃げなんてやめてよ！　正々堂々と勝負して、あんたを打ち負かすことが私の目標だったのに！　どうしてあの時、私なんか助けたのよ⁉」

「……は？　なにそれ⁉」

人に助けてもらっておきながら、なんて言いぐさだろう。さすがの葵もカチンときて、美月をにらみつけた。

③葵は、言葉を失った。あの気丈《きじょう》な美月が、泣いていた。

「私のことなんか、放っておけばよかったのに……！　いい迷惑なのよ！　私がわざと葵に怪我を負わせたとか、葵がいれば優勝なんてできなかっただろうとか言われて！　もう一度勝負してよ、葵！　私にできることなら、なんでもするから！」

美月の痛々しい絶叫に、葵は初めて彼女の本音を垣間《かいま》見た気がした。今までなにも言わなかっただけで、助けられた側の美月も苦しんでいたのだ。友人の未来を奪ったことに罪悪感を覚え、行き場のない暗闇の中を、ずっと一人でさまよっていたのかもしれない。

できることなら、葵だって、また美月と勝負をしたかった。最高のライバルにして、友人でもある彼女と切磋琢磨しながら高みを目指せたら、どんなに楽しいだろうと思う。だけど、それはもう叶わぬ夢だと知っている。

「ありがとう、美月。あんたの気持ちだけ、受け取っておくよ」

「……どうしても、ダメなの？」

「体育のサッカーならできるぐらいには、回復したよ。でも、今の私の足じゃ、昔の私を超えることは絶対にできない。それでも、あんたは私にサッカーを続けろって言える？」

「それは……」

本気でプロを目指したことのある者になら、今の言葉の重みがわかっただろう。現実は、残酷だ。④絶対に叶わぬ夢を前にして、努力を続ける勇気も無謀さも、葵にはなかった。

「もう昔の私に戻ることはできないんだよ。なら、頑張って前に進むしかないじゃん！」

葵の頬を、熱い涙が伝い落ちていく。何度も自分に向かって言い聞かせ、納得したはずの答えなのに、口にすると涙が止めどなくあふれてくるのは、なぜだろう？

「葵、ごめん！　本当にごめん！」

美月が葵の身体を抱きしめた。ギュッと力のこもった腕の中で、葵は彼女のささやくような本音を聞いた。

段であったが、今は大規模なダムが建設されたことで水を提供する手段が増え、川の必要性が薄れていった。
イ　現代において川は人間に恵みをもたらしてくれないので、その豊かな水源を利用して観光資源として開発する方が効率よく利益を得られると考えられるようになった。
ウ　環境破壊が進み、山村の人々は天候に左右される農業で生計を立てられなくなったので、都市に出て企業に勤務する機会が増え、次第に自然に興味を持たなくなった。
エ　山村の人々は山が与えてくれる現金収入の手段を生活の基本として重要視した一方で、生活手段としての側面を失っていった川に対する関心は次第に薄らいでいった。

三　次の文章を読んで、後の問いに答えなさい。（問題作成上、本文に省略した部分があります。）

女子サッカーの有力選手であった椎《しい》名葵《なあおい》は、藤沢女子中学校から神南《じんなん》学院高等部（通称　神高《じんこう》）に入学した。入学早々、生徒会長の晴人《はると》から生徒会に勧誘されるが、葵は入会を断った。四月の球技大会の時、葵は怪我をした生徒の代わりとして、男子サッカーの試合の出場を依頼される。その時相手チームにいた晴人は、「試合に負けたら生徒会へ入会すること」を条件に出場を許可した。以下は、試合に負けてしまった葵の前に、一人の少女がやって来る場面である。

彼女の名前は、花岡《はなおか》美月《みづき》。小学生の頃は、葵と同じサッカークラブに所属して、共に戦った仲間だ。しかし、進学を機に彼女は鎌北中に入学し、全国大会への切符を賭けた試合で、葵の属する藤沢女子と激しく競った。彼女は葵のライバルにして、友だった。

美月と再会したあと、周囲の視線を気にした葵は、彼女を連れて屋上に向かった。

サッカーの決勝戦の最中とあってか、時折ここまで歓声が聞こえてくる。中途半端な沈黙の中、先に口を開いたのは美月だった。

「なんの連絡もなく来ちゃって、本当にごめんね。でも私、どうしても葵に会いたくて」

「私が神高にいるって、どうやって調べたの？」

「藤沢女子の監督に聞いたら、すぐに教えてくれたよ。あの人も、あんたのこと、すごく心配してたから」

「そう……」

①余計なことをしたと、監督を責める気にはなれなかった。葵自身、彼に心配をかけまくった自覚はあったから。だけど、美月にだけは、連絡先を教えてほしくなかった。今の自分を彼女にだけは見られたくなかった。

押し黙った葵を見て、美月が意を決した顔つきで、一歩前に出た。

「今日の試合、見せてもらったよ。おかげで少し安心した。あんなことがあったあとでも、あんたらしさがプレーに残ってたから」

「…………」

「葵、もう一度サッカーをやろう！　あれだけ動けるなら、すぐに復帰できるよ！」

「……無理だよ」

「どうして!?　あんたはどんなに厳しい試合でも、最後まで絶対にあきらめない子だったじゃん！　私にできることなら、なんでもするから」

「もうやめて！」

葵は耳をふさぎ、下を向いた。もう、限界だった。ダメだと思っても、止めることができない。美月の善意が引き金となって、封印してきた記憶が一気にあふれ出す。

最初に葵の脳裏をよぎったのは、自分に向かって落ちてきた美月の背中だった。中学最後の夏、決勝前にトイレに行こうとした葵の前で、美月が階段から足を踏み外したのだ。葵はとっさに美月を抱き止めたが、うまく踏みとどまれずに転び、足首を捻挫《ねんざ》した。

問二　――線②「山村では成立しなかった。」とありますが、そうなったのはなぜですか。本文の言葉を使って三十～四十字で答えなさい。**（句読点も数える）**

問三　――線③「このような山村の生活」とありますが、それはどのようなものですか。最も適当なものを次から選び、記号で答えなさい。

ア　山村では広大な土地と豊かな自然を用いて様々な作物を栽培できるので、人々は農業の収入だけで余裕をもって暮らしている。

イ　山村の人々は複数の作物を栽培することや、日用品を作ることで得たお金を使って、生活に必要な品物を買って暮らしている。

ウ　山村の人々は稲作以外の様々な作物の栽培や狩猟などで食物を得て、稲作をしている地域と物々交換をすることで暮らしている。

エ　稲作を生活の主軸としていない山村の人々は、稲作以外にも多様な種類の仕事をすることによって賃金を得て暮らしている。

問四　――線④「問題となったのはその値段のつけ方である。」とありますが、対岸の主人は何を根拠に値段をつけようと判断したのですか。「…と判断した。」につながるように、本文の言葉を使って三十～四十字で具体的に答えなさい。**（句読点も数える）**

問五　空欄［A］～［C］にあてはまる語として最も適当なものを次から選び、記号で答えなさい。

ア　もちろん　　イ　または　　ウ　つまり

エ　だから　　オ　しかし

問六　――線⑤「漁師は自分の労働の対価を正当に受けることができなくなった」とありますが、それはなぜですか。最も適当なものを次から選び、記号で答えなさい。

ア　村の基軸をなす仕事が道路工事になったことにより、森林をはじめとする自然が失われた結果、川魚がまったく釣れなくなったから。

イ　養殖魚の方が人間の管理の下で育てられているため、安心して食べられるということから、世間では川魚の需要が低下しているから。

ウ　川魚の養殖が軌道に乗ると、川魚に全国的な市場価値が形成され、漁師が釣った魚が以前と同様の水準で取引されなくなったから。

エ　山村の過疎化が進み、釣りの名人が減ってしまったことで、天然の川魚の値段が高騰してしまい、一般の人々に売れなくなったから。

問七　――線⑥「山の価値はそれだけにあるのではない。」とありますが、「山の価値」が高いことを表現している部分を、本文から十～十五字で抜き出して答えなさい。**（句読点も数える）**

問八　――線⑦「六十を前後した夫婦」とありますが、筆者はこの例を挙げて何を説明しようとしているのですか。最も適当なものを次から選び、記号で答えなさい。

ア　栄えた地域とは離れた場所にある山村であっても、人々は裕福な生活を送ることができるということを説明しようとしている。

イ　様々な木の生える天然林だからこそ山は豊かであり、あらゆる生き物にとって棲みやすいのだということを説明しようとしている。

ウ　定年がある企業とは異なり、山村では年老いても仕事があり、お金を稼ぐことができるということを説明しようとしている。

エ　人間が動物を獲ることで山の生態系が維持され、様々な動植物や豊かな自然が守られているということを説明しようとしている。

問九　次のうち、本文の内容と合っているものを一つ選び、記号で答えなさい。

ア　かつて川は植物や動物にとって必要な水を提供する唯一の手

みずな、うるい、山栗、栃の実……。だが⑥山の価値はそれだけにあるのではない。
　いつも行く釣り宿のある集落のまたその上一キロのところに最後の一軒家がある。ここには⑦六十を前後した夫婦が住んでいる。驚くべきことにこの夫婦は山のものの採取と狩猟だけで暮らしている。おばさんは働きものである。五月から十一月まで、それがとれる季節には毎日山に入る。村ではこのおばさんが夕方帰ってくると、背中の籠のなかに入っているものはいつだって二、三万円は下らないと言われている。
　［B］出荷できる山菜も狩るけれど、主力は岩茸《いわたけ》という石灰岩でできた岩壁にはえるきのこ、※3しのぶ風鈴の材料となるしのぶである。がけからロープをおろして、岩肌にやもりのようにはりついて採取するのである。それ以外にも薬草もとりに行く。※4さるのこしかけがガンの薬として評判だったころには、山のようなこしかけが縁側にほされていた。秋には松茸を探しに行く。一昨年には一日で三〇万円分の松茸をとったことがあるのである。もちろんそんな日は毎日は続かない。［C］天然林のある山は限りなく豊かである。おばさんは出荷できない山のものを宿に置いていくときがある。去年はマイタケをごちそうになった。それは松茸をはるかに※5凌駕《りょうが》する山のきのこの王者である。
　冬はおじさんの出番となって、うさぎや鹿を追いかけ、穴ごもりの熊を撃つ。熊はいまは胆《い》が良い値になるから一頭で三〇万円ぐらいで売れるのである。この村の冬の熊猟は男が二人で一組になっておこなわれる。冬眠中の熊をみつけて一人が熊を眠りからさます。安眠中をたたき起こされて怒った熊が穴からとび出したところを撃つのである。村のベテランになると、ときどき出かけるだけで毎年三、四頭の熊を二人で得ている。
　それ以外にも山は薪を与え、またきのこの栽培につかう※6榾《ほた》も生みだす。生活手段としての山は無限の財力をもっているのである。もちろんそれも植林がふえるに従って低下はしてきた。雑多な木のはえる自然林こそ、動物にとっても、植物にとっても、人間にとっても棲《す》みやすい。山村の職業が雑多な仕事から成り立つのが一番暮らしやすいように、山も単一の植物からできていてはならないのである。
　山は現金収入の手段を与えている。反対に川は生活手段の対象としてはうすれてきた。山村の人々が川に対して関心を失っていく理由はそこにあったように思う。山の生活は新しい現金収入の道を次々と生みだし、次々と失っていくことから成立するのである。いまは公共事業としての道路工事がその中心にすわり、日当本位制のような経済が村を支配する。そうであるかぎり川は荒れつづける運命にあるのかもしれない。

（内山　節『山里の釣りから』）

※1　薪…切り株などを燃料用にとくに加工したもの
※2　落伍者…人生に遅れを取ったり、悪い方向に行って落ちぶれてしまった人
※3　しのぶ風鈴…竹や針金を芯にして、その上にしのぶの根茎を巻き付ける風鈴
※4　さるのこしかけ…キノコの一種
※5　凌駕…他のものを越えてそれ以上になること
※6　榾…切り株などをそのまま自然に近い状態で燃料にするもの

問一　――線①「利根川」についての説明として最も適当なものを次から選び、記号で答えなさい。

ア　人工的に掘られた赤堀川と、銚子へと流れていた常陸川とをつなげることで現在の利根川の水路が作り出された。
イ　瀬替工事が行われた利根川では、江戸湾へと流れ込む前にいずれの小河川へも合流することはなかった。
ウ　江戸時代中期から瀬替工事が行われたことで、利根川は江戸と日本全域をつなぐ大きな流通路となった。
エ　多摩川・入間川・荒川を流通路としている利根川は関東の産物のみを運ぶことに利用されていた。

っても米のできない村が、それら米以外の穀類ばかりを食べていたというのは当たらない。現金を得ることのできる賃仕事があるかぎり、村人は米を買うことができたからである。――昔は百姓は米をつくることはできても、自分は食べることはできなかった。その点、山の者はつくることはできなくても、いつも腹いっぱい米を食べていた――山村の人からはよくこんな話を聞いた。そして事実、村にはいろいろな賃仕事があった。

人々は山で木を切って下へ運んだ。柴を刈り、炭を焼き、※1薪も売った。夏は漁師であり冬は猟師であった。そのうち蚕を飼った。もちろん合間には農民であった。稲作のような軸をなす生産形態をもたない村では、村人は雑多な仕事をこなし、さまざまな現金収入を得ていた。

③このような山村の生活はいまでも基本的に変わることはない。いまこの村では多くの家で椎茸《しいたけ》となめこがつくられている。畑には蒟蒻《こんにゃく》が植えられている。蜜蜂の巣箱が山の斜面に置かれている。冬には熊猟が大きな収益を与える。最近再び炭を焼く人がでてきた。自分の持ち山には杉や落葉松《からまつ》や桐《きり》を植えている。そして人々は木の切出しや下草刈りの山仕事に出る。なによりも道路工事に出る。いやその前に村役場の職員であり、郵便局員であり、営林署の署員である。山村の生活は雑多な職業に従事することからはじまるのである。といっても基軸となる仕事がないわけではない。

旅館のある集落に釣りの名人が二人いる。一人は宿の主人であり、もう一人は川をへだてた一軒の主人である。あるとき客の一人がおみやげに天然の岩魚《いわな》や山女《やまめ》を持って帰りたいといいだした。で、対岸の主人がその役を引き受けることになった。主人は朝から川を歩いて相応の魚を釣ってきたが④問題となったのはその値段のつけ方である。当時川下の集落にある養殖山女を販売している家での山女価格は一キロ二、三〇〇円であったから、天然山女の価値はそれを上回ることはまちがいない。といっても市場があるわけではないから値の決めようがない。と、対岸の主人は一キロ五、〇〇〇円で売ると言いはじめた。言い分を聞いてなるほどと思った。というのは対岸の主人は一日歩いて約一キロの魚を釣ってきた。当時道路工事などの賃仕事に出ると日当五、〇〇〇円だった。だから主人は自分の一日の労働の成果を、一日分の賃仕事の金額と等価交換しようと試みたのである。

村の基軸的な仕事が今日では道路工事の日当にあることはまちがいない。村人は百姓をやっていては損だと言う。それは農業がもうからないということではなく、賃仕事の日当に比べて率が悪いということである。[A]当然のように漁師はどこの村でもいなくなった。山女の養殖がはじまる前、各地で虹鱒《にじます》の養殖が軌道にのりはじめると、川魚に全国的な市場価格が形成された。山女や岩魚を釣って旅館などに持っていっても、虹鱒の何割高でしか引き取ってもらえなくなった。また魚も以前のようには釣れなくなった。⑤漁師は自分の労働の対価を正当に受けることができなくなったのである。それは漁師という職業がやっていけなくなったことを意味していた。

山村の生活は昔も今も賃仕事によって成り立っているように思える。そしてこの雑多な仕事をこなしていく生活になれてくると案外住みやすいことも確かである。都市の生活のように単一の仕事に従事することだけが職業ではないということの意味を山村の生活は教えていた。それに気がつくと人々は村に帰ってきたくなる。都市で就職した者が山村に帰りたがり、しかし村に住む両親が、帰ってくる者を※2落伍者《らくごしゃ》とみて息子の帰村を拒否するという逆転現象が各地で生まれたりしているのである。

ただこのような村の生活では、すべてが生活の手段だった。山も川も木も草もである。そして生活手段としての生命を失ったものは次々に見捨てられていく運命をたどる。いま山村では川よりも山のほうが生活手段としてははるかに有効である。

春、雪がとけるとふきのとうにはじまって、秋まで食卓には山のものが次々と出てくる。のびる、たら、うど、ぜんまい、わらび、

二〇二三年度
目白研心高等学校

【国　語】（五〇分）〈満点：一〇〇点〉

一　次の――線①～⑤の漢字には読みをひらがなで記し、――線⑥～⑩のカタカナは漢字に直しなさい。

① 寺の鐘を鋳造する。
② 連絡が滞る。
③ 自己嫌悪に陥る。
④ 何とか痕跡をとどめる。
⑤ 深く陳謝する。
⑥ スイジ当番を決める。
⑦ キュウクツな思いをする。
⑧ 混雑がカンワする。
⑨ ケイヤクが成立する。
⑩ 状況をブンセキする。

二　次の文章を読んで、後の問いに答えなさい。（問題作成上、一部省略した部分があります。）

近世以降の日本の内陸部の物資の輸送は、川を使った舟運が中心であった。たとえば東北地方をみれば、盛岡・一関などの都市は北上川の水運を媒介として発展してきたし、山形・米沢などは最上川《もがみがわ》の水運が前提だった。長岡・六日町《むいかまち》には信濃川《しなのがわ》があり、福島・二本松には阿武隈川《あぶくまがわ》があった。河川水運はいまでは想像できないほどの山間部にまで張りめぐらされていた。江戸時代初期には各地で盛んに河川の最少流量を確保するための低水工事を中心とする河川改修がおこなわれ、その上に江戸中期以降の商品経済は開花するのである。

関東地方でも青梅杉は多摩川、西川杉は入間川・荒川を流通路として江戸へ運ばれた。といっても関東地方の主要交通手段はやはり①利根川《とねがわ》水系である。この利根川流通路を確立するためには、利根川の瀬替《せがえ》工事がおこなわれている。もともと利根川は今の羽生市《はにゅうし》附近まで来ると何本もの小河川へと乱流し、江戸湾（東京湾）へと流れこんでいた。それを赤堀川という人工河川を掘ることによって、銚子《ちょうし》へと流れていた常陸川《ひたちがわ》（広川）と結び、利根川の今の水路をつくりだした。

こうして利根川は江戸と関東全域をつなぐような大動脈へと変貌する。たとえば東北南部の産物さえ、鬼怒川《きぬがわ》を下り、利根川に入って江戸に運ばれたのであり、川ぞいには佐原を代表として多くの商都が栄えていた。

川は大きな流通路だったのである。とりわけ稲作を伴わない山村においては、川の役割は水よりも流れに比重がおかれていた。稲作地帯における川の思想が主として水の思想であるとすれば、ここでは流れの思想が支配した。稲作文化に主導されて育ってきた日本は、現在でもダム建設などにみられるように水の思想が水利問題を支配している。

だが平野部における水管理の思想は逆に②山村では成立しなかった。稲作文化からの疎外の上に山村はなりたつのである。そして現在では山村においてもまた流れの思想が消失しはじめてきている。

今日、川の流通路としての役割は終了した。そして養殖魚の出現は漁場としての川の役割も減少させた。水道の普及は生活の川の魅力も喪失させた。

こうして山村では、川は急速に人間の匂いを失い、景観としての川に変貌していくのである。山村からの川の退廃の進行であった。それは稲作をもたない村の宿命であろうか。

（中略）

山村の生活は主食を買うことによって成立していた。もちろん山の斜面では、麦や粟《あわ》や稗《ひえ》や黍稷《きび》、それに蕎麦《そば》をつくっていた。とい

英語解答

1 Part A 1…(C) 2…(C) 3…(C)
4…(B)
Part B 1…(A) 2…(C) 3…(A)
4…(A)

2 A ① gone ② told
③ planning ④ our
⑤ kinds ⑥ are
B ⑦ 2番目…ウ 5番目…エ
⑧ 2番目…イ 5番目…ア
⑨ 2番目…カ 5番目…オ

3 1 ①…イ ②…ア ③…イ ④…ア
⑤…イ
2 (A)…1 (B)…4 (C)…42

4 ① How ② Wash〔Clean〕
③ three ④ floor ⑤ October

5 1 ①…ア ②…イ ⑦…ウ
2 エ 3 ウ
4 ⑤…B5 ⑥…D5 5 エ
6 ウ
7 文化祭前の最後の授業日 11月4日
文化祭後の最初の授業日 11月12日

6 1 ア 語尾〔単語の終わり〕
イ 消失した〔なくなった／ない／消失している／消えた〕
2 ウ 3 エ 4 イ 5 ウ
6 change
7 (1)…T (2)…F (3)…F (4)…F
(5)…T

1〔放送問題〕解説省略

2〔文法総合―Eメール〕

A＜誤文訂正＞≪全訳≫差出人：イマイ・ユウト／宛先：ライアン・ウォーカー／件名：秋の日本旅行／送信日時：2022年9月10日午後8：08／こんにちは，ライアン！ 調子はどう？／ここ日本は涼しくなってきたよ。夏が終わって，秋が近づいてくるのを感じられる，ということは，もうすぐ君がここに来るということだね！ 君に会えるのがとても楽しみだよ！／前に，ご家族で日本の紅葉を見たいと言っていたね。僕たちの家からそう遠くないところにある神社にみんなを連れていく予定を立てているよ。そこでは，美しい紅葉を見ることができるんだ。その地域にはおいしいレストランがいくつかあるから，いろいろな種類の日本食を楽しむこともできるよ。／その場所には，車か電車で行けるんだ。どっちがいいかな？ ご家族で話し合って，教えてね。父と僕で計画を立てるよ。／友人のユウトより

＜解説＞①直前にhasがあるので，‘have/has＋過去分詞’の現在完了形にする。 go－went－gone ②Before「以前」という過去を表す語があるので，過去形にする。 tell－told－told ③直前にamがあるので，‘is/am/are＋～ing’の現在進行形にする。planのように語尾が‘短母音＋子音字’になっている語は，子音字を重ねてingをつける。 ④後ろに名詞のhouseがあるので，「私たちの家」とする。 we－our－us－ours ⑤前にmanyがあるので，複数形にする。 ⑥There is/are ～「～がある」の文では‘～’が単数であればis，‘～’が複数であればareになる。本問はsome good restaurantsと複数になっている。

B＜整序結合＞≪全訳≫差出人：ライアン・ウォーカー／宛先：イマイ・ユウト／件名：Re：秋の日本旅行／送信日時：2022年9月12日午前8：34／やあ，ユウト。メッセージありがとう。元気

で新学期を楽しんでいるよ。／そうだね！　もうすぐまた会えるんだね。君がここを離れて日本に帰ってから，もう３年もたつなんて信じられる？　あれ以来，⑦日本に行くことが僕の夢の１つだったんだ。両親が日本に旅行に行くと決めたときは本当にうれしかったよ。／君の立てたプランに僕たちは大賛成だよ。実は，おばが去年日本を訪れて，紅葉の景色を楽しんだんだ。彼女はそれが⑧今まで見た中で一番美しい景色だと思っているよ。／それと，そこへは電車で行きたいな。フィリピンでは車で移動することが多いから，電車に⑨乗るのが楽しそうだと思っているんだ。僕たちはそっちに行って君や君のご家族に会うことを楽しみにしているよ。／ではまたね，ライアンより。

＜解説＞⑦goingは「～すること」という意味を表す動名詞(～ing)であると考え，going to Japan「日本に行くこと」とまとめ，主語に置く。Since thenが前にあることから，述語動詞は現在完了形のhas beenとし，最後にone ofを置くと文末のmy dreamsにつながる。‘one of＋複数名詞’「～の１つ」 … going to Japan has been one of my dreams.　⑧まず，it is the most beautiful thingという最上級の文をつくる。残りはshe has ever seenとまとめてthingの後に置き，目的格の関係代名詞が省略された‘名詞＋主語＋動詞…’の形にする。‘*A* is the＋最上級＋名詞＋(that＋)主語＋have/has ever＋過去分詞’「*A*はこれまで～した中で最も…な―」の形。 … it is the most beautiful thing she has ever seen.　⑨‘It is ～ to …’「…することは～だ」の形式主語の構文にする。助動詞willがあるので，動詞はisではなくbeになる。… so it will be fun to ride on a train.

3〔長文読解総合―対話文〕

≪全訳≫❶リサ(Ｌ)：ハリー，これが投票結果よ。❷ハリー(Ｈ)：ありがとう。まだ答えていない人はいるかな？❸Ｌ：いいえ，ここに40人の生徒全員が答えたと書いてあるわ。彼らは希望すれば２曲まで投票することができたのね。えーと…❹Ｈ：２曲選んだ生徒は２人だけだね。「ホーム」という曲を選んだ生徒がいないのにはちょっと驚いたな。❺Ｌ：おもしろいわね。多くの生徒が「ベストフレンド」を選ぶと思っていたんだけど，10人に１人しか選ばなかったのね。❻Ｈ：それらの曲は音楽の授業で何度も歌ったからじゃないかな。僕たちのほとんどが新しいことに挑戦してみたいという気持ちがあるようだね。❼Ｌ：クラスメートのほぼ全員が「ワン」か「アンサー」のどちらかに投票したのね。どっちを選ぶべきかな？❽Ｈ：「アンサー」はとてもいい曲だよ。❾Ｌ：練習できるのはあと３週間だけね。この２曲のうち，簡単な方を選んだ方がいいと思う？❿Ｈ：「ワン」っていうこと？　簡単すぎないかな？　「ホーム」と同じくらい簡単だよ。⓫Ｌ：わかってる。でも…⓬Ｈ：やってもみないうちに諦めちゃいけないよ。挑戦してみようよ，リサ！⓭Ｌ：その心意気，いいわね。じゃあ，「アンサー」で行きましょう。

1＜適語選択＞①表を見ると，「ホーム」の得票数は０。つまり誰も選ばなかったのである。　no one「誰も(～)ない」　②すでに歌ったことのある歌が不人気だったということは，クラスメートの「ほとんど」が新しいことに挑戦したいと思っているということ。　③‘either *A* or *B*’で「*A*か*B*のどちらか一方」という意味。bothは‘both *A* and *B*’で「*A*と*B*の両方」という意味を表す。　④２つの中で，「より～な方」を表すときは‘the＋比較級’を用いる。（類例）He is the taller of the two.「彼は２人のうち背の高い方だ」　⑤第８～12段落のやりとりから，リサはハリーに後押しされて難しい方の「アンサー」に決めたとわかる。

2＜要旨把握＞(A)第10段落参照。 ‘as ～ as …’「…と同じくらい～」 (B)第3，5段落参照。クラスの人数は40人。only one in 10 students は「10人にたった1人の割合で」という意味。(C)第3，4段落参照。2曲選んだ生徒が2人いるので，票の数はクラスの人数である40より2票多くなる。

4〔適語補充〕

＜解説＞①「どうやって」に当たるのは‘方法・手段’を尋ねる疑問詞 How。 ②「洗う」は wash〔clean〕。 ③「3つの」は three。 ④建物の「階」を表すのは floor。なお，具体的な数字を入れて「～階に」と言うときは‘on the＋序数＋floor’で表せる。 (例) My classroom is on the second floor.「私の教室は2階にある」 ⑤10月は October。

5〔長文読解総合―対話文〕

≪全訳≫❶ケイト(K)：①元気？❷ヨシオ(Y)：まあまあかな。君はどうなの？❸K：来週の土日に文化祭があるから，とてもわくわくしているわ。❹Y：僕もだよ。②君のクラスは何をやるの？❺K：じゃがバターという焼いたじゃがいもを売る予定よ。最終日中になくなるといいな。ところで，あなたたちの英語劇の進み具合はどう？❻Y：だんだん良くなってきたよ。もう危機は脱したかな。幸い，全ての生徒にあと2日，文化祭前の準備期間があるからね。どっちの日も授業はなかったよね？ あっ，そうだ！ 君と君の友達の席を確保するのをすっかり忘れてた。ちょっと確認するね…うーん…残っている席はB5とD5の2つだけだな。B5はステージから2列目，右側の通路から3番目で，D5はB5の2列後ろだ。これでもいい？❼K：⑦かまわないわ。みんなの演技を楽しみにしている。来週の木曜日，文化祭後の最初の登校日に，感想を伝えるわね。❽Y：木曜日？ どうして？❾K：知らないの？ 月曜日と火曜日は土曜日と日曜日の振替休日よ。それに，その次の11月11日は学校の創立記念日よ。❿Y：なんだって？ よくわからないな。⓫K：いいわ，説明してあげる。まず，振替休日というのは，休日に学校に行った代わりに学校が休みになる日のことよ。それから，学校の創立記念日というのは，学校の創立を祝う日のこと。その日は学校が休みなの。⓬Y：わかった！ ありがとう，ケイト。⓭K：がんばってね，ヨシオ。

1＜適文選択＞①ヨシオが Not bad.「まあまあかな」と答えているので調子を尋ねる文が入る。How are you doing?「元気？，調子はどう？」 ②この後，ケイトが答えたじゃがバターはクラスでやる出し物である。 ⑦直前の Is this OK? という座席の確認に対する返答を選ぶ。mind は「嫌がる，気にする」という意味。We don’t mind. は「嫌じゃない」→「かまわない」という意味。

2＜語句解釈＞be gone は「なくなる」という意味。この場面で「(じゃがバターが)なくなる」とは，エ.「売り切れる」ということ。

3＜語句解釈＞④を直訳すると「森の外に出ている」となる。直前でヨシオが「(英語劇は)だんだん良くなってきた」と言っていることから，「森」＝「危機的状況」と考えられる。

4＜適語選択＞どちらも2つ目の空所を含む文から判断できる。 behind ～「～の後ろに」

5＜英文解釈＞How come? は「どうして？」と尋ねる表現。この意味を知らなくても直後でケイトが Don’t you know?「知らないの？」とき返していることから，ヨシオは文化祭後の最初の登校日がなぜ木曜日なのかを尋ねたのだとわかる。この内容を言い換えているのは，エ.「なぜ木曜日までお互いに会うことがないのか」。

6＜語句解釈＞この後，ケイトは振替休日と創立記念日について詳しく説明していることから，ヨシオはこの2つが理解できなかったのだとわかる。 figure ～ out〔figure out ～〕「～を理解する」

7＜要旨把握＞第9段落より，11月11日が創立記念日で，その前日と前々日は週末に行われた文化祭の振替休日になるので，文化祭は11月7日と8日に行われることがわかる。また，第6段落より，文化祭前の2日間は授業がない。

6〔長文読解総合―説明文〕

≪全訳≫❶英語の物語は変化の物語である。古英語は近代英語と大きく異なる。英語の歴史は，西暦400年以降に始まり，その頃，北西ヨーロッパから多くの人々の集団がイングランドにやってきた。彼らはアングロサクソン人とジュート人と呼ばれた。彼らの言語は古英語を形成するのに役立った。古英語では，語尾は過去時制や現在時制などの多くの意味を持つため，非常に重要だった。近代英語では，これらの語尾はほとんど消失している。これは古英語と近代英語の大きな違いの1つだ。❷どの言語も時間の経過とともに変化していくが，これは外部の何らかの出来事に影響されることが多い。例えば，古英語は昔，ただの話し言葉だった。しかし，教会が重要になると，古英語は書き言葉になった。それ以前は，②古英語を読み書きできる人はほんのわずかしかいなかった。イタリアの古い言語であるラテン語が教会で使われており，このために多くのラテン語が英語に入ってきた。例えば，school という言葉はラテン語からきたものである。当時，ほとんどの学校は教会の一部だった。❸1066年，フランスがイングランドに攻め込み，フランス語がイングランドの王や女王，富裕層に使われる言語になった。しかし，それ以外の人たちは英語を使い続けた。その後，英語は徐々に再び重要になり，多くの学校ではフランス語の代わりに英語を使うようになった。この間，多くのフランス語の単語が英語の中に入ってきた。1つのものに対して，フランス語と英語の2つの単語が使われることもよくあった。近代英語では，ask と demand はほとんど同じ意味だが，ask は古英語から，demand はフランス語からきたものだ。英語にはこのような単語がたくさんある。1066年から1500年までの英語は中英語と呼ばれる。1500年以降しばらくして，近代英語が始まる。この頃，学校制度が発達し，学校に通う人が増えた。イングランド船が世界中を航海し，新しい国々からきた言葉も英語の一部となった。教会では依然としてラテン語が使われていたが，英語はより広く使われるようになった。ウィリアム・シェイクスピアのような作家たちは，英語を美しく，新しい方法で使った。❹1750年頃，英語に関する多くの本が書かれた。これらの本の著者は，人々の英語の話し方が間違っていると考え，人々に正しい英語の使い方を示そうとした。彼らは，ラテン語がモデルとして最も適した言語であると考え，英語をラテン語に近づけようとした。同時に，正しいスペルも重要視され始めた。これらの書物は，話し言葉と書き言葉を異なるものにした。書くときはルールにとても気をつけたが，話すときはただ自分の言いたいことを言うだけだった。しかし，その後，別の変化が起こり，書き言葉の英語は再び話し言葉のようになり始めた。文章はより短くなり，人々はより簡単な言葉を使うようになった。英語および全ての言語は常に変化している。言語が変化しないとき，それは死んだ言語となるのだ。

1＜指示語＞This は直接的には前の文の内容を指しているが，与えらえた日本語は，さらにその前の文も含めたていねいな説明になっている。 ア．2文前の the ends of words に当たる部分である。「単語の終わり」，つまり「語尾」のこと。 イ．前文の have disappeared に当たる部分。

disappear「消失する，なくなる」

2＜適文選択＞Before this「これ以前」の this は直前の「教会が重要になると古英語が書き言葉になった」という内容を指す。それより前の状況としては，古英語は話し言葉であったため，読み書きできる人はほんのわずかだったと考えられる。

3＜語句解釈＞下線部に含まれる this は前文の近代英語における demand と ask についての内容を指す。ここでの like は前置詞で「～のような」という意味。この例の他にも，同じ意味を表す2つの言葉がたくさんあるということである。

4＜要旨把握＞近代英語が普及した理由は，同じ段落の下線部④に続く部分に書かれている。イングランド船が世界中を航海した結果，新たな言葉が英語に取り入れられたとはあるが，その国の母語を英語に置き換えたとは書かれていない。

5＜要旨把握＞下線部中の these books「これらの本」は前文の many books about the English language を指す。これらの本の著者たちが英語に与えた影響は，続く4文に具体的に書かれている。英語をラテン語に近づけようとしたこと，スペルが重要になり，話し言葉と書き言葉が違うものになったことが述べられている。　at the same time「同時に」

6＜適語補充＞直前に「全ての言語は常に変化している」とあることから，言語が死ぬのは変化しなくなったときだと推測できる。does not の後なので，change を動詞の原形として用いる。この文章は言語の変遷について述べた文章であり，change は文章全体のキーワードである。

7＜内容真偽＞(1)「英語が初めて登場したのは約1600年前だ」…○　第1段落第3文の内容に一致する。　(2)「昔，学校が教会の役割を担っていた」…×　第2段落最終文参照。学校は教会の一部だった。　(3)「11世紀にフランスがイングランドに攻め込んだ後，イングランドの人々は英語の代わりにフランス語を使わなければならなかった」…×　第3段落第1，2文参照。王や女王，富裕層はフランス語を使うようになったが，それ以外の人たちは英語を使い続けた。　(4)「ウィリアム・シェイクスピアは中英語の時代に生きていた」…×　第3段落後半参照。中英語は1066年から1500年までの英語であり，ウィリアム・シェイクスピアは1500年以降の人である。　(5)「18世紀には，正しい英語の重要性を認識する人々が現れた」…○　第4段落第1，2文の内容に一致する。

2023年度／目白研心高等学校

数学解答

1 (1) $\frac{53}{24}$　(2) $\frac{33x-31y}{15}$　(3) $\frac{45}{4}x^2$

(4) $(2x+7)(2x-7)$　(5) $19-10\sqrt{3}$

2 (1) $x=-3\pm2\sqrt{3}$　(2) $V=\frac{kT}{p}$

(3) 16　(4) 3.5冊　(5) $-\frac{1}{4}$

3 (1) 54通り　(2) 200°　(3) 56°

(4) 9：2：3

4 (1) (順に)$\frac{64}{100}x-\frac{55}{100}y$，$x+y$，$\frac{64}{100}x+\frac{55}{100}y$

(2) 男子…200人　女子…160人

5 (1) 1：4　(2) 1：3　(3) $\frac{5}{8}$倍

6 (1) $\frac{1}{4}$　(2) 6　(3) $8\sqrt{2}-6$

7 (1) $\frac{8}{3}$cm³　(2) $\frac{4}{3}$cm

(3) $(4+4\sqrt{2})\pi+12$cm²

1〔独立小問集合題〕

(1)＜数の計算＞与式$=\frac{1}{8}+3\times\frac{25}{36}=\frac{1}{8}+\frac{25}{12}=\frac{3}{24}+\frac{50}{24}=\frac{53}{24}$

(2)＜式の計算＞与式$=\frac{5(3x-5y)-3(2y-6x)}{15}=\frac{15x-25y-6y+18x}{15}=\frac{33x-31y}{15}$

(3)＜式の計算＞与式$=\frac{9}{64}x^4y^2\div\frac{3}{20}x^3y^2\times12x=\frac{9x^4y^2}{64}\times\frac{20}{3x^3y^2}\times12x=\frac{9x^4y^2\times20\times12x}{64\times3x^3y^2}=\frac{45}{4}x^2$

(4)＜式の計算―因数分解＞与式$=(2x)^2-7^2=(2x+7)(2x-7)$

(5)＜数の計算＞与式$=(3-8\sqrt{3}+16)-\frac{6\times\sqrt{3}}{\sqrt{3}\times\sqrt{3}}=19-8\sqrt{3}-\frac{6\sqrt{3}}{3}=19-8\sqrt{3}-2\sqrt{3}=19-10\sqrt{3}$

2〔独立小問集合題〕

(1)＜二次方程式＞$x+3=\pm2\sqrt{3}$　$\therefore x=-3\pm2\sqrt{3}$

(2)＜等式変形＞両辺にTをかけて，$pV=kT$，両辺をpでわって，$V=\frac{kT}{p}$となる。

(3)＜数の計算＞与式$=x^2-4xy+4y^2-x^2+xy=-3xy+4y^2$として，$x=\frac{6}{5}$，$y=\frac{5}{2}$を代入すると，与式$=-3\times\frac{6}{5}\times\frac{5}{2}+4\times\left(\frac{5}{2}\right)^2=-9+4\times\frac{25}{4}=-9+25=16$となる。

(4)＜データの活用―中央値＞生徒の人数は$5+7+6+3+6+3+4+2=36$(人)であるから，中央値は読んだ本の冊数を小さい順に並べたときの18番目と19番目の平均値である。2冊以下が$5+7=12$(人)，3冊以下が$12+6=18$(人)，4冊以下が$18+3=21$(人)だから，18番目は3冊，19番目は4冊となる。よって，その平均値は$\frac{3+4}{2}=3.5$だから，中央値は3.5冊となる。

(5)＜関数―比例定数＞関数$y=ax^2$において，$x=1$のとき$y=a\times1^2=a$，$x=3$のとき$y=a\times3^2=9a$だから，xの値が1から3まで増加するときの変化の割合は$\frac{9a-a}{3-1}=\frac{8a}{2}=4a$と表せる。また，関数$y=-x+4$の変化の割合は常に$-1$である。よって，$x$の値が1から3まで増加するときの変化の割合が等しいことより，$4a=-1$が成り立ち，$a=-\frac{1}{4}$となる。

3〔独立小問集合題〕

(1)＜場合の数―さいころ＞さいころの目の数は，1，2，3，4，5，6である。1回目の出た目の数が1のとき，百の位の数が1だから，4の倍数になる3けたの自然数は，112，116，124，132，136，144，152，156，164の9通りある。1回目の出た目の数が2，3，4，5，6のときも同様に9通りずつあるから，

3けたの自然数が4の倍数になる目の出方は $9\times6=54$(通り)となる。

図1

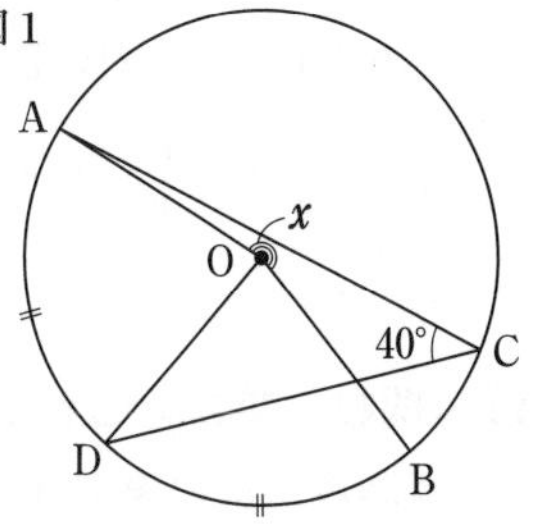

(2)<平面図形—角度>右図1で，$\overset{\frown}{\mathrm{AD}}$に対する円周角と中心角の関係より，$\angle\mathrm{AOD}=2\angle\mathrm{ACD}=2\times40^\circ=80^\circ$である。また，$\overset{\frown}{\mathrm{AD}}=\overset{\frown}{\mathrm{BD}}$だから，$\angle\mathrm{BOD}=\angle\mathrm{AOD}=80^\circ$であり，$\angle x=360^\circ-\angle\mathrm{AOD}-\angle\mathrm{BOD}=360^\circ-80^\circ-80^\circ=200^\circ$となる。

図2

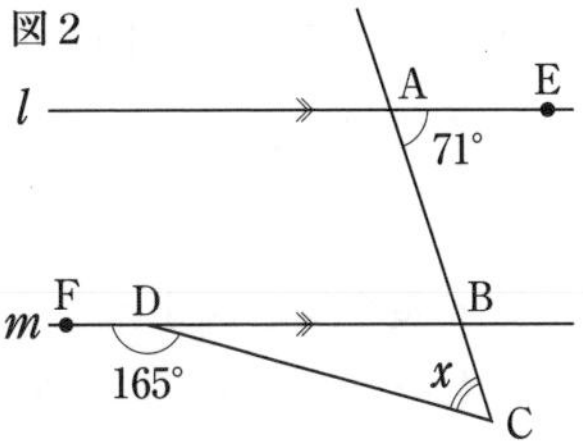

(3)<平面図形—角度>右下図2のように，6点A～Fを定める。$l /\!/ m$より平行線の錯角は等しいので，$\angle\mathrm{ABD}=\angle\mathrm{BAE}=71^\circ$である。また，$\angle\mathrm{BDC}=180^\circ-\angle\mathrm{CDF}=180^\circ-165^\circ=15^\circ$である。よって，△BCDで内角と外角の関係より，$\angle x=\angle\mathrm{ABD}-\angle\mathrm{BDC}=71^\circ-15^\circ=56^\circ$となる。

(4)<文字式の利用—比>$a+c=6b$に$a=3c$を代入すると，$3c+c=6b$，$4c=6b$，$b=\dfrac{2}{3}c$となる。よって，$a:b:c=3c:\dfrac{2}{3}c:c=9:2:3$である。

4 〔数と式—連立方程式の応用〕

(1)<立式>「はい」と答えた人数は，男子がx人のうちの64%だから，$x\times\dfrac{64}{100}=\dfrac{64}{100}x$(人)と表せ，女子が$y$人のうちの55%だから，$y\times\dfrac{55}{100}=\dfrac{55}{100}y$(人)と表せる。「はい」と答えた人数は，男子が女子より40人多かったので，$\dfrac{64}{100}x-\dfrac{55}{100}y=40$……①が成り立つ。また，3年生の人数は$x+y$人で，このうちの60%が「はい」と答えたので，その人数は，$(x+y)\times\dfrac{60}{100}=\dfrac{60}{100}(x+y)$人と表せる。よって，「はい」と答えた人数について，$\dfrac{60}{100}(x+y)=\dfrac{64}{100}x+\dfrac{55}{100}y$……②が成り立つ。

(2)<生徒数>(1)の①，②を連立方程式として解く。①×100より，$64x-55y=4000$……①′　②×100より，$60(x+y)=64x+55y$，$60x+60y=64x+55y$，$4x-5y=0$……②′　①′－②′×11より，$64x-44x=4000-0$，$20x=4000$　$\therefore x=200$　これを②′に代入して，$4\times200-5y=0$，$5y=800$　$\therefore y=160$　よって，生徒数は，男子が200人，女子が160人となる。

5 〔平面図形—平行四辺形〕

≪基本方針の決定≫(2)　相似な三角形に着目する。

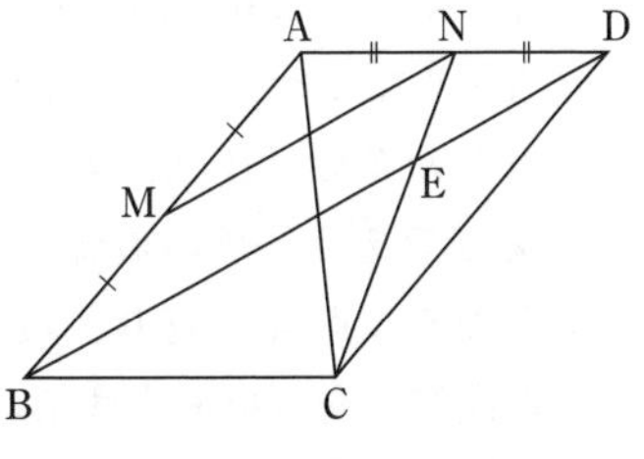

(1)<面積比—相似>右図で，点M，点Nはそれぞれ辺AB，辺ADの中点だから，AM : AB＝AN : AD＝1 : 2である。また，∠MAN＝∠BADだから，2組の辺の比とその間の角がそれぞれ等しくなり，△AMN∽△ABDである。相似比はAM : AB＝1 : 2だから，面積比は，相似比の2乗となり，$\triangle\mathrm{AMN}:\triangle\mathrm{ABD}=1^2:2^2=1:4$となる。

(2)<長さの比—相似>右上図で，∠NED＝∠CEBであり，AD∥BCより，∠NDE＝∠CBEだから，△NED∽△CEBである。四角形ABCDが平行四辺形より，AD＝BCだから，$\mathrm{DN}=\dfrac{1}{2}\mathrm{AD}=\dfrac{1}{2}\mathrm{BC}$となり，$\mathrm{NE}:\mathrm{CE}=\mathrm{DN}:\mathrm{BC}=\dfrac{1}{2}\mathrm{BC}:\mathrm{BC}=1:2$である。よって，NE : NC＝1 : (1＋2)＝1 : 3となる。

(3)<面積比>右上図で，▱ABCDの面積をSとする。四角形MBCNの面積は，▱ABCDの面積から△AMNと△CDNの面積をひいたものである。$\triangle\mathrm{ABD}=\dfrac{1}{2}$▱ABCD$=\dfrac{1}{2}S$となり，(1)より，△AMN : △ABD＝1 : 4だから，$\triangle\mathrm{AMN}=\dfrac{1}{4}\triangle\mathrm{ABD}=\dfrac{1}{4}\times\dfrac{1}{2}S=\dfrac{1}{8}S$となる。また，2点A，Cを結ぶと，

$\triangle ACD=\frac{1}{2}\square ABCD=\frac{1}{2}S$ となり，AN＝DN より，△CAN＝△CDN だから，$\triangle CDN=\frac{1}{2}\triangle ACD=\frac{1}{2}\times\frac{1}{2}S=\frac{1}{4}S$ となる。よって，四角形 MBCN の面積は，$\square ABCD-\triangle AMN-\triangle CDN=S-\frac{1}{8}S-\frac{1}{4}S=\frac{5}{8}S$ と表せるので，四角形 MBCN の面積は▱ABCD の面積の $\frac{5}{8}$ 倍である。

6 〔関数―関数 $y=ax^2$ と一次関数のグラフ〕

≪基本方針の決定≫(2)　点 B の座標を文字を使って表す。

(1)＜比例定数＞右図 1 で，関数 $y=ax^2$ のグラフは A$(-2,\ 1)$を通るので，$x=-2$，$y=1$ を代入して，$1=a\times(-2)^2$ より，$a=\frac{1}{4}$ となる。

図 1

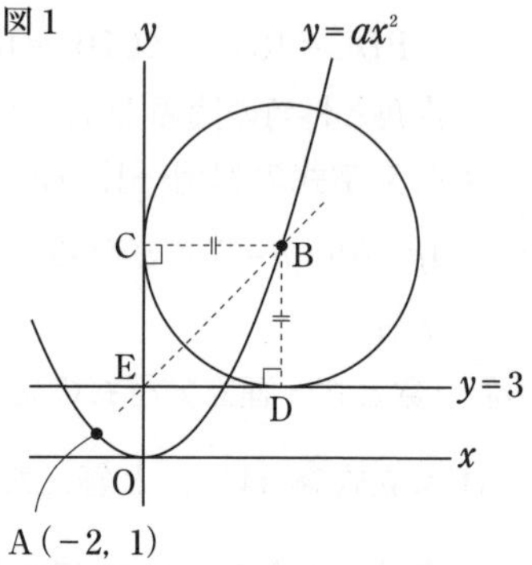

(2)＜長さ＞右図 1 のように，円 B と y 軸，直線 $y=3$ との接点をそれぞれ C，D とし，直線 $y=3$ と y 軸との交点を E とする。2 点 C，D は接点より，∠BCE＝∠BDE＝90°であり，直線 $y=3$ は x 軸に平行だから，BC は x 軸に平行，BD は y 軸に平行となる。円 B の半径を r とすると，BC＝BD＝r である。これより，点 B の x 座標は r であり，点 D の y 座標が 3 より，点 B の y 座標は $r+3$ となるから，B$(r,\ r+3)$と表せる。(1)より，点 B は関数 $y=\frac{1}{4}x^2$ のグラフ上にあるから，$r+3=\frac{1}{4}r^2$ が成り立つ。これを解くと，$r^2-4r-12=0$，$(r-6)(r+2)=0$　$\therefore r=6,\ -2$　$r>0$ より，$r=6$ となるから，円 B の半径は 6 である。

≪別解≫図 1 で，∠BCE＝∠BDE＝∠CED＝90°，BC＝BD より，四角形 BCED は正方形だから，ED＝BD である。これより，直線 BE の傾きは $\frac{BD}{ED}=1$ となる。また，E$(0,\ 3)$だから，直線 BE の式は $y=x+3$ となる。点 B は放物線 $y=\frac{1}{4}x^2$ と直線 $y=x+3$ の交点となるから，$\frac{1}{4}x^2=x+3$，$x^2-4x-12=0$，$(x-6)(x+2)=0$　$\therefore x=6,\ -2$　よって，点 B の x 座標は 6 なので，円 B の半径は BC＝6 である。

(3)＜長さ―特別な直角三角形＞右図 2 で，点 P は円 B の周上にあるので，(2)より，BP＝6 で一定である。よって，AP の長さが最も短くなるとき，AP＋BP も最も短くなる。このようになるのは，点 P が線分 AB 上にあるときだから，点 P は線分 AB と円 B の交点であり，求める線分 AP の長さは，AP＝AB－BP＝AB－6 となる。点 A を通り x 軸に平行な直線と点 B を通り y 軸に平行な直線の交点を F とする。(2)より，$r=6$，$r+3=6+3=9$ だから，B$(6,\ 9)$である。A$(-2,\ 1)$だから，AF＝$6-(-2)=8$，BF＝$9-1=8$ となり，AF＝BF である。よって，△ABF は直角二等辺三角形だから，$AB=\sqrt{2}AF=\sqrt{2}\times8=8\sqrt{2}$ となり，$AP=8\sqrt{2}-6$ である。

図 2

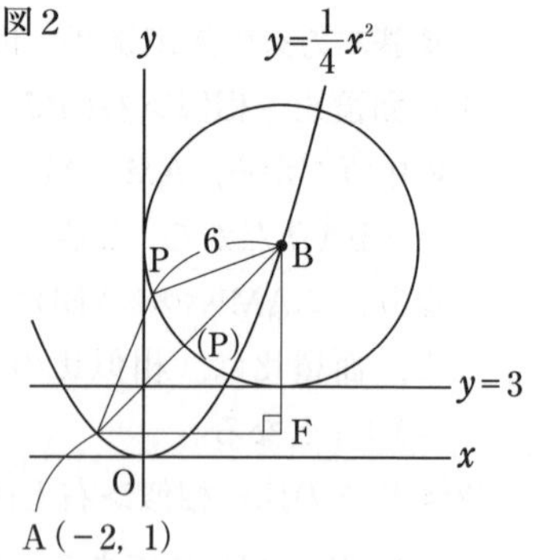

7 〔空間図形―立方体〕

≪基本方針の決定≫(2)　体積を利用する。

(1)＜体積＞次ページの図 1 で，点 P，点 Q はそれぞれ辺 FG，辺 GH の中点だから，$PG=QG=\frac{1}{2}FG=\frac{1}{2}\times4=2$ である。CG⊥〔面 EFGH〕だから，三角錐 C-PGQ の体積は，$\frac{1}{3}\times\triangle PGQ\times CG=\frac{1}{3}\times\frac{1}{2}$

$\times 2\times 2\times 4=\frac{8}{3}$(cm^3)となる。

図1

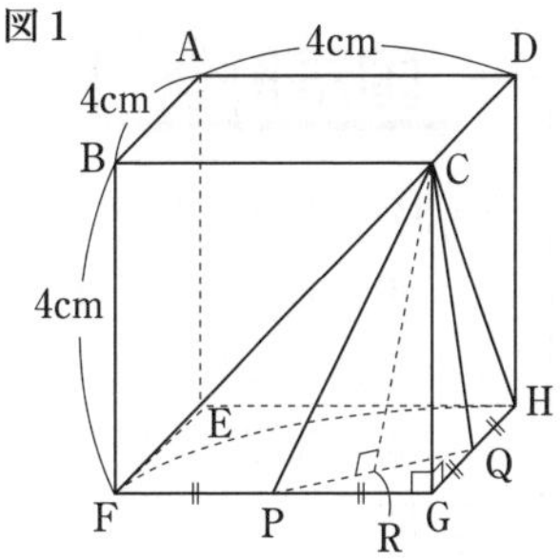

⑵<長さ>右図1で，△PGQは，PG＝QG＝2，∠PGQ＝90°より，直角二等辺三角形だから，$PQ=\sqrt{2}PG=\sqrt{2}\times 2=2\sqrt{2}$である。また，△CPGで三平方の定理より，$CP=\sqrt{CG^2+PG^2}=\sqrt{4^2+2^2}=\sqrt{20}=2\sqrt{5}$となる。同様にして，$CQ=2\sqrt{5}$となるので，△CPQはCP＝CQの二等辺三角形である。よって，点CからPQに垂線CRを引くと，点Rは線分PQの中点となり，$PR=QR=\frac{1}{2}PQ=\frac{1}{2}\times 2\sqrt{2}=\sqrt{2}$である。△CPRで三平方の定理より，$CR=\sqrt{CP^2-PR^2}=\sqrt{(2\sqrt{5})^2-(\sqrt{2})^2}=\sqrt{18}=3\sqrt{2}$となるから，$\triangle CPQ=\frac{1}{2}\times PQ\times CR=\frac{1}{2}\times 2\sqrt{2}\times 3\sqrt{2}=6$である。三角錐G-CPQの底面を△CPQとしたときの高さを$h$cmとすると，⑴より，〔三角錐G-CPQ〕＝〔三角錐C-PGQ〕＝$\frac{8}{3}$だから，体積について，$\frac{1}{3}\times\triangle CPQ\times h=\frac{8}{3}$より，$\frac{1}{3}\times 6\times h=\frac{8}{3}$が成り立つ。これを解いて，$h=\frac{4}{3}$(cm)である。

⑶<面積>右上図1で，立体C-GFHから三角錐C-PGQを取り除いた立体の表面積は，図形FPQH，△CPQ，△CFP，△CHQと，線分CF，CH，$\overset{\frown}{FH}$で囲まれた曲面の面積の和となる。〔図形FPQH〕＝〔おうぎ形GFH〕－△PGQ＝$\pi\times 4^2\times\frac{90^\circ}{360^\circ}-\frac{1}{2}\times 2\times 2=4\pi-2$であり，⑵より，△CPQ＝6である。また，FP＝PG＝2より，$\triangle CFP=\frac{1}{2}\times FP\times CG=\frac{1}{2}\times 2\times 4=4$であり，同様に，△CHQ＝4である。次に，△CFGが直角二等辺三角形より，$CF=\sqrt{2}CG=\sqrt{2}\times 4=4\sqrt{2}$であり，$\overset{\frown}{FH}=2\pi\times 4\times\frac{90^\circ}{360^\circ}=2\pi$である。線分CF，CH，$\overset{\frown}{FH}$で囲まれた曲面は，円錐の側面の一部であるから，展開すると，右図2のようなおうぎ形CFHとなる。中心角を∠FCH＝xとすると，$\overset{\frown}{FH}$の長さについて，$2\pi\times 4\sqrt{2}\times\frac{x}{360^\circ}=2\pi$が成り立ち，$\frac{x}{360^\circ}=\frac{1}{4\sqrt{2}}$となる。これより，おうぎ形CFHの面積は，$\pi\times(4\sqrt{2})^2\times\frac{x}{360^\circ}=\pi\times(4\sqrt{2})^2\times\frac{1}{4\sqrt{2}}=4\sqrt{2}\pi$となる。以上より，求める立体の表面積は，〔図形FPQH〕＋△CPQ＋△CFP＋△CHQ＋〔おうぎ形CFH〕＝$(4\pi-2)+6+4+4+4\sqrt{2}\pi=4\pi+4\sqrt{2}\pi+12=(4+4\sqrt{2})\pi+12$(cm^2)となる。

図2

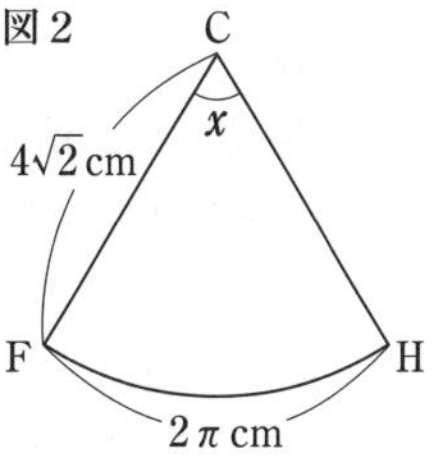

＝読者へのメッセージ＝

3⑴では，4の倍数となる場合を考えました。4の倍数かどうかを見分けるには，整数の下2けたに着目して，下2けたが00か4の倍数であれば，その整数は4の倍数になります。8の倍数も同じようにして見分けることができ，下3けたが000か8の倍数であれば，その整数は8の倍数になります。

2023年度／目白研心高等学校

国語解答

一　①　ちゅうぞう　②　とどこお
③　おちい　④　こんせき
⑤　ちんしゃ　⑥　炊事　⑦　窮屈
⑧　緩和　⑨　契約　⑩　分析

二　問一　ア
問二　山村では稲作が行われないため，川の役割は水よりも流れに比重が置かれていたから。(39字)
問三　エ
問四　一日かけて釣った魚だったため，賃仕事の日当と同じ金額をもらうのが妥当である(37字)［と判断した。］
問五　A…エ　B…ア　C…オ
問六　ウ
問七　山は無限の財力をもっている
問八　イ　問九　エ

三　問一　ア　問二　ウ　問三　ア
問四　最高のライバルにして友人でもある美月と切磋琢磨しながら高みを目指すということ。(39字)
問五　イ　問六　エ　問七　ウ
問八　葵が神高でサッカーみたいに夢中になれることにまた出会えるかという問い。(35字)
問九　ウ

四　問一　男が住んでいた。　問二　エ
問三　大切に扱わなくなった。
問四　なお　問五　エ

一〔漢字〕

①「鋳造」は，溶かした金属を型に流し込んで成形すること。　②音読みは「遅滞」などの「タイ」。　③音読みは「陥落」などの「カン」。　④「痕跡」は，ある事物が過去にあったことを示す跡形のこと。　⑤「陳謝」は，物事の事情などを述べてあやまること。　⑥「炊事」は，食物を煮たり炊いたりして調理すること。　⑦「窮屈」は，自由に動きがとれないさま。　⑧「緩和」は，激しさや厳しさの程度を和らげること。　⑨「契約」は，当事者間の合意によって成立する法律行為のこと。　⑩「分析」は，複雑な事柄を一つ一つの要素や性質に分け，その構成などを明らかにすること。

二〔論説文の読解―自然科学的分野―自然〕出典；内山節『山里の釣りから』。

≪本文の概要≫近世以降の日本の内陸部の物資の輸送は，川を使った舟運が中心であった。水を利用する稲作文化に主導されて育ってきた日本には，水管理の思想が発達したが，稲作を伴わない山村では，水管理よりも流れに比重が置かれていた。しかし，現在では山村においても，流れの思想が消失し始めている。川は，流通路の役割が終了し，水道の普及により生活の場としての役割も減少し，さらに養殖魚の出現によって漁場として魅力も失われている。稲作のような軸をなす生産形態を持たない山村では，村人は雑多な仕事をこなし，現金収入を得ることで生活してきた。このような村の生活では，山や川など全てが生活の手段であったが，今では，川よりも山の方が生活手段としては有効である。出荷できる山菜以外にもきのこや薬草も採れるし，冬は狩猟によって収入を得ることもできる。生活手段としての山は，無限の財力を持っているのである。このように山は，現金収入の手段を与えているが，川は，生活手段の対象としては薄れてきたのである。

問一＜文章内容＞もともと利根川は，現在の羽生市付近で，「何本もの小河川へと乱流」して，江戸湾へ流れ込んでいたが，「赤堀川という人工河川」を掘ることで，「銚子へと流れていた常陸川」と結ばれ，現在の利根川の水路となった。

問二＜文章内容＞稲作文化によって発達した日本では「水の思想が水利問題を支配している」が，「稲作を伴わない山村」では，川は「大きな流通路」であり，「川の役割は水よりも流れに比重がおかれていた」ので，水管理の思想は成立しなかったのである。

問三＜文章内容＞山村の人々は，「夏は漁師」として，「冬は猟師」として生活し，その合間に農業や養蚕業などを営むことで生計を立てていた。つまり，「稲作のような軸をなす生産形態をもたない」山村の人々は，「雑多な仕事をこなし，さまざまな現金収入を得ていた」のである。

問四＜文章内容＞対岸の主人は，「一日歩いて約一キロの魚を釣って」きた。当時は，道路工事などの賃仕事に出ると日当五，〇〇〇円だったので，「一日分の賃仕事の金額と等価交換」しようとして，対岸の主人は，釣った魚に五，〇〇〇円という値段をつけた。

問五＜接続語＞A．農業は「賃仕事の日当に比べて率が悪い」し，漁師としての労働も賃仕事の日当に見合わないので，「漁師はどこの村でもいなく」なった。　B．いつも背中の籠に「二，三万円は下らない」ほどのものを一日で採ってくるおばさんは，当然のことながら，「山菜も狩る」が，主力は「岩茸」や「しのぶ」である。　C．「一日で三〇万円分の松茸」を採れるような「日は毎日は続かない」が，「天然林のある山は限りなく豊か」なのである。

問六＜文章内容＞各地で虹鱒の養殖が軌道に乗り始めると，「川魚に全国的な市場価格が形成」されるようになったので，せっかく漁師が「山女や岩魚を釣って」旅館に持っていったとしても，「虹鱒の何割高でしか引き取ってもらえなくなった」のである。

問七＜表現＞山では「のびる，たら，うど，ぜんまい」など，多くの種類の山菜が採れるが，他にも現金収入となる「岩茸」や「しのぶ」や「さるのこしかけ」といったものも採取できるし，冬には猟によっても収入が得られるので，「山は無限の財力をもっている」といえる。

問八＜文章内容＞六十を前後した夫婦は，「出荷できる山菜」以外にも珍しいものを採取したり，冬は猟をしたりして収入を得ている。また，山は，薪を与えたり，椙も生み出したりする。山が「雑多な木のはえる自然林」だからこそ，動物や植物だけではなく，「人間にとっても棲みやすい」ということが，この夫婦の生活から理解できる。

問九＜要旨＞山が現在も「現金収入の手段」を山村の人々に与えている一方で，川は，流通路でなくなったことや漁場としての魅力を失ったことによって「生活手段の対象としてはうすれて」きた。そのため，山村の人々は「川に対して関心を失って」いったのである。

三〔小説の読解〕出典；麻希一樹『「未完成」なぼくらの，生徒会』。

問一＜文章内容＞葵は，サッカーのできなくなった自分を美月にだけは「見られたくなかった」ので，自分が神高に進学したことをしゃべった藤沢女子の監督を恨んだ。しかし，「彼に心配をかけまくった」という自覚はあったので，葵は，監督を責める気にはなれなかった。

問二＜文章内容＞葵は，どうして美月を助けた自分が「靭帯断裂という重傷」を負ったり，チームを勝利に導けなかったり，さらには「プロへの道」を断たれたりするという「つらい目」に遭わなければならないのだろうかと思った。

問三＜文章内容＞「どうしてあの時，私なんか助けたのよ」という美月の言葉に，葵は「人に助けてもらっておきながら，なんて言いぐさだろう」と思い，怒りを感じた。ところが，「気丈な美月が，泣いていた」ので，葵は驚いたのである。

問四＜文章内容＞「もう一度勝負してよ」と言う美月の思いと同じように，葵も，「最高のライバルにして，友人」でもある美月と「切磋琢磨しながら高み」を目指したいとは思うが，それは「もう叶《かな》わぬ夢」だとわかっていた。葵は，昔の自分を超えることは絶対にできないので，努力を続ける勇気も無謀さも失っていたのである。

問五＜心情＞葵は，どうして美月を助けた自分の方が苦しまなければならないのかと悩んだり後悔したりしたが，美月もまた「友人の未来を奪った」という罪悪感に苦しんでいたことや，葵と切磋琢磨できないことを「くやしい」と思っていたことを知った。葵は，そのような美月の「本心」をもっと早くに知っていたら，互いの気持ちがこれほどすれ違いにならずにすんでいたかもしれないと思ったのである。

問六＜文章内容＞「嬉《うれ》しそうにほほえんで」いる顔からは，晴人の「真意を汲み取ることはできない」が，葵は，晴人と話しているうちに，「弱く，傷ついた自分を認め」て，「逃げずに現実と向き合い，前に進もう」と思うようになった。葵は，晴人によって，これからの自分自身に向き合えるようになったのである。

問七＜文章内容＞晴人が「嬉しそうにほほえんで」いるのを見た葵は，「その眼差しは，普段の彼からは想像もつかないほど優しげで，やわらかい」と思った(ア…○)。そして，「自分が怪我でサッカーをやめたこと」などを晴人が承知したうえで「サッカーの勝負を挑んできたのではないか」と推測したが(イ…○)，「さすがにそこまでは考えていないだろう」と思った(ウ…×)。葵は，「いつになく穏やかな晴人」を見て，「なにを考えているのか，聞いてみたい」とは思うものの，「聞かない方がいい気もする」と思った(エ…○)。

問八＜文章内容＞晴人は，「この神高で，私はサッカーみたいに夢中になれることに，また出会えると思いますか？」という葵の問いに，「生徒会でなら」その問いの答えを見つけられるかもしれないと答えた。

問九＜表現＞葵は，美月と話すうちに，彼女の苦悩や本心を知り，「互いのぬくもり」を感じられるようになった。また，晴人との会話によって，葵は，現実と向き合って「前に進もう」と思えるようになった。葵の心情が，登場人物との対話を通じて，大きく変化していく様子が描かれている。

四〔古文の読解―物語〕出典；『大和物語』百五十六。

≪現代語訳≫信濃の国にある更級という所に，男が住んでいた。幼い時分に，親が死んでしまったので，おばが親のように，幼いときからつき添って(世話をして)いたが，この(男の)妻が(おばを)不愉快に思うことが多くて，(男のおばである)この姑が，年をとって腰が曲がっているのを，常にいやだと思いながら，男にもこのおばの心の性質がよくなくて悪いということを言い聞かせていたので，(男は)昔のように(おばを大切に扱うの)ではなく，おろそかに扱うことも多くなり，このおばに対して(男の扱いは)そのようになっていった。このおばは，たいそうひどく年老いて，体が折れ重なるように腰が折れ曲がっていた。このことをますます，この嫁は，邪魔で煩わしいと思って，今まで(よくも)死ななかったものだと思って，(男におばの)よくないことを言っては，

「(おばを)連れていらっしゃって，深い山にお捨てになってください」

とばかり責めたてたので，(男も)責められて困り，そうしようと思うようになった。

問一＜現代語訳＞「すむ」は，住む，という意味。「けり」は，過去の意味を表す助動詞。

問二＜古文の内容理解＞妻は，おばの「老いかがまりてゐたる」のを，いやだと思っていた。

問三＜古文の内容理解＞男は，妻がおばの悪口を言うので，おばをおろそかに扱うようになった。

問四＜歴史的仮名遣い＞歴史的仮名遣いの語頭以外のハ行は，現代仮名遣いでは，原則として「わいうえお」になるので，「なほ」は「なお」になる。

問五＜古文の内容理解＞「さ」は，そのように，という意味。「し」は，動詞「す」の連用形。「て」は，強意の意味を表す助動詞「つ」の連用形。「む」は，意志の意味を表す助動詞。男は，妻の言うように，おばを山に捨てようと思うようになった。

2022年度 目白研心高等学校

【英　語】（50分）〈満点：100点〉

1　（リスニングテスト）

Part A:　英語の放送を聞いた後、それぞれの内容に関する質問が流れます。質問に対し最も適切な答えを(A)、(B)、(C)、(D)の中から１つ選び、その記号を答えなさい。音声は**2回流します。**

1.

(A)　715 yen
(B)　750 yen
(C)　1,715 yen
(D)　1,750 yen

2.

(A)　It's cold in the room.
(B)　She's 28 degrees.
(C)　She needs a blanket.
(D)　She's sick.

3.

(A)　They are going to study about plants.
(B)　They are going to study about units.
(C)　They are going to learn about animals.
(D)　They are going to talk about the textbook.

4.

(A)　Salty
(B)　Spicy
(C)　Sour
(D)　Sweet

Part B: 英語の放送を聞いた後、その内容に関する質問が 4 つ流れます。質問に対し最も適切な答えを(A)、(B)、(C)、(D) の中から 1 つ選び、その記号を答えなさい。音声は**2 回流します。**

1.

(A) Because he just woke up.
(B) Because he has to go to school today.
(C) Because he ate a big breakfast.
(D) Because he has jet lag.

2.

(A) The pancakes were.
(B) The scrambled eggs were.
(C) The bacon was.
(D) The milk was.

3.

(A) Because Mr. Cooper is Joe's teacher for his first class.
(B) Because Mr. Cooper will help Joe get ready for his classes.
(C) Because Joe doesn't know his way to school.
(D) Because Joe doesn't know who Mr. Cooper is.

4.

(A) 15 minutes on foot
(B) 15 minutes by bus
(C) 30 minutes on foot
(D) 30 minutes by bus

※＜リスニングテスト放送原稿＞は英語の問題の終わりに付けてあります。

2 次の２つのＥメールについて、設問に答えなさい。

A 高校１年生のサトシは、アメリカに住んでいる友人にメールを送ったが、英語の先生に下線部①～⑥が文法上間違っているとの指摘を受けた。下線部①～⑥の語を適切な形に直して解答欄に書きなさい。ただし、解答が２語以上になる場合もある。

From: Satoshi Hikawa
To: Andrew Finley
Subject: Long Time No See
Sent: August 22, 12:07 P.M.

Hi, Andy!　How are you doing?

About four months ①pass since I ②leave the U.S.

The other day, I watched karate at the Olympic Games on TV.　It reminded me of my life in the U.S. as an exchange student.　We first met at the karate dojo, right?　You were ③good than I.　④Do you still doing karate?　I go to a dojo once a week.

By the way, this September, a boy ⑤name Manabu is going to your school as an exchange student like me.　I hope you will be ⑥he good friend.

Please say hi to everyone for me.

Your friend,
Satoshi

B　以下は A のメールに対するアメリカの友人からの返信メールである。下線部⑦～⑨が意味の通る英文になるように【　】内の語句を並べ替えるとき、【　】内で**3番目**と**6番目**に来る語句の記号を答えなさい。なお、文頭に来る語も小文字にしてある。

From: Andrew Finley
To: Satoshi Hikawa
Subject: Re: Long Time No See
Sent: August 25, 1:34 P.M.

Hey, Satoshi.　Thanks for your email.　I'm doing well.

I watched the Olympic finals of karate.　⑦They【 ア were / イ exciting / ウ for / エ forget / オ me / カ to / キ too 】.　I'd like to improve my karate skills and go to the Olympic games in the future.　⑧【 ア hard / イ is / ウ it / エ keep / オ practicing / カ something / キ to 】 every day, but I'll do my best.

It's great news that we will have an exchange student again.　I'd like to meet Manabu soon.　⑨I'll【 ア built / イ him / ウ take / エ the museum / オ to / カ was / キ which 】 last year.　It will be a great place to learn about this town. I will help him to have a great time here.

Satoshi, I will never forget our days.　You can come back anytime.　Everyone will welcome you, too.

Take care,
Andy

3　次の表と会話文について、設問に答えなさい。

同じサッカークラブに所属する幼なじみの 4 人の生徒が、高校入学の 1 ヶ月後に健康診断を受けている。4 人は身長を測り、中学校入学時の身長と比べ話をしている。

＜身長比較表＞

	Stuart	Kevin	Bob	Tim
中学入学時（3 年前）	157 cm	(A) cm	154 cm	154 cm
高校入学時（今年）	168 cm	174 cm	(B) cm	(C) cm

Stuart: I've been growing for the past three years!　I can't wait to know my *height.

Bob: Me too!

Kevin: All right, let's find out!

Stuart: I am (　①　) by eleven centimeters compared to three years ago.

Bob: Eleven centimeters?　Me too!

Kevin: I am sixteen centimeters taller than I was three years ago!

Stuart: Oh look!　Tim just finished checking.　He's grown the most (　②　) us all, hasn't he?

Tim: Hey, listen!　I'm now as tall as (　③　)!

Bob: Really?　You and I were exactly the same height when we were twelve years old.

Tim: I know!　I grew almost (　④　) as much as you did.

Stuart: You always drink a bottle of milk after soccer practice.　Does it work?

Tim: Yeah!　My hard work has paid off, finally!

Kevin: I am still the (　⑤　) among us but now Tim is too.

Bob: We've all grown up!

注）height: 身長

1.　＜身長比較表＞を参考に、会話文の空欄①～⑤に入る語として最も適切なものを、それぞれの選択肢から 1 つ選び、その記号を答えなさい。

①　ア　taller　　イ　tallest
②　ア　in　　イ　of
③　ア　Bob　　イ　Kevin
④　ア　twice　　イ　half
⑤　ア　tallest　　イ　fastest

2.　会話文をもとに、＜身長比較表＞の空欄 (A)～(C) に入る数字を答えなさい。ただし、算用数字で答えること。

4　ラクロス部に入部したオーストラリアからの留学生のために、日本人の生徒らはクラブで配布されたプリントを英語で書き直すことにした。日本語を参考に、英語のプリントの空欄①～⑤に英単語１語を入れ、英語のお知らせプリントを完成させなさい。

冬の親善試合について

試合日	[A] 2 月 26 日（土）	[B] 2 月 27 日（日）
集合時間・場所	[A] 午前 10 時・学校	[B] 午前 11 時・駅　6 番出口
持ち物	ユニフォーム、シューズ、昼食、飲み物、交通費	
注意事項	・26 日は、校内には入らないこと。門の前で待っていること。	
	・両日ともに、試合の後は学校に戻ってくること。	
	・雨や雪の場合、試合は中止。	

Winter Friendly Matches

Date	[A] (　　①　　), February 26th	[B] Sunday, February 27th
Meeting time and place	[A] 10:00 am at school	[B] 11:00 am at the (　　②　　) Exit 6
Things to bring	uniform, shoes, (　　③　　), drinks, and travel costs	
Notes	・Don't enter the school on the 26th.　Wait in (　　④　　) of the school gate.	
	・Everyone will come back to school (　　⑤　　) the matches on both days.	
	・These matches will be cancelled in case of rain or snow.	

5　次の対話の文章を読んで、設問に答えなさい。

Hiro: The final exam is over and I feel like I'm free!　It's the summer vacation from tomorrow.

Maria: Me, too.　I can't wait for the holidays!　Do you have any plans?

Hiro: You know what?　I'm going abroad and staying with a host family in Australia for a month.

Maria: (　①　) I took part in a homestay program in Canada last year and had a good time there.　My host parents like Japan and asked me a lot of questions.　And they really believed that there were still ninjas in Japan!

Hiro: Are you joking?　No one in Japan thinks so.

Maria: But ②<u>they did</u>!

Hiro: That's funny.　By the way, did you give any gifts to your host family?　I want to give something unique from Japan.

Maria: Do you need my help?　We can go shopping now if you have time.

Hiro: I'd love to!

At the Japanese Gift Shop

Hiro: Wow, everything looks great!

Maria: Hey, how about these nature-friendly gifts?　This one is not just an ordinary cloth.　You can carry items with it instead of plastic bags.　And, that one over there is useful when you cool yourself down.　You don't need to turn on an air conditioner.

Hiro: That's wonderful! I'll buy both of ③them! Also, I'm thinking about buying ④kanji T-shirts.

Maria: That's a good idea. I would recommend *long-sleeved T-shirts. I heard that the sunlight in Australia is so strong that people *get sunburned easily.

Hiro: I know what you're saying. But the *temperature there is high all year round and I want my host family to feel comfortable in T-shirts.

Maria: I think you are right. Okay, how about the size of the kanji? There are two choices.

Hiro: Well, this is a gift, so I want to buy an eye-catching one.

Maria: You mean the bigger, the better?

Hiro: Right.

Maria: Okay, I got it. Now, how many T-shirts do you need for the whole family?

Hiro: There are my host father, host mother, and 6-year-old host brother. So, I need to get two for adults and one for a child. Look, this poster says adult-sized T-shirts are (⑤) yen each and kids' ones are 1,000 yen each.

Maria: So, in total, that should be 5,000 yen for three T-shirts.

Hiro: Exactly. Well, thank you for helping me choose the gifts. Oops! I completely forgot to bring my wallet. I can't buy anything today!

Maria: ⑥Poor you!

注) long-sleeved: 長袖　　get sunburned: 日焼けする
temperature: 気温

1. 空欄①に入る最も適切な応答を以下の選択肢から１つ選び、その記号を答えなさい。

ア I don't think so.　　イ It can't be.
ウ I have different plans.　　エ Sounds good.

2. 下線部②の意味として、最も適切なものを以下の選択肢から１つ選び、その記号を答えなさい。

ア Japanese people thought there were ninjas in Japan.
イ Hiro and Maria thought ninjas were popular among foreign people.
ウ Maria's host parents believed there were ninjas in Japan.
エ Maria's host family made jokes about ninjas.

3. 下線部③が指すものを以下の選択肢からすべて選び、その記号を答えなさい。

ア 着物　　イ 箸《はし》　　ウ 風呂敷
エ 扇子《せんす》　　オ 竹とんぼ

4. 下線部④について、Hiro が買うことを考えているものを以下の選択肢から 1 つ選び、その記号を答えなさい。

ア

イ

ウ

エ

5. 空欄⑤に入る適切な金額を<u>算用数字で</u>答えなさい。

6. 下線部⑥のように Maria が言う理由として最も適切なものを以下の選択肢から 1 つ選び、その記号を答えなさい。

ア 手土産を買うことができないことが分かり、Hiro のことを気の毒に思ったから。

イ 手土産を一人で選べない Hiro の大変そうな姿が哀れに見えたから。

ウ 予定より多くの手土産を買うことになり、全ての商品を買うことのできない Hiro を十分なお金がない人だと感じたから。

エ ホストファミリーに喜んでもらうには、今日決めた手土産では不十分だと考えたから。

7. 本文の内容に一致するものには<u>T</u>、そうでないものには<u>F</u>と答えなさい。全て同じ解答をした場合、解答は無効とする。

(1) Both Hiro and Maria are happy because the summer vacation has already begun.

(2) Hiro won't be in Japan for about 30 days this summer.

(3) Maria has never been to a foreign country before.

(4) Maria thought long-sleeved T-shirts are good because they caught her eyes.

(5) Hiro's host parents have a son.

(6) Thanks to Maria's advice, Hiro could finally decide what to buy for gifts.

6 次の文章は電車の中での出来事を書いたものである。英文を読み、設問に答えなさい。

There sat a very pretty young woman dressed in beautiful clothing. Two men got on the train. One was young, good-looking, well-dressed. The other was old, sad-faced and poorly dressed. The two were *handcuffed together.

The only open seat was the one facing the pretty young woman. The two men sat down there. The young lady looked in their direction. Then, with a lovely smile *brightening her face, she *held out her small hand. Her voice was very sweet.

"Well, Mr. Easton, don't you remember old friends?"

The young man looked up in surprise at the sound of her voice. At first, he looked nervous, but then he took her fingers with his left hand.

"It's Ms. Fairchild," he said with a smile. "I'll ask you to please *excuse the other hand; it's, ah, busy at the moment."

He raised his right hand a little. She saw that it was joined by the shining handcuffs to the left hand of the other man. The glad look in the young lady's eyes slowly changed. Her mouth dropped a little and she wasn't able to speak. Easton, with a little laugh, was trying to say something. Just then, however, ①the old man made a movement to stop him. The sad-faced man was watching the girl's reaction.

"Excuse me, miss, but I see that you know the *marshal here. He's taking me to *Leavenworth prison. I'll be there for seven years. If you'll ask the marshal to speak good things for me when we get to the prison, ②it might make things easier for me there."

"Oh!" said the girl, the color returning to her face. "So that is what you are doing out here? A marshal!"

"My dear Ms. Fairchild, I got this job in *the West." said Easton.

The girl's eyes went back to the shining handcuffs.

"Don't worry about them, miss. All marshals handcuff their prisoners to stop them from running away. Mr. Easton knows his business." said the old man.

"Will we see each other again soon in Washington?" asked the lady.

"③Not soon," answered Easton. "My playing days are over, I think."

"I love the West," said the girl, and she looked out the window.

"Mom and I spent the summer in *Denver. I can live and be happy in the West. Money isn't everything. But people always misunderstand things and *stupidly –"

"Hey, Mr. Marshal," said the sad-faced man loudly. "I haven't had a smoke all day. Haven't you talked long enough? Take me to the smoking area now, won't you?"

They stood up. "I can't say no to his hope for a smoke. It's about ④the only friend he's got." he said, lightly. "Well, Ms. Fairchild, I must do my job." He held out his hand to say good-bye.

"It's too bad you are not going East," she said. "But you must go on to Leavenworth."

"Yes, I must go on to Leavenworth." said Easton.

Two men moved back through the train towards the smoking area.

Two other men in a seat nearby heard most of their conversation. One said to the other: "That marshal is a good man."

"Very young to be a marshal, isn't he?" asked the other.

"Young!" answered the first speaker, "Why – Oh! Didn't you see what happened there? A marshal never handcuffs a prisoner to his *right* hand!"

Hearts and Hands. O. Henry. *Waifs and Strays.* Doubleday, Page & Company, 1917（出題の都合上一部変更）

注)

handcuff: 手錠、手錠をかける

hold out: (腕を)伸ばす

marshal: 保安官

the West: (アメリカ)西部

stupidly: 愚かにも

brightening: 輝かせている

excuse: 許す、勘弁する

Leavenworth prison: レブンワース刑務所

Denver: デンバー、アメリカコロラド州の州都

1. 下線部①とあるが、the old man はなぜそうしたのか。その理由として最も適切なものを以下の選択肢から 1 つ選び、その記号を答えなさい。

    ア Mr. Easton が Ms. Fairchild と長話をしようとしていたため。

    イ Ms. Fairchild に Mr. Easton がどれだけひどい保安官かを伝えるため。

    ウ Mr. Easton が本当のことを Ms. Fairchild に話さないようにするため。

    エ Ms. Fairchild に Mr. Easton がどれだけ立派な人物かを伝えるため。

2. 以下の文の(ア)、(イ)に適切な日本語を補い、下線部②の具体的な内容を説明する文を完成させなさい。

（　ア　）した時、保安官に（　イ　）と頼むこと

3. 下線部③とあるが、具体的にはどのぐらいの期間になると考えられるか。日本語で答えなさい。

4. 下線部④が指す内容を本文中から**英語 2 語**で抜き出しなさい。

5. 主要登場人物の位置関係を表すものとして最も適切なものを以下の選択肢から 1 つ選び、その記号を答えなさい。

F＝Ms. Fairchild　　E＝Mr. Easton　　O＝the old man

ア.

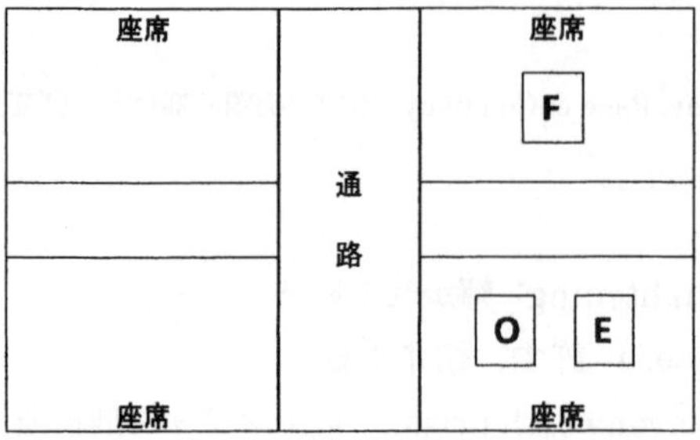

イ.

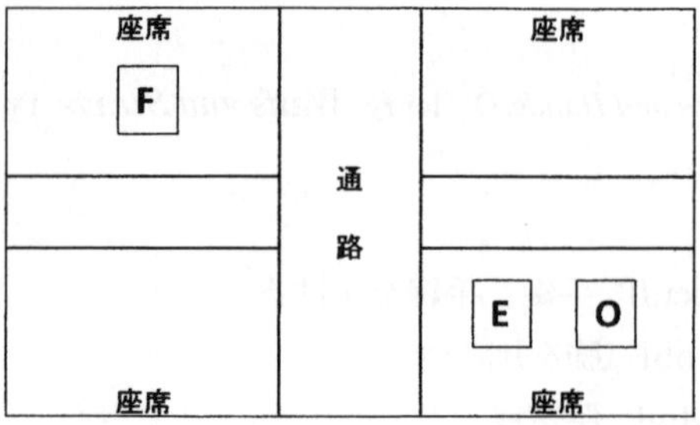

ウ.

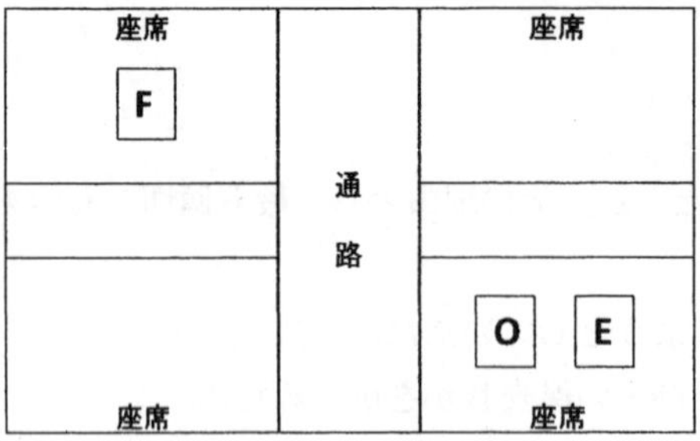

エ.

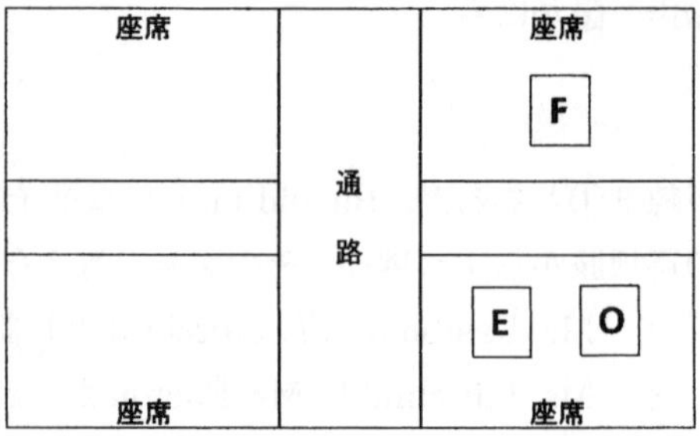

6. Ms. Fairchild の感情の変化を表す最も適切なものを以下の選択肢から 1 つ選び、その記号を答えなさい。

ア happy → shocked → excited → sad
イ happy → shocked → sad → excited
ウ happy → angry → excited → sad
エ happy → angry → sad → excited

7. 本文の内容と一致するものには T、そうでないものには F と答えなさい。全て同じ解答をした場合、解答は無効とする。

(1) When Mr. Easton heard Ms. Fairchild's voice, he was very happy.
(2) Mr. Easton was taking the old man to Leavenworth prison.
(3) Both Ms. Fairchild and Mr. Easton lived in Washington.
(4) Ms. Fairchild believed that there was something more important than money.
(5) In those days, a marshal usually handcuffed a prisoner to the right hand.

〈リスニングテスト放送原稿〉

Part A

#1

W:　Can I take your order?

M:　Yes.　I'll have a chicken sandwich, french fries, and an iced tea.

W:　Is that for here or to go?

M:　To go.

W:　That'll be 715 yen.

QUESTION:　How much is the order?

(A)　715 yen

(B)　750 yen

(C)　1,715 yen

(D)　1,750 yen

#2

W:　It's so cold in here.　Can I borrow a blanket?

M:　Sure, but it's 28 degrees.　Are you feeling okay?

W:　Yes, I just need to warm up... and rest for a bit.

M:　Let me feel your head.　Wow!　You're burning up.　I'll get you some medicine.

W:　Thanks.

QUESTION:　What's wrong with the woman?

(A)　It's cold in the room.

(B)　She's 28 degrees.

(C)　She needs a blanket.

(D)　She's sick.

#3

Okay class.

For the past two weeks, we've been studying about plants. Now we're going to move on to the next unit. For the next two weeks, we will study about animals. Please open your textbooks to page two hundred and fourteen and talk about the pictures in groups.

QUESTION: What are the students going to study about this week?

(A) They are going to study about plants.
(B) They are going to study about units.
(C) They are going to learn about animals.
(D) They are going to talk about the textbook.

#4

When you eat something, it can taste good or bad. Although people think that food has many different tastes, there are only five basic tastes: sweet, salty, sour, bitter, and umami. Some people think that spicy is also a taste, but it's not. It's a feeling of pain.

QUESTION: Which is NOT a basic taste?

(A) Salty
(B) Spicy
(C) Sour
(D) Sweet

Part B

W: Good morning, Joe.

M: Good morning, Mrs. Anderson.

W: Did you sleep well last night?

M: Not really. I woke up around 4:00 and couldn't fall back asleep.

W: I see. You're probably suffering from jet lag.

M: Jet lag?

W: Yes. You just came from Japan yesterday, so your body clock is still on Japan time. It needs to change to the time here.

M: Oh, I see. That's why I feel so tired.

W: Don't worry. You'll feel better in a couple of days.

M: I hope so.

W: Well, you have a busy day ahead of you. Would you like some breakfast?

M: Yes, please.

W: I made some pancakes, scrambled eggs, and bacon earlier. They're on the table. Please help yourself.

M: Thank you. I'll have some pancakes. Mmmm... These are delicious.

W: I'm glad you like them.

M: Can I get something to drink?

W: Sure. The milk and juice are in the refrigerator. If you want tea, the tea bags are on the counter, and there's hot water on the stove.

M: Thank you. I'll have some milk.

W: So, what time do you have to be at school today?

M: I have to meet Mr. Cooper at 8:30 for orientation. He's going to show me around the school and help me get ready for my classes.

W: Well, this is your first day, so I'll show you how to get to school from here, but from tomorrow you'll have to go by yourself.

M: Okay. I'll do my best to remember the way.

W: Don't worry. It's only a 15-minute walk from here, and it's really easy. We'll leave at 8:00. That means you have about 30 minutes to get ready.

M: Oh, that's not much time. I'd better hurry. Thank you for breakfast. I loved the pancakes.

W: It was my pleasure.

Questions:

#1: Why does Joe feel so tired?

(A) Because he just woke up.
(B) Because he has to go to school today.
(C) Because he ate a big breakfast.
(D) Because he has jet lag.

#2: What was delicious to Joe?

(A) The pancakes were.
(B) The scrambled eggs were.
(C) The bacon was.
(D) The milk was.

#3: Why is Joe going to meet Mr. Cooper?

(A) Because Mr. Cooper is Joe's teacher for his first class.
(B) Because Mr. Cooper will help Joe get ready for his classes.
(C) Because Joe doesn't know his way to school.
(D) Because Joe doesn't know who Mr. Cooper is.

#4: How long does it take to get to school?

(A) 15 minutes on foot
(B) 15 minutes by bus
(C) 30 minutes on foot
(D) 30 minutes by bus

【数　学】（50分）〈満点：100点〉

〈注意〉答えが分数の場合は，既約分数(これ以上約分できない分数)で答えなさい。

1　次の各問いに答えなさい．

(1)　$2^2-(-6)^2\times\left(-\frac{5}{4}\right)$ を計算しなさい．

(2)　$\frac{5x-y}{6}-\frac{x-2y}{4}$ を計算しなさい．

(3)　$-\frac{\left(a^2b^3\right)^2}{4}\div\left(\frac{3}{2}ab^2\right)^3\times 9a$ を計算しなさい．

(4)　$ab^2-5ab-24a$ を因数分解しなさい．

(5)　$\sqrt{3}\left(\sqrt{32}-\sqrt{8}\right)+\frac{24}{\sqrt{6}}$ を計算しなさい．

2　次の各問いに答えなさい．

(1)　y は x に比例し，$x=-4$ のとき $y=12$ である．$x=7$ のとき y の値を求めなさい．

(2)　等式 $\frac{1}{5}x=\frac{1}{2}y-1$ を y について解きなさい．

(3)　$x=\frac{6}{7}$，$y=\frac{7}{3}$ のとき，$\frac{3x-2y-1}{2}-5x+7y$ の値を求めなさい．

(4)　3つの数 -3，$-\sqrt{3}$，$-\sqrt{5}$ を小さい順に書きなさい．

(5)　2次方程式 $x^2-3ax+9=8a$ の1つの解が $x=-1$ であるとき，a の値と他の解を求めなさい．

3　次の各問いに答えなさい．

(1)　$\boxed{2}$，$\boxed{3}$，$\boxed{4}$，$\boxed{5}$，$\boxed{6}$ の５枚のカードから１枚ずつ２回続けてカードを引き，引いた順に左から並べて２桁の整数をつくる．このとき，つくった整数が 45 より小さくなるのは何通りあるか．

(2)　右の半円において，$\angle x$ の大きさを求めなさい．

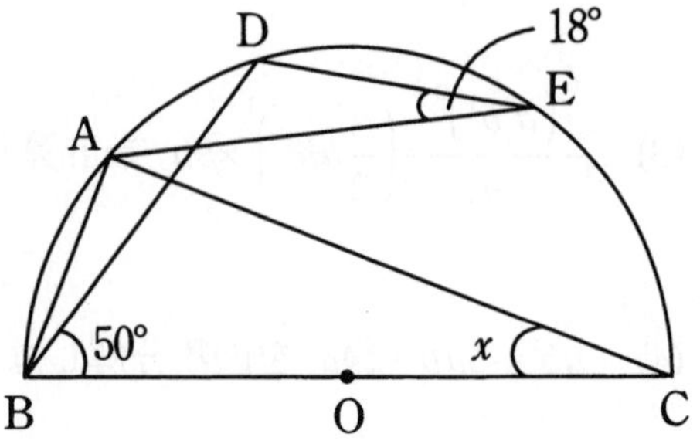

(3)　右の図において，$\ell /\!/ m$ のとき，$\angle x$ の大きさを求めなさい．
ただし，五角形 ABCDE は正五角形である．

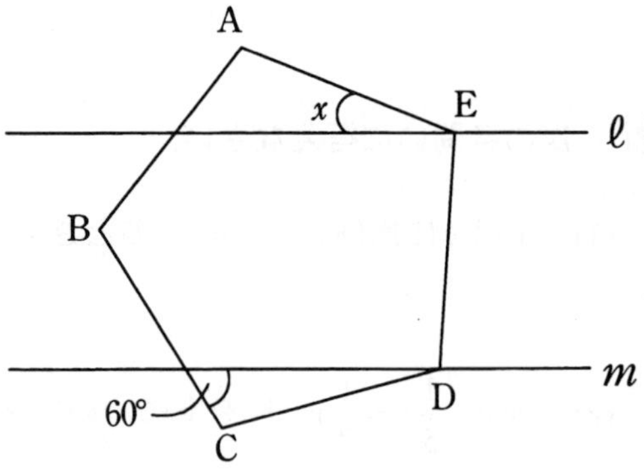

(4)　等式 $2x+3y=17$ を満たす自然数（x，y）の組をすべて求めなさい．

4 **ある市の 2010 年の人口は 128 千人である．2050 年は，男性が 30％減り，女性が 25％減り，全体では 35 千人減ると予想されている．このとき，次の各問いに答えなさい．**

(1)　2010 年の男性の人口を x 千人，女性の人口を y 千人として，次のような連立方程式を作った．このとき，$\boxed{}$ に当てはまる文字や数字，式を答えなさい．

$$\begin{cases} \boxed{} = 128 \\ \boxed{} = 93 \end{cases}$$

(2)　2050 年の男性と女性の予想人口をそれぞれ求めなさい．

5 **平行四辺形 ABCD において，対角線 AC，BD の交点を O とする．また，辺 BC 上に AB // OE となるように点 E をとる．辺 BC を 3 : 1 に分ける点を F とし，DF と AC の交点を G とする．このとき，次の各問いに答えなさい．**

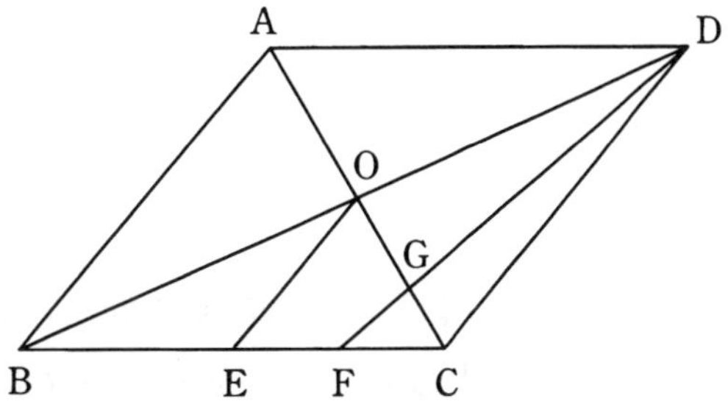

(1)　AD = 8cm のとき，EF の長さを求めなさい．

(2)　AG : GC を最も簡単な整数比で表しなさい．

(3)　平行四辺形 ABCD と△DOG の面積比を最も簡単な整数比で表しなさい．

6 右の図の曲線mは，関数 $y=ax^2$ $(a>0)$，曲線nは，関数 $y=-\frac{1}{3}x^2$ のグラフである．点 A，B はそれぞれ曲線m，n上にあり，x座標は 2，点 C は曲線m上にあり，x座標は -1 である．また，直線 $y=\frac{1}{2}x+b$ とy軸との交点を D とする．このとき，次の各問いに答えなさい．

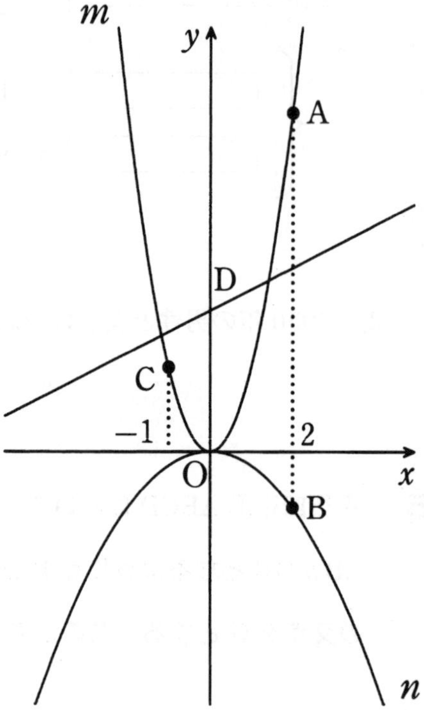

(1) 曲線mは，xの変域が$-1 \leqq x \leqq 2$のとき，yの変域が$0 \leqq y \leqq 8$である．aの値を求めなさい．

(2) △ABC の面積を求めなさい．

(3) ∠DAB＝∠DBA であるとき，bの値を求めなさい．

7 右の図のような 1 辺の長さが 8cm の正方形の紙がある．辺 BC，CD の中点をそれぞれ E，F として，AE，EF，AF で折り曲げて三角錐を作る．このとき，次の各問いに答えなさい．

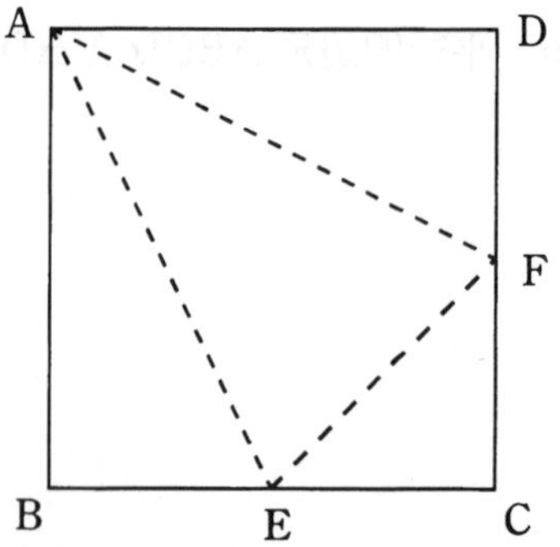

(1) 三角錐の体積を求めなさい．

(2) △AEF を底面としたときの高さを求めなさい．

(3) 三角錐を点 C，AE 上の点 H，AF 上の点 I の 3 点を通る平面で，その切り口の周の長さが最も短くなるように切断する．このとき，HI の長さを求めなさい．

本文から五十字以内で抜き出し、初めと終わりの五字で答えなさい。**（句読点も数える）**

問八　――線⑨「ここに留まって、先生が帰ってこられるのを待つべきなのだと」とありますが、亀乃介がそう考えたのはなぜですか。その理由を本文のこれより後の言葉を使って五十～六十字で答えなさい。**（句読点も数える）**

問九　空欄 A に当てはまる語を漢字二字で正しく答えなさい。

問十　この作品の中で、リーチ先生はどのような人物として描かれていますか。最も適当なものを次から選び、記号で答えなさい。

ア　芸術のためであれば、家族の意見も顧みず、創作の拠点を変えることも辞さないような意志の強い人物。

イ　自分の立場を利用して横柄に振る舞うこともなく、相手の心情に配慮できる、公平で慈愛に満ちた人物。

ウ　自分の興味や関心が高まると、すぐに相手に教えを乞うために行動するような、純粋で決断力のある人物。

エ　自分に刺激を与えてくれる芸術家仲間の意見を取り入れて、創作活動を進めていこうとする柔軟な人物。

四

次の文章を読んで、後の問いに答えなさい。

今は昔、唐《もろこし》に、※1孔子《こうし》、道を行き給《たま》ふに、①八つばかりなる童《わらわ》あひぬ。孔子に問ひ申すやう、「日の入る所と※2洛陽《らくよう》と、②いづれか遠き」と。孔子③いらへ給ふやう、「日の入る所は遠し。洛陽は近し」。童の申すやう、「日の出《い》で入《い》る所は見ゆ。洛陽はまだ見ず。されば④日の出《い》づる所は近し。洛陽は遠しと思ふ」と申しければ、孔子、かしこき童なりと感じ給ひける。「孔子には、かく物問ひかくる人もなきに、かく問ひけるは、⑤ただ者にはあらぬなりけり」とぞ人いひける。

（『宇治拾遺物語』）

※1　孔子…古代中国の思想家

※2　洛陽…古代中国の地名で景勝の地

問一　――線①「八つばかりなる」、――線②「いづれか遠き」を現代語訳しなさい。

問二　――線③「いらへ」を現代仮名遣いに直しなさい。

問三　――線④「日の出《い》づる所は近し。洛陽は遠しと思ふ」とありますが、童はなぜそう思ったのですか。十五～二十字の現代語で説明しなさい。**（句読点も数える）**

問四　――線⑤「ただ者にはあらぬなりけり」とありますが、人々がそう思ったのはなぜですか。最も適当なものを次から選び、記号で答えなさい。

ア　孔子の回答に真っ向から反対したから。

イ　孔子も知らない知識を持っていたから。

ウ　孔子に問答を挑んで感心させたから。

エ　孔子を恐れることなく道を尋ねたから。

※2　コウタロウ…高村光太郎。彫刻家でリーチの友人
※3　コウザン先生…浦野光山。リーチの陶芸の師
※4　富本憲吉…リーチの陶芸仲間。最近東京を去った
※5　ミュリエル…リーチの妻

問一　――線①「折り入って」の意味を次から選び、記号で答えなさい。
ア　以前から考えていたのだが
イ　ぜひともお願いしたいのだが
ウ　困惑させるようなことだが
エ　突然のことで申し訳ないが

問二　――線②「私は、北京へ引っ越そうと思う」とありますが、リーチが北京に行きたいと思った理由として、**あてはまらないものを次から一つ**選び、記号で答えなさい。
ア　日本で陶芸の修業を十分すぎるほど積んできたため、これ以上学ぶ意味を見出せなくなってしまったから。
イ　東京にはたくさんの芸術家仲間がいるが、今は中国の陶器や哲学者の著作に関心が高まっているから。
ウ　東京での生活に新鮮さが薄らいできて、住む場所を変えて心機一転を図りたいと思うようになったから。
エ　日本で陶芸家を志そうと活動してきたが、いつしか自分が追求したいことがわからなくなってしまったから。

問三　――線③「亀乃介は、体を硬くした。」とありますが、この時の亀乃介の気持ちとして最も適当なものを次から選び、記号で答えなさい。
ア　リーチが中国への移住を希望していることは予想もしていなかったので、助手としての仕事を失ってしまうのではないかと不安に思っている。
イ　リーチはいつでも次の創作活動について事前に相談してくれていたのに、たった一人で中国への移住を決めてしまったことに失望している。
ウ　リーチは日本の仲間達に愛着を持っていると信じていたのに、中国の芸術家に傾倒し、拠点まで移そうとしていることに憤りを覚えている。
エ　リーチは日本で陶芸への道を歩み始めたばかりなのに、その生活を捨てて中国に新たな道を追い求めることが受け入れられず、動揺している。

問四　――線④「暗い海を遠く導いてくれていた灯台の明かり」、――線⑤「行く先を見失った小舟」とありますが、それぞれ何をたとえたものですか。本文から抜き出して答えなさい。

問五　――線⑥「具体的な理論や手法」とありますが、亀乃介がリーチ先生との交流で学んだのは、これ以外にどのようなことですか。本文から十五～二十字で抜き出して答えなさい。（**句読点も数える**）

問六　――線⑦「それなのに、どうしてこんなに戸惑っているんだろう。」とありますが、この時の亀乃介の心情はどのようなものですか。最も適当なものを次から選び、記号で答えなさい。
ア　リーチ先生とともに北京に行くことは当然のことだが、現地での生活費や創作活動がどうなるのかなど、先のことに思いを巡らせている。
イ　北京に一緒に行こうというリーチ先生の誘いをすぐに承諾するべきなのに、決断できない自分の優柔不断さを情けなく思っている。
ウ　今までリーチ先生の教えを受けて言葉にできないほど感謝しているが、これ以上先生に頼る生活を続けては迷惑だろうと考えている。
エ　リーチ先生の行くところにどこまでもついて行くべきだとも思うが、先生の陶芸活動や自分自身の行く末を思うと、すぐに返事ができずにいる。

問七　――線⑧「陶芸という、生涯をかけて進むべき道を。」とありますが、亀乃介が感じる陶芸の魅力とはどのようなことですか。

にも、リーチ先生と出会い、先生の弟子になることができた。

　自分はいったい何をしようとしているのか、いったいどうしたいのか、そんなこともわからず、ただひたすらに、がむしゃらに、先生についてきた。

　そして、陶芸。その成り立ち、成形、火入れして取り出すときのあの高揚感。自分で創ったものを日々使う楽しさ。――陶芸こそが、自分の進むべき道なのだと、いま、わかった。「作陶ノート」を枕元に置いて、亀乃介は目を閉じた。

　――僕は、とうとうみつけたのだ。

　陶芸という、たったひとつの道を。

　北京へ行くという決心を亀乃介がリーチに聞かされた翌朝。

　亀乃介は、いつものようにリーチとミュリエルのカップにポットの紅茶を注いだ。ありがとう、とリーチが言った。亀乃介は、ポットをテーブルに置くと、姿勢を正してリーチに向き合い、一礼をして告げた。

「いってらっしゃい、先生。僕は、こっちに残ります。……北京へは行きません」

　リーチの瞳に驚きの色が浮かんだ。亀乃介は、静かな声で続けて言った。

「先生が僕を北京へ誘ってくださったこと、ほんとうにうれしく思います。僕は、先生の弟子なのに……先生にも奥様にも、ほんとうに家族のように接していただいて、身に余る幸せであると感じています」

　本来であれば、北京へ一緒に行くべきである。自分にとって、先生と呼べるのは、リーチ先生ただひとり。その先生が行くところへは、どこであってもついていく、そして変わらずにお手伝いする。それが弟子の役目であると、わかっている。

「けれど、僕は――先生が東京を離れると決心された段になって、ようやく気づきました。僕は、⑨ここに留《とど》まって、先生が帰ってこられるのを待つべきなのだと」

　それが、ひと晩かけて考え抜いた亀乃介の答えであった。

「僕は、この五年余りのあいだ、先生に色々なことを教えていただきました。手取り足取り教えていただいたわけではなくとも、先生と一緒に暮らし、先生が行くところへお供して、先生が目にする風景や体験する出来事に触れ、ともに感動させていただきました。そして、どんなことよりも、僕が先生に感謝しなければならないこと。それは、先生によって、僕もまた、陶芸の世界を知ったことです」

　初めて楽焼を体験した瞬間から、自分は、陶芸の世界にどんどんのめり込んでいった。

　陶芸が持つ奥深さ、面白さに、夢中になっていったのだ。

「このたびの北京への移住……おそらく、色々と考えた末に先生が出された結論なのだとわかっています。いま、先生がいちばん必要とされているのは、日本を離れることなのだろうと思います。けれど、それは、先生の『いま現在』の結論であって、未来永劫《みらいえいごう》変わることのない結論ではない、と僕は思いたいのです。なぜなら、先生は、この国で陶芸に目覚められたのだから。きっとまた、帰ってきてくださると、僕はどこまでも信じて待っています」

　話しながら、亀乃介は、いつしか［A］が熱くなってきて、あやうく涙がこぼれそうになるのをどうにかこらえていた。

　許されることならば、いつまでも、いつまでも、先生のそばにいたい。けれど、ただ無為にそばにいるばかりではだめなのだ。

　たとえそばにいられなくても、自分が作陶を続けることで、先生が点《とも》した陶芸の炎を絶やさずにおく。

　そうしてこそ、自分がリーチ先生の弟子になった意義がある。自分は先生の弟子であると胸を張って言える。

　芸術家バーナード・リーチを、我が師、リーチ先生と呼ぶことができるのだ。

（原田マハ『リーチ先生』）

※1　ヤナギ…柳宗悦。文芸評論家でリーチの友人

体的な理論や手法を学び取った。
リーチばかりではない。彼の友人たち――柳宗悦《むねよし》、高村光太郎、富本憲吉など――と接することによって、芸術にまつわる豊かな知識と思想とが、亀乃介にもたらされた。
そのリーチ先生が、北京へ一緒に行かないかと自分を誘ってくれた。
ふつうならば、すぐにでも首を縦に振るべきだろう。
しかし――。
リーチは、亀乃介が何か答えるのを辛抱強く待っていてくれた。が、亀乃介はなかなか答えることができなかった。
弟子の戸惑いを察したリーチは、しごく落ち着いた声で言った。
「すぐに答えなくてもいい。けれど、私もミュリエルも、カメちゃんのことを家族同然に思っているんだ。だから、私たちがどこへ行こうと一緒に来てほしいんだよ」
思いやりあふれる言葉に亀乃介は胸が詰まった。それで、余計に答えられなくなってしまった。
「ありがとうございます。……少し、時間をください。よく考えて返事をいたします」
そう言うのが精一杯だった。深々と一礼すると、亀乃介はリーチの書斎を辞した。
自室に戻って、小さな文机《ふづくえ》の前にある障子を開けて、夜空を見上げた。
満月が、皓々《こうこう》と輝いている。月明かりを浴びて、亀乃介は思いを巡らせた。
――一緒に行けばいい。先生とともに、北京であろうと、どこであろうと。
先生が北京へ行くのに、自分は行かない、なんてことは、あるはずがない。
先生がいなくなってしまったら、自分はたちまち寄る辺がなくなって、どうしたらいいか途方に暮れてしまうに違いない。
だから、一緒に行くほかはないじゃないか。
⑦それなのに、どうしてこんなに戸惑っているんだろう。
亀乃介は文机の上に視線を移した。わら半紙の束がきちんと揃えて載せられていた。
季節の花々、ウグイス、ハト、スズメ、ニワトリ、柳の木、山々と湖、帆掛け船……。
亀乃介が折々に筆を動かし、描いた絵であった。
ウグイスも、柳の木も、どれもこれも、リーチ先生が描いたものには遠く及ばない。
先生が描けば、鳥も花も山々も、もっとずっと生き生きとして見える。皿のくぼみや壺《つぼ》の曲線に沿って、鳥はさえずり、花は花びらを揺らし、山々は緑の影を作る。
陶器のかたちだって、ごく自然に、やわらかく、優美にろくろ台の上に立ち上がる。
かたちと絵、色、焼き上がり。すべての均衡が取れていて、乱れることがない。
なぜだろう。なぜあんなにも、先生の創り出す陶器はすばらしく魅力的なのだろう。
それはきっと、先生が心から陶芸を慈《いつく》しみ、それに触れることを楽しんでいるからだ。
自分は、先生が陶芸という道を見出したことを喜ばしく思っていた。
何もかも忘れて打ち込める特別な何かをみつけてくれたことが、たまらなくうれしかった。
なぜなら――。
自分もまた、道をみつけたからだ。
⑧陶芸という、生涯をかけて進むべき道を。
亀乃介はわら半紙の束の横に置いてあるノートを手に取った。
「作陶ノート」である。亀乃介の一番の宝物となっていた。
自分は、絵を描くことが何より好きな少年だった。そして、幸運

三　次の文章を読んで、後の問いに答えなさい。（問題作成上、本文に省略した部分があります。）

明治四十四年、来日五年目になる英国人芸術家・バーナード・リーチは、東京に自分の工房を開き、陶芸家への道を歩み始めていた。助手である亀乃介《かめのすけ》にも陶芸への熱意が芽生え始めていた。その頃、陶芸仲間の富本憲吉《とみもとけんきち》が故郷へ帰るなど、リーチの周辺に変化が起きていた。

あるとき、亀乃介はリーチの書斎に呼ばれた。

①折り入って話があるんだ、と言われ、そんなことはついぞなかったことだから、亀乃介は不思議に思ったが、とにかく書斎に向かった。

リーチは椅子に深く腰掛け、机に肘をついて、何やら思案している様子だった。

亀乃介が近くの椅子に座ると、弟子の目をまっすぐに見て、リーチは言った。

「②私は、北京《ペキン》へ引っ越そうと思う」

亀乃介は、リーチの言っていることがよくわからず、え？　と思わず訊《き》き返した。

「いま……北京、とおっしゃいましたか？」

「そう、北京だ。中国の。そこへ家族で引っ越そうと思う」

リーチは妙に落ち着き払って、同じことをもう一度言った。

「このところ、東京でないところに住んでみたいと思うようになったんだ。もちろん、ここには※1ヤナギや※2コウタロウや仲間たちもいるし、※3コウザン先生もいる。やるべき仕事もなくはない。けれど、なぜだろう、私の心は、もう東京には……日本にはないんだよ」

確かにその頃、リーチは、中国の陶器に関心を示すようになっていた。その上、亀乃介が、よく話を聞かされていた哲学者が北京在住ということもあり、次第に気持ちが中国へと傾いていたのだ。

※4富本憲吉が東京を去り、※5ミュリエルとの関係はなんとなくしっくりいかず、東京での暮らしに倦怠《けんたい》を感じていたリーチは、いっそ自分の生活環境をがらりと変えてしまいたい、と望むようになっていた。

「そのためには、この国といったん別れようと思うんだ」

驚きに顔をこわばらせる亀乃介をみつめながら、リーチは言った。

「また帰ってくるかどうかは、わからない。ひょっとすると、中国にこそ、私が追い求める道があるかもしれない。もしもそうなったら、私は……もう二度と日本には戻らない」

③亀乃介は、体を硬くした。

――そんなの、うそだ。

リーチ先生が、行ってしまうなんて。

もう二度と日本には戻らないかもしれないなんて。

せっかくここで見出した陶芸の道はどうなるんだ。それとも、先生が追い求めていたものは、もっとほかにあるというのか。

亀乃介の中で、戸惑いがつむじ風のように巻き起こった。

④暗い海を遠く導いてくれていた灯台の明かりが、ふっと消えた。⑤行く先を見失った小舟のように、右も左もわからない暗闇の中に突然放置されてしまった気がした。

うなだれる亀乃介の耳に、やがて、リーチの穏やかな声が響いた。

「君も一緒に行かないか、カメちゃん？」

亀乃介は顔を上げてリーチを見た。そこには、弟を見守るようなやさしげなまなざしがあった。

どこへ行くにも一緒、何をするにも一緒。亀乃介の先生だからといって、おごるわけでも、偉ぶるわけでもなく、ごく自然に亀乃介を導き、新しい世界へとどんどん連れ出してくれた。

リーチとともに過ごすことによって、どれだけ亀乃介の視野が広がったかわからない。

亀乃介は、リーチを師と仰いで、彼の生活と仕事全般を手伝い、芸術の作法――たとえば、デッサンの方法とか器の成形とか、⑥具言葉で表現しているせいで、ゆっくり読んだとしても理解するのが困難な文章。

イ　黙読されると予想して書かれており、複雑な考え方を長々と表現しているせいで、時間をかけて真剣に読まなければ理解することができない文章。

ウ　速く読まれることは想定されずに書かれており、一般的な考え方を筆者独特の比喩を使って表現しているせいで、じっくり読まないと分からない文章。

エ　速読を前提として書かれており、人々が何気なく考えていることを論理的に表現しているせいで、ゆっくり読んでも理解するのが困難である文章。

問四　――線③「いくら勉強しても、どんなに多く本を読んでも、その割に知能が伸びない、ことばの能力が高まらない」とありますが、そうなってしまうのはなぜですか。その理由として最も適当なものを次から選び、記号で答えなさい。

ア　言葉の能力というのは「読み、書き、話し、聴く」の四技能を併行して伸ばすことがよいとされてきたにもかかわらず、日本では他の技能の教育が進まず、読みに重点を置いて指導してきたから。

イ　言葉の能力というのは「読み、書き、話し、聴く」の四技能を併行して高めていくべきなのに、四技能の伸長を図って制定された学習指導要領を無視して以来、日本では読みについての教材しか扱わなくなったから。

ウ　言葉の能力というのは「読み、書き、話し、聴く」の四技能を併行して伸ばすことによって高めていくものだということに気付いたが、話し方に重点を置いて教育を行うようになったので読む力が衰えたから。

エ　言葉の能力というのは「読み、書き、話し、聴く」の四技能を併行して伸ばすことによって高めていくものだということに気付いたが、書き方と聴き方についての教材が作られないまま、指導が行われたから。

問五　――線④「途方にくれた。」の意味として最も適当なものを次から選び、記号で答えなさい。

ア　意見が一つにまとまらず、議論が行き詰まった。

イ　予定していたことが進まず、いらだった。

ウ　悩んでも答えが出ず、考えることをやめた。

エ　どうしたらいいのか分からなくて、困り果てた。

問六　――線⑤「イギリス人が声を出して読む。それをきいたトタンに、意味がすっかりわかる。」とありますが、このようになるのはなぜですか。その理由を本文から二十一字でそのまま書き抜きなさい。**（句読点も数える）**

問七　――線⑥「辞書首っぴき」とはどういう状態ですか。本文の言葉を使って二十～三十字で答えなさい。**（句読点も数える）**

問八　――線⑦「丁寧に読むつもりが仇になって」とありますが、それはどのようなことですか。本文の言葉を使って五十～六十字で答えなさい。**（句読点も数える）**

問九　本文の内容に合っているものを次から一つ選び、記号で答えなさい。

ア　遅読派は速読がもたらす効果を理解しているが、速く読んでも理解できる程度の本は読む価値もないと考えている。

イ　外国語は母国語とは読む速度が違うため、読むのに苦労するが、外国語を読むことで母国語だけを読んでいては得られない発見がある。

ウ　素早く読むと理解できるようになったという経験から、ゆっくり読むことは決していいことばかりではないということが分かった。

エ　本はじっくり読むことで速く読んだ時にはわからないところに気付けるので、スピードをあげずに読むことで本当の読みにつながる。

辞書をひいたりして、流れをとめてしまい、むやみと時間をかけると、ことばをつないで意味を成立させている残曳が消えて、わかるものがわからなくなってしまうのである。一般にナメルようにして読んだ本がおもしろくないのは、速度が足りないからである。わからない文章だとどうしても読む速度を落とさざるを得なくなるが、⑦丁寧に読むつもりが仇《あだ》になっていっそうわからなくなってしまうのである。

前に※4読書百遍を批判したが、読む速度ということからすれば、読書百遍は見るべきところが小さくない。繰り返し読んでいると、だんだん速く読めるようになる。はじめはゆっくりしか読めなくて、わかりにくかったところが、繰り返し読んでいるうちに流れるように速く読めるようになるのである。

近代は読書を尊重してきた。

本はじっくり丁寧に読むべきものという考えをいつしかいだくようになる。

必要以上に、慎重に、ということは、ゆっくり、丁寧に読むべきものという意識にとりつかれる。つまり、読む速度がおそすぎることになるのである。おそいのが丁寧なのではなく、ことばに底流する意味の流れをとめてしまい、意味を殺して、わかりにくく、おもしろくないものにしてしまう、ということがわからないことが多い。

したがって、スピードをあげないと、本当の読みにはならない。十分間で一冊を読了という［A］の読みは論外だとしても、いま考えられている読書のスピードでは、ことばの生命を殺しかねない。

やみくもに速いのはいけないが、熟読玩味はよろしい、のろのろしていては生きた意味を汲《く》みとることはおぼつかない。

風のごとく、さわやかに読んでこそ、本はおもしろい意味をうち明ける。

本は風のごとく読むのがよい。

（外山滋比古『乱読のセレンディピティ』）

※1　観念的…現実のものや事柄をはなれて、頭の中で抽象的・空想的に考えるさま

※2　おしるしばかりの…この場合は、形ばかりのという意味

※3　余徳…この場合は、余分の利益という意味

※4　読書百遍…何度も繰り返し同じ本を読むということ。筆者はこれより前の部分で読書百遍に関して「本当にわかるのではなく、わかったような気がするだけである」と述べており、何度も同じ本を読むことを批判している

問一　空欄［A］にあてはまる四字熟語として最も適当なものを次から選び、記号で答えなさい。

ア　電光石火　　イ　起死回生

ウ　時期尚早　　エ　粉骨砕身

問二　――線①「速読と遅読ではことばの感じがちがうのである。」とありますが、速読と遅読の違いについて説明したものとして最も適当なものを次から選び、記号で答えなさい。

ア　速読では速く読まれることによって知的な印象が強くなり、遅読ではゆっくりと重々しく読まれることによって詳細に理解できるという違い。

イ　速読では速く読まれることによって説得力が増し、遅読ではゆっくりと重々しく読まれることによって心理的に聞き取りやすくなるという違い。

ウ　速読では速く読まれることによって読み手の知性を感じさせ、遅読ではゆっくりと重々しく読まれることによって相手の感情を誘い起こす度合いが高まるという違い。

エ　速読では速く読まれることによってドライな印象が強くなり、遅読ではゆっくりと重々しく読まれることによってこちらの指示が相手に伝わりやすくなるという違い。

問三　――線②「速く読もうとすると、わけのわからなくなる文章」とありますが、それはどのような文章ですか。最も適当なものを次から選び、記号で答えなさい。

ア　黙読を前提として書かれており、複雑な思考を抽象度の高い

味を伝えることが多くなって、観念的になる。それだけ、生活から遊離しているのである。文字は音声より生活から離れているから、価値があるときめてきたのは古い。

③いくら勉強しても、どんなに多く本を読んでも、その割に知能が伸びない、ことばの能力が高まらないのは、読み偏重の教育に、少なくとも一部は原因がある、ということは認めるのが正直であろう。

戦後、アメリカの教育視察団がやってきて日本の学校教育改善の提言をした。ことばに関してアメリカがおどろいたらしいのは、そしてつよく改善を求めたのは、読み一辺倒の教育であった。

〝読み、書き、話し、聴く〟の四技能を併行して伸ばすように指示した。日本人ははじめて、読み、書き、話し、聴くの四技能ということを知った。これは正当な指摘、指示であった。

やがて、学習指導要領が制定され、教科書はそれに準拠して作られることになった。話し聴くことばの教育など考えたことのない日本の国語教育は④途方にくれた。そして、アメリカの指導を無視することにしてしまった。

小学校、初年級の教科書には、※2おしるしばかりの、話し方教材なるものがつくられた。教科書ができても、話し方を教えられる先生はいない。飛ばしてしまう。まったく役に立たない教材なら、やめてしまおう、となって、話し方教材はほぼ姿を消した。

外国語を読むのは、母国語を読むのとはワケが違う。よほど年季を入れた人なら別だが、外国語を読むのは難業である。ひどい苦労であるが、母国語だけ読んでいてはわからないことがわかる※3余徳がある。

読むとはいうが、速度がのろくて、読むというより解読と言った方が当たる。ひどいのになると、そばに辞書をおいて、一行に二度も三度も辞書をひく。昔から〝辞書、首っぴき〟といわれる。

語学の教師は、前の晩にする下調べがやっかいだ。いくら調べてもピンとこない。教室でここをどう切り抜けようか、などと考えながら寝るのである。

ひと夜あけて、朝、念のため、もう一度、さっと読んでみると、ゆうべあんなに手古《てこ》ずったのがウソのように氷解する。あっけないくらいである。しかし、なぜかということを深く考えることは少ない。

朝になってから読み返してもわからないことがある。しかたがない、あやまるしかないと観念する。学校へ行くと同僚のイギリス人がいる。ちょっときいてみよう、そう思って問題の文章を見せる。

⑤イギリス人が声を出して読む。それをきいたトタンに、意味がすっかりわかる。もう説明をきかなくてよいくらいになる。

そういう経験が何度かあって、さとるところがあった。ゆっくり読んでいてはいけない、ということである。はっきり声に出すと、文字だけよりもよくわかる、ということがわかった。

⑥辞書首っぴきは別として、難しいところを何度も読み返すが、その速度がおそすぎるらしい。速くすると、それだけでわかることがあるのがおもしろい。

ことばはかたまりのようになって並んでいる。うしろのかたまりは、前のかたまりの意味の残曳《ざんえい》と結びつき、それによって意味がかたまる。そのかたまりのひとつにこだわって辞書など見ていれば、ことばの流れ、残曳は消えてことばは意味を失う。外国人に読んでもらうと、説明をきかなくても意味がわかるのは流れができて、ことばの自然が回復されるからである。

ことばの流れは、映画のフィルムのようなものであると考えることができる。ひとつひとつは静止していて動きがない。これにスピードを加えて（映写すると）、バラバラだったフィルムの一コマ一コマが結びつき、動きが出る。読むのも、これに近いところがあると考えてよい、前のコマと次のコマとはすこし離れて独立している。これに読みという動きを加えると、間にある余白が消えて、コマとコマが結び合って動き、つまり意味が生ずる。

二〇二二年度
目白研心高等学校

【国語】（五〇分）〈満点：一〇〇点〉

一　次の――線①～⑤の漢字には読みをひらがなで記し、――線⑥～⑩のカタカナは漢字に直しなさい。

① 著しく進歩する。
② 騒音に耳を塞ぐ。
③ ご意見を承る。
④ 釈然としない回答。
⑤ 学級委員に推す。
⑥ 時間をゲンシュする。
⑦ セイキョウのうちに閉幕する。
⑧ タントウ直入に尋ねる。
⑨ シャソウから外を眺める。
⑩ コンゲン的な原因を探る。

二　次の文章を読んで、後の問いに答えなさい。

「十分間で一冊読みあげる法」を教えるなどという広告をときどき目にする。マに受ける人もあるらしいが、多少とも本を読むのに苦労した人間はハナもかけない。そんなに速く読めるものかと反発する。そんなに速く読めるようなのは読むにあたいする本ではないと遅読派は考える。

人さまざまで速く読むのもあれば、ゆっくりと読む人もある。一般に、じっくりゆっくり読む方がいいように考える。速く読むのは雑になりやすい。きめ細かなところは読みとることができない。十分間で一冊読み上げるのは［A］の早業、意味などとれない。カタツムリのような読み方が高級だと思っている人が少なくない。

学校教育は本の読み方など教えてくれないから、学校出が読書についてエラそうな口をきく資格はない。本らしい本を読まないでも高等教育を修了することができるのである。

声を出して読むことが流行のようになっているが、考えてみると、音読のすすめは、適度の速さで読めということである。黙読だとスピードが大きくなる。目は光の速さで読む。光のスピードはきわめて大きい。

それに引きかえ、音声の速度は一定の枠がある。いくら早口の人でも一分間に千字を発することはできない。

音読と黙読は、読みとる意味が大きくちがうということに気づくには、相当の読書経験を要する。①速読と遅読ではことばの感じがちがうのである。

ことばは、ゆっくり読まれると情緒性が高まる一方、速く読まれると、知的な感じがつよくなる。重々しい感じを与えたかったら、ゆっくりゆっくり話せばいい。知的な印象を与えるには、速度が大切で、早口だと、なんとなく知的にきこえる。

ウェットで情緒的であるより、ドライで知的であるのが好まれるのは世界的現象なのであろう。アメリカでは二十世紀後半に、早口化がはじまり、テレビ、ラジオのアナウンサーが早口になった。テープのかけ違いで、コマーシャルを早まわしにして流してしまった。それが思いもかけぬ人気になり効果をあげたというエピソードもあった。

話すことばのテンポが早くなれば読むテンポも速くなって当然だが、黙読が主体だからはっきりとはしない。

②速く読もうとすると、わけのわからなくなる文章が多い。黙読を予想して※1観念的にこみ入ったことを圧縮して表現する文章法があいも変わらずまかり通っていて、速読ではまるで意味がとれない。ゆっくり読んでもわからない文章を速く読めばどうなるかわからぬまま、いけないときめつける。若い人たちが読むのをあきらめるのも無理もない。

漢字を用いる日本語ではどうしても声があいまいになりがちで意

英語解答

1 Part A　1…(A)　2…(D)　3…(C)
4…(B)
Part B　1…(D)　2…(A)　3…(B)
4…(A)

2 A　①　have passed　②　left
③　better　④　Are
⑤　named　⑥　his
B　⑦　3番目…イ　6番目…カ
⑧　3番目…ア　6番目…オ
⑨　3番目…オ　6番目…カ

3 1　①…ア　②…イ　③…イ　④…ア
⑤…ア
2　(A)…158　(B)…165　(C)…174

4 ①　Saturday　②　station
③　lunch　④　front　⑤　after

5 1　エ　2　ウ　3　ウ，エ
4　ア　5　2,000　6　ア
7　(1)…F　(2)…T　(3)…F　(4)…F
(5)…T　(6)…T

6 1　ウ
2　ア　刑務所に到着
イ　私のために良い言葉を話してくれ
3　7年(間)　4　a smoke
5　エ　6　ア
7　(1)…F　(2)…F　(3)…T　(4)…T
(5)…F

1〔放送問題〕解説省略

2〔文法総合─Eメール〕

A＜誤文訂正＞

≪全訳≫差出人：ヒカワサトシ／宛先：アンドリュー・フィンリー／件名：久しぶり／送信日時：8月22日午後12：07／こんにちは，アンディ！　元気？／僕がアメリカを離れてから約4か月がたった。／先日，オリンピックの空手をテレビで観戦したんだ。それを見ていたらアメリカでの留学生活を思い出したよ。僕たちが最初に会ったのは空手道場だったよね。君は僕よりうまかった。君はまだ空手をやっているの？　僕は週に一度，道場に通っているよ。／ところで，この9月，僕と同じようにマナブという男子が交換留学生として君の学校に行くんだ。彼の友達になってあげてほしいな。／皆さんによろしくと伝えてね。／友人のサトシより

＜解説＞①後ろに since ～「～以来(ずっと)」があるので‘have/has＋過去分詞’の現在完了形(‘継続’用法)にする。主語の About four months は複数形なので have を使う。　②「～以来」を表す since の後には過去形が続く。　leave－left－left　③後ろに than があるので，比較級にする。　good/well－better－best　④後ろに doing があるので，‘is/am/are＋～ing’の現在進行形にする。　⑤a boy＝Manabu という関係だと考えられるので「マナブという名前の〔名づけられた〕少年」という意味になればよい。「～された」という受け身の意味を表すのは過去分詞である(過去分詞の形容詞的用法)。　⑥後ろに good friend があるので「彼の親友」とする。　he－his－him－his

B＜整序結合＞

≪全訳≫差出人：アンドリュー・フィンリー／宛先：ヒカワサトシ／件名：Re：久しぶり／送信日

時：8月25日午後1：34／やあ，サトシ。メールありがとう。僕は元気にやってるよ。／空手のオリンピック決勝を見たよ。⑦とてもおもしろかったから忘れられないよ。僕は将来，空手の技術を高めてオリンピックに出たいんだ。⑧毎日何かの練習を続けるのは大変だけど，最善を尽くすよ。／また，交換留学生が来るというのは，とてもうれしいニュースだ。早くマナブに会いたいな。⑨昨年できた博物館に連れていってあげようかな。この町のことを知るのに，とてもいい場所になるはずだ。彼がこの町で楽しい時間を過ごせるように，僕も手助けするよ。／サトシ，僕はあの日々のことを決して忘れないよ。いつでも戻ってきてね。みんなも歓迎してくれるよ。／元気でね，アンディ

＜解説＞⑦'too ～ for … to —'「あまりにも～なので…は—できない」の形にする。'for …'は'to不定詞の意味上の主語'を表す。 They were too exciting for me to forget. ⑧'It is ～ to …'「…することは～だ」の形式主語構文にする。 keep ～ing「～し続ける」 It is hard to keep practicing something every day, but I'll do my best. ⑨まず，'take＋人＋場所'「〈人〉を〈場所〉に連れていく」の形でI'll take him to the museumとまとめる。この後，whichを主格の関係代名詞として用いてwhich was builtとまとめ，先行詞のthe museumを修飾する関係代名詞節をつくる。 I'll take him to the museum which was built last year.

3〔長文読解総合―対話文〕

≪全訳≫❶スチュアート(S)：僕はこの3年間，ずっと背が伸び続けているんだ！ 早く自分の身長を知りたいよ。❷ボブ(B)：僕もだよ！❸ケヴィン(K)：よし，調べよう！❹S：3年前と比べると，11センチも背が伸びたよ。❺B：11センチも？ 僕もだよ！❻K：僕は3年前と比べて16センチも背が伸びた！❼S：あっ，ほら！ ティムが測り終えたところだよ。彼は僕らの中で一番背が伸びたよね。❽ティム(T)：おい，聞いてくれよ！ 僕はケヴィンと同じ背丈になったよ！❾B：本当に？ 僕と君は12歳のとき，全く同じ身長だったのに。❿T：そうだよ！ 僕は君の倍近く伸びたんだ。⓫S：君はサッカーの練習の後，いつも牛乳を1本飲んでいるね。効果あるのかな？⓬T：うん！ 僕の努力が報われたんだ，ついに！⓭K：僕はまだみんなの中で一番背が高いけど，今はティムも同じだね。⓮B：みんな背が伸びたということだね。

1＜適語選択＞①後ろに「3年前と比べて」とあるので，比較級が適切。 compared to ～「～と比べて」 ②最上級の文で「～の中で」を表すとき，'～'が本問のように主語の属する複数名詞または数詞ならofを，'範囲'を表す単数名詞ならinを用いる。 ③第13段落参照。ティムとケヴィンは同じ身長であることがわかる。 ④3年前からボブは11センチ伸びた(第5段落)。ティムは今ケヴィンと同じ174センチなので，20センチ伸びたことになる。つまり，ティムはボブの「2倍」近く伸びたのである。 ⑤ここでの話題は背の高さについてである。

2＜要旨把握＞(A)第6段落参照。ケヴィンは3年前から16センチ背が伸びた。 (B)第5段落参照。ボブは11センチ伸びた。 (C)第8，13段落参照。今ティムはケヴィンと同じ背の高さである。

4〔適語補充〕

＜解説＞①「土曜日」はSaturday。 ②「駅」はstation。 ③「昼食」はlunch。 ④「～の前で」はin front of ～。 ⑤「～の後」はafter。

5〔長文読解総合―対話文〕

≪全訳≫❶ヒロ(H)：期末テストが終わって，解放された気分だ。明日から夏休みだね。❷マリア

(M)：私もよ。休みが待ちきれないわ。予定は何かあるの？3H：まあ，聞いてよ。海外旅行に行って，オーストラリアのホストファミリーのところに1か月間滞在するんだ。4M：①いいわね。私は去年カナダでホームステイに参加して，そこで楽しい時間を過ごしたわ。私のホストペアレンツは日本が好きで，いろいろと質問されたわ。それに彼ら，日本にはまだ忍者がいると信じていたのよ！5H：冗談でしょ？　日本では誰もそんなことは思っていないよ。6M：でも，彼らは信じていたのよ！7H：それはおもしろいね。ところで，ホストファミリーに何かプレゼントはした？　僕は日本ならではの物をあげたいと思っているんだけど。8M：手伝おうか？　時間があれば，今から買い物に行きましょうよ。9H：ぜひ行こう！10日本のギフトショップで。11H：わあ，どれもいいね！12M：ねえ，この自然に優しいギフトっていうのはどう？　これって，ただの普通の布じゃないわね。ビニール袋の代わりに，これを使って物を運べるわ。それから，向こうのあれは体を冷ますのに役立つわね。クーラーをつける必要がないわ。13H：いいね。2つとも買おう！　あと，漢字がプリントされているTシャツも買おうと思っているんだ。14M：いいアイデアね。長袖のTシャツがおすすめよ。オーストラリアの日差しはとても強いから，すぐに日焼けしちゃうんだって。15H：君の言うことはわかるよ。でも，あっちは一年中気温が高いから，ホストファミリーにはTシャツを着て快適に過ごしてもらいたいんだ。16M：それもそうね。それで，漢字の大きさはどうするの？　選択肢は2つあるわ。17H：えーと，せっかくのプレゼントだから目を引くものを買いたいな。18M：大きければ大きいほどいいってこと？19H：そうだね。20M：なるほど，わかったわ。ところで，家族全員分だとTシャツは何枚必要なの？21H：ホストファザーとホストマザーと6歳のホストブラザーがいる。だから，大人用を2枚と子ども用1枚を用意する必要があるんだ。ほら，このポスターに，大人用Tシャツが1枚2000円，子ども用Tシャツが1枚1000円って書いてあるよ。22M：ということは，Tシャツ3枚で合計5000円ということね。23H：そうだね。プレゼント選びを手伝ってくれてありがとう。あっ！　財布を持ってくるのをすっかり忘れてた。今日は何も買えないや！24M：かわいそうに！

1 <適文選択>ヒロから，夏休みに1か月間オーストラリアに滞在するということを聞いたマリアの応答。この後，自分の楽しかったホームステイの経験について話していることから判断できる。‘sound＋形容詞’「～に聞こえる〔思える〕」の形で，主語のThatが省略されている。

2 <英文解釈>直前の「彼ら(＝私のホストペアレンツ)は日本にまだ忍者がいると信じていた」→「冗談でしょ？　日本では誰もそんなこと思ってない」→「でも彼らはそうだったの」というやりとりから，このthey didは，ウ.「マリアのホストペアレンツは日本には忍者がいると信じていた」という意味だとわかる。このdidは，繰り返しを避けるために前に出ている一般動詞(＋語句)の代わりに使われる代動詞というもの。ここでは，直前でマリアが言ったbelieved that there were still ninjas in Japanの代わりとなっている。

3 <指示語>このthemが指すのは，直前の第12段落でマリアが説明している2つのもの。1つはただの布ではなく，それを使って物を運べるもの。もう1つは，体を冷ますのに役立つものである。

4 <要旨把握>長袖のTシャツを勧めるマリアに対し，オーストラリアは一年中気温が高いから，ホストファミリーにはTシャツで快適に過ごしてもらいたいとヒロは言っている(第14，15段落)。また，Tシャツの漢字は大きい方がいいと思っている(第16～19段落)。第18段落にあるthe

bigger, the betterは‘the＋比較級, the＋比較級’「～すればするほど，ますます…」の形で「大きければ大きいほどよい」という意味。

5＜適語補充＞第21，22段落参照。大人用を２枚，子ども用を１枚買う必要があり，子ども用は１枚1000円で，３枚の合計が5000円になるのだから，大人用１枚の値段は，(5000－1000)÷２枚＝2000(円)である。

6＜文脈把握＞直前でヒロは，財布を忘れたため，買い物ができないことを嘆いている。Poor you! は「かわいそうに！」という意味。poorには「貧しい」のほかに「かわいそうな，気の毒な」という意味がある。

7＜内容真偽＞(1)「ヒロもマリアも，もう夏休みが始まったので喜んでいる」…×　第１段落参照。夏休みは明日から始まる。　(2)「ヒロはこの夏，30日ほど日本にいない」…○　第３段落に一致する。　(3)「マリアは今まで外国に行ったことがない」…×　第４段落参照。去年カナダに行っている。　(4)「マリアは長袖のＴシャツが目を引くからいいと思った」…×　第14段落参照。マリアが長袖のＴシャツを勧めたのは，オーストラリアは日差しが強く，すぐに日焼けしてしまうから。　(5)「ヒロのホストペアレンツには息子がいる」…○　第21段落第１文に一致する。　(6)「マリアのアドバイスのおかげで，ヒロは最後にはお土産に何を買うか決めることができた」…○　第23段落第２文に一致する。

6〔長文読解総合―物語〕

≪全訳≫❶美しい服を着たとてもきれいな若い女性が座っていた。２人の男が電車に乗り込んできた。１人は若く，ハンサムで，着飾った男だった。もう１人は年配で，悲しげな顔をした，貧相な服の男だった。２人は手錠でつながれていた。❷唯一空いていた席は，若くきれいな女性の向かいの席だった。２人はそこに座った。若い女性は２人の方を見た。そして，愛くるしい笑みで顔を輝かせ，小さな手を差し出した。彼女の声はとても美しかった。❸「イーストンさん，昔の友達を覚えていらっしゃらない？」❹彼女の声に，若者は驚いて顔を上げた。最初は緊張した面持ちだったが，左手で彼女の手を握った。❺「フェアチャイルドさん」と彼は笑顔で言った。「もう片方の手で握手できないことをお許しください，その，今ふさがっておりまして」❻彼は右手を少し上げた。彼女はその右手が輝く手錠によって，もう１人の男の左手につながれているのを見た。女性のうれしそうな眼差しが，ゆっくりと変わっていった。彼女の口は少し下がり，声を出すことができなくなった。イーストンは少し笑いながら，何か言おうとした。ところがそのとき，年配の男が彼を制止する動きをした。悲しげな顔をしたその男は，女性の反応を見ていたのだ。❼「失礼ですが，お嬢さん，こちらの保安官をご存じなんですね。彼は私をレブンワース刑務所に連れていくところなんですよ。私は７年間そこに入ることになります。刑務所に着いたとき，もしあなたが保安官に私のために良い言葉を話してくれるように頼んでくれたら，私のそこでの生活が楽になるかもしれないのですがね」❽「あら！」と女性が言うと，彼女の顔に色が戻ってきた。「ということは，あなたはここでそういうお仕事をなさっているのですね？　保安官！」❾「親愛なるフェアチャイルドさん，西部でこの職を手に入れたんです」とイーストンは言った。❿女性の目は光り輝く手錠に戻った。⓫「お嬢さん，手錠は気にしないでください。保安官は皆，収監される者の逃亡を防ぐために手錠をかけるのです。イーストンさんはご自分の仕事がわかっていらっしゃる」と年配の男は言った。⓬「また近いうちにワシントンでお会いできるのでしょうか？」⓭「すぐには無理でしょう」とイーストンは答えた。「遊んでいる人生はもう終わったのです」14「私は西部が好きです」と言って，女性は窓の外を見た。15「ママと一緒にデンバーで夏を過ごしました。西部に住んで幸せになることができます。お金が全てじゃないもの。でも，人はいつも物事を誤解して，愚かにも――」16「ああ，保安官さんよ」と悲しげな顔をした男が大きな声で言った。「今日は一日中タバコを吸ってないんだ。もう十分話しただろう？　喫煙所に案内してくれないかい？」17 2人は立ち上がった。「タバコを吸いたいという彼の願いを断ることはできません。彼の唯一の友達ですから」　彼は静かに言った。「さて，フェアチャイルドさん，私は自分の仕事をしなければなりません」　彼は手を差し出して別れを告げた。18「東部に戻られないのは残念です」と彼女は言った。「でも，あなたはレブンワースに行かなければならないのですものね」19「そうです，レブンワースに行かねばなりません」とイーストンは言った。20 2人の男は喫煙所に向かって列車内を進んでいった。21近くの座席に座っていた他の2人の男が，彼らの会話のほとんどを聞いていた。1人がもう1人に言った。「あの保安官はいいやつだね」22「保安官にしては若くないかい？」と2人目がきいた。23「若いだって！」　最初に言葉を発した男が答えた。「何ということだ，ああ！　お前さんはそこで起きていたことがわからなかったのか？　保安官は決して収監される人と自分の右手を手錠でつながないものなんだよ！」

1 <文脈把握>年配の男は，手錠でつながれているイーストンを見た女性がショックを受けている様子を見ていた。女性が事実を知ってこれ以上ショックを受けないように，イーストンが本当のことを話すのを遮《さえぎ》ったのだと考えられる。

2 <指示語>it はこの文前半の If 節の内容を指す。アには we get to the prison の部分が，イには to speak good things for me の部分が入る。

3 <要旨把握>第7段落第2，3文参照。ここからイーストンが7年間刑務所に入ることがわかる。

4 <語句解釈>直前に「タバコを吸いたいという彼の願いを断ることはできません」とあることから判断できる。刑務所に入る男にとっては「タバコ」が唯一の友達なのである。なお，he's got は，he has got の短縮形で have/has got は have/has と同意である。

5 <要旨把握>第2段落第1文より，OとEはFの向かいの席に座ったことがわかる。また，第6段落最初の2文と第23段落より，O(保安官)の左手と収監されるEの右手が手錠でつながれていることがわかる。

6 <要旨把握>フェアチャイルドは，イーストンに再会して喜び(第2，3段落)，手錠を見たときにショックを受け(第6段落)，イーストンが保安官であると聞いて興奮し(第8段落)，イーストンが当分東部に戻れないことを知って悲しんでいる(第18段落)。

7 <内容真偽>(1)「フェアチャイルドの声を聞いたイーストンは，とてもうれしかった」…×　第4段落参照。イーストンは驚いた。　(2)「イーストンは年配の男をレブンワース刑務所に連れていくところだった」…×　第23段落参照。逆である。　(3)「フェアチャイルドもイーストンもワシントンに住んでいた」…○　第12段落に一致する。　(4)「フェアチャイルドはお金よりも大切なものがあると信じていた」…○　第15段落第3文に一致する。　(5)「当時，保安官は通常，自分の右手で，収監される人と手錠でつながった」…×　第23段落参照。自分の右手には決してつながなかった。

2022年度／目白研心高等学校

数学解答

1 (1) 49　(2) $\frac{7x+4y}{12}$　(3) $-\frac{2}{3}a^2$

(4) $a(b-8)(b+3)$　(5) $6\sqrt{6}$

2 (1) -21　(2) $y=\frac{2}{5}x+2$

(3) $\frac{21}{2}$　(4) -3，$-\sqrt{5}$，$-\sqrt{3}$

(5) $a=2$，他の解…$x=7$

3 (1) 10通り　(2) 22°　(3) 24°

(4) $(x,\ y)=(1,\ 5)$，$(4,\ 3)$，$(7,\ 1)$

4 (1) (順に)$x+y$，$\frac{7}{10}x+\frac{3}{4}y$

(2) 男性…42000人　女性…51000人

5 (1) 2cm　(2) 4：1　(3) 20：3

6 (1) 2　(2) 14　(3) $\frac{10}{3}$

7 (1) $\frac{64}{3}$cm³　(2) $\frac{8}{3}$cm

(3) $\frac{8\sqrt{2}}{3}$cm

1〔独立小問集合題〕

(1)＜数の計算＞与式$=4-36\times\left(-\frac{5}{4}\right)=4-(-45)=4+45=49$

(2)＜式の計算＞与式$=\frac{2(5x-y)-3(x-2y)}{12}=\frac{10x-2y-3x+6y}{12}=\frac{7x+4y}{12}$

(3)＜式の計算＞与式$=-\frac{a^4b^6}{4}\div\frac{27}{8}a^3b^6\times9a=-\frac{a^4b^6}{4}\times\frac{8}{27a^3b^6}\times9a=-\frac{a^4b^6\times8\times9a}{4\times27a^3b^6}=-\frac{2}{3}a^2$

(4)＜式の計算—因数分解＞与式$=a(b^2-5b-24)=a(b-8)(b+3)$

(5)＜数の計算＞$\sqrt{32}=\sqrt{4^2\times2}=4\sqrt{2}$，$\sqrt{8}=\sqrt{2^2\times2}=2\sqrt{2}$，$\frac{24}{\sqrt{6}}=\frac{24\times\sqrt{6}}{\sqrt{6}\times\sqrt{6}}=\frac{24\sqrt{6}}{6}=4\sqrt{6}$だから，与式$=\sqrt{3}(4\sqrt{2}-2\sqrt{2})+4\sqrt{6}=\sqrt{3}\times2\sqrt{2}+4\sqrt{6}=2\sqrt{6}+4\sqrt{6}=6\sqrt{6}$となる。

2〔独立小問集合題〕

(1)＜関数—yの値＞yはxに比例するので，比例定数をaとすると，$y=ax$と表せる。$x=-4$のとき$y=12$だから，$12=a\times(-4)$より，$a=-3$となり，xとyの関係は$y=-3x$である。よって，$x=7$のとき，$y=-3\times7=-21$である。

(2)＜等式変形＞左辺と右辺を入れかえて，$\frac{1}{2}y-1=\frac{1}{5}x$，$-1$を右辺に移項して，$\frac{1}{2}y=\frac{1}{5}x+1$，両辺に2をかけて，$y=\frac{2}{5}x+2$となる。

(3)＜数の計算＞与式$=\frac{3x-2y-1-10x+14y}{2}=\frac{-7x+12y-1}{2}=-\frac{7}{2}x+6y-\frac{1}{2}$として，$x=\frac{6}{7}$，$y=\frac{7}{3}$を代入すると，与式$=-\frac{7}{2}\times\frac{6}{7}+6\times\frac{7}{3}-\frac{1}{2}=-3+14-\frac{1}{2}=-\frac{6}{2}+\frac{28}{2}-\frac{1}{2}=\frac{21}{2}$である。

(4)＜数の性質＞負の数は，絶対値が大きい方が小さい数となる。$-3=-\sqrt{9}$だから，$-\sqrt{9}<-\sqrt{5}<-\sqrt{3}$となり，$-3<-\sqrt{5}<-\sqrt{3}$である。

(5)＜二次方程式—解の利用＞二次方程式$x^2-3ax+9=8a$の1つの解が$x=-1$だから，解を方程式に代入して，$(-1)^2-3a\times(-1)+9=8a$，$1+3a+9=8a$，$-5a=-10$，$a=2$となる。よって，二次方程式は，$x^2-3\times2\times x+9=8\times2$より，$x^2-6x-7=0$となる。これを解くと，$(x+1)(x-7)=0$より，$x=-1$，7となるので，他の解は$x=7$である。

3〔独立小問集合題〕

(1)＜場合の数—カード＞45より小さい2けたの整数の十の位の数は2，3，4のいずれかである。十の位の数が2のとき，23，24，25，26の4通りある。十の位の数が3のとき，32，34，35，36の4通りある。十の位の数が4のとき，42，43の2通りある。よって，45より小さい2けたの整数は，

$4+4+2=10$(通り)ある。

(2)＜平面図形―角度＞右図1で，$\overset{\frown}{AD}$に対する円周角より，$\angle ABD=\angle AED=18^\circ$だから，$\angle ABC=\angle ABD+\angle DBC=18^\circ+50^\circ=68^\circ$である。また，線分BCが半円の直径より，$\angle BAC=90^\circ$である。よって，△ABCで，$\angle x=180^\circ-\angle ABC-\angle BAC=180^\circ-68^\circ-90^\circ=22^\circ$となる。

図1

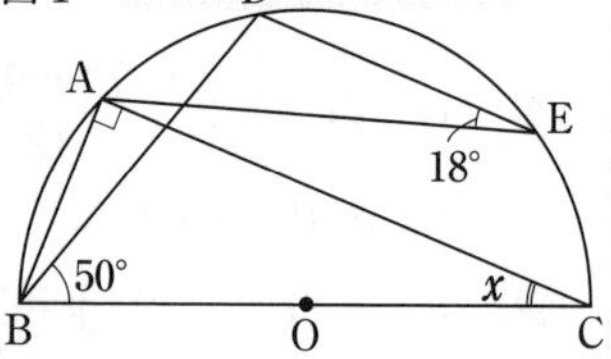

(3)＜平面図形―角度＞右図2のように，2点F，Gを定め，点Bを通り直線lに平行な直線上の点Bより右に点Hをとる。五角形ABCDEが正五角形より，$\angle FAE=\angle ABC=180^\circ\times(5-2)\div5=108^\circ$である。BH//$m$より同位角は等しいので，$\angle HBG=\angle DGC=60^\circ$となり，$\angle FBH=\angle ABC-\angle HBG=108^\circ-60^\circ=48^\circ$となる。$l$//BHより同位角は等しいので，$\angle AFE=\angle FBH=48^\circ$である。よって，△AFEで，$\angle x=180^\circ-\angle FAE-\angle AFE=180^\circ-108^\circ-48^\circ=24^\circ$である。

図2

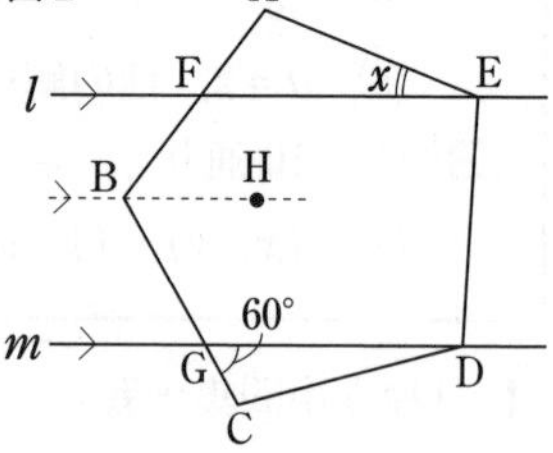

(4)＜方程式の応用＞x，yが自然数より，$2x$は2の倍数，$3y$は3の倍数である。17は奇数だから，$2x+3y=17$より，$3y$は奇数である。これより，$y=1$，3，5，……となる。$y=1$のとき，$2x+3\times1=17$，$2x=14$，$x=7$となり，$y=3$のとき，$2x+3\times3=17$，$2x=8$，$x=4$となり，$y=5$のとき，$2x+3\times5=17$，$2x=2$，$x=1$となる。$y\geqq7$のとき，xは負の数となり，適さない。よって，求める自然数x，yの組は$(x,\ y)=(1,\ 5)$，$(4,\ 3)$，$(7,\ 1)$である。

4〔数と式―連立方程式の応用〕

(1)＜立式＞2010年の人口は128千人で，男性の人口をx千人，女性の人口をy千人としたから，$x+y=128$……①が成り立つ。2050年の予想は，全体で35千人減るので，$128-35=93$(千人)である。男性は30%減り$x\times\left(1-\frac{30}{100}\right)=\frac{7}{10}x$(千人)，女性は25%減り$y\times\left(1-\frac{25}{100}\right)=\frac{3}{4}y$(千人)となるから，$\frac{7}{10}x+\frac{3}{4}y=93$……②が成り立つ。

(2)＜予想人口＞(1)の①，②を連立方程式として解く。②×20より，$14x+15y=1860$……②′　①×15−②′より，$15x-14x=1920-1860$　$\therefore x=60$　これを①に代入して，$60+y=128$　$\therefore y=68$　よって，2050年の予想人口は，男性が$\frac{7}{10}x=\frac{7}{10}\times60=42$(千人)，女性が$\frac{3}{4}y=\frac{3}{4}\times68=51$(千人)である。つまり，男性が42000人，女性が51000人である。

5〔平面図形―平行四辺形〕

≪基本方針の決定≫(2)　△AGDと△CGFに着目する。　(3)　△DOG：△ACD＝OG：ACである。

(1)＜長さ＞右図で，四角形ABCDが平行四辺形より，AO＝COである。AB//OEなので，BE＝CEとなる。BC＝AD＝8なので，$BE=\frac{1}{2}BC=\frac{1}{2}\times8=4$である。また，BF：FC＝3：1より，$BF=\frac{3}{3+1}BC=\frac{3}{4}\times8=6$である。よって，$EF=BF-BE=6-4=2$(cm)となる。

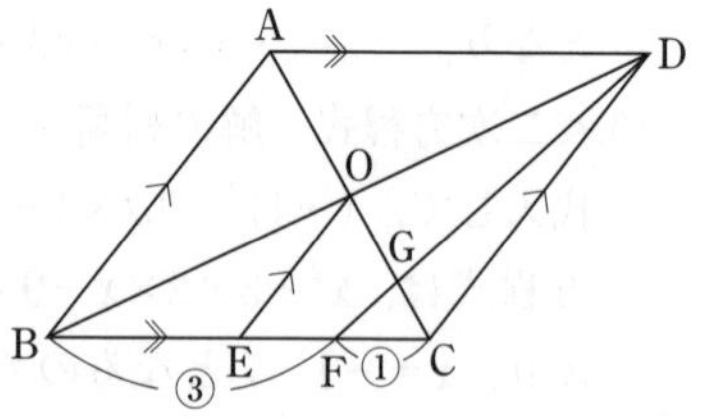

(2)＜長さの比―相似＞右上図で，∠AGD＝∠CGFであり，AD//BCより∠GAD＝∠GCFだから，△AGD∽△CGFである。よって，対応する辺の比より，AG：GC＝AD：CF＝BC：FC＝(3＋1)：1＝4：1となる。

(3)＜面積比＞前ページの図で，△DOG，△ACD の底辺をそれぞれ OG，AC と見ると，この 2 つの三角形は高さが等しいから，面積の比は底辺の比と等しくなり，△DOG：△ACD＝OG：AC である。(2)より AG：GC＝4：1 だから，AG＝$\frac{4}{4+1}$AC＝$\frac{4}{5}$AC と表せる。AO＝CO＝$\frac{1}{2}$AC なので，OG＝AG－AO＝$\frac{4}{5}$AC－$\frac{1}{2}$AC＝$\frac{3}{10}$AC となる。よって，OG：AC＝$\frac{3}{10}$AC：AC＝3：10 だから，△DOG：△ACD＝3：10 となり，△DOG＝$\frac{3}{10}$△ACD である。△ACD＝$\frac{1}{2}$▱ABCD だから，△DOG＝$\frac{3}{10}$×$\frac{1}{2}$▱ABCD＝$\frac{3}{20}$▱ABCD となり，求める面積比は▱ABCD：△DOG＝▱ABCD：$\frac{3}{20}$▱ABCD＝20：3 となる。

6〔関数―関数 $y=ax^2$ と一次関数のグラフ〕

≪基本方針の決定≫(2)　AB を底辺と見る。　(3)　△DAB は DA＝DB の二等辺三角形である。

(1)＜比例定数＞関数 $y=ax^2$ は，$a>0$ より，x の絶対値が大きいほど y の値が大きくなる関数である。x の変域が $-1\leqq x\leqq 2$ のときの y の変域が $0\leqq y\leqq 8$ だから，x の絶対値が最大の $x=2$ のとき，y は最大の $y=8$ となる。よって，$8=a\times 2^2$ が成り立ち，$a=2$ である。

(2)＜面積＞右図で，(1)より，点 A は関数 $y=2x^2$ のグラフ上の点である。x 座標が 2 だから，$y=2\times 2^2=8$ より，A(2，8)となる。点 B は関数 $y=-\frac{1}{3}x^2$ のグラフ上の点で x 座標が 2 だから，$y=-\frac{1}{3}\times 2^2=-\frac{4}{3}$ より，B$\left(2, -\frac{4}{3}\right)$である。AB は y 軸に平行だから，AB＝$8-\left(-\frac{4}{3}\right)=\frac{28}{3}$ である。AB を底辺と見ると，△ABC の高さは，2 点 A，C の x 座標より，$2-(-1)=3$ となる。よって，△ABC＝$\frac{1}{2}\times\frac{28}{3}\times 3=14$ である。

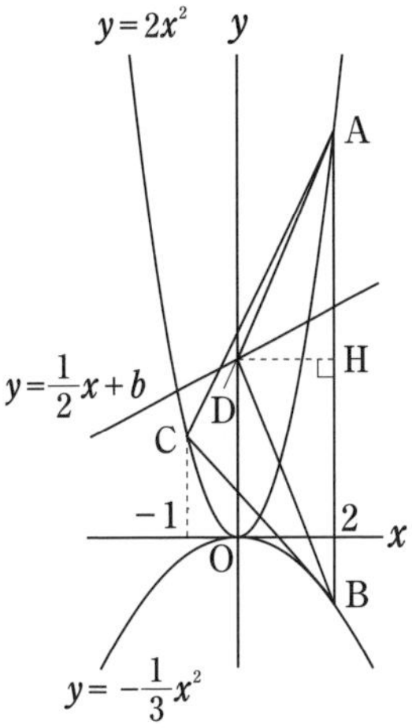

(3)＜切片＞右図で，∠DAB＝∠DBA より，△DAB は DA＝DB の二等辺三角形だから，点 D から AB に垂線 DH を引くと，点 H は線分 AB の中点となる。(2)より，A(2，8)，B$\left(2, -\frac{4}{3}\right)$だから，点 H の y 座標は，$\left\{8+\left(-\frac{4}{3}\right)\right\}\div 2=\frac{20}{3}\div 2=\frac{10}{3}$ となる。DH は x 軸に平行だから，点 D の y 座標は $\frac{10}{3}$ となり，D$\left(0, \frac{10}{3}\right)$である。直線 $y=\frac{1}{2}x+b$ は点 D を通り，切片が $\frac{10}{3}$ なので，$b=\frac{10}{3}$ である。

7〔空間図形―三角錐〕

≪基本方針の決定≫(2)　三角錐の体積を利用する。

(1)＜体積＞右図 1 の正方形 ABCD を AE，EF，AF で折り曲げて三角錐をつくると，3 点 B，C，D が重なり，右図 2 のような三角錐 ACEF となる。図 1 で，∠ABE＝∠ADF＝90°より，図 2 で，AC⊥〔面 CEF〕となるから，△CEF を底面とすると，高さは AC＝8 となる。図 1 で，CE＝CF＝$\frac{1}{2}\times 8=4$，∠ECF＝90°より，△CEF は直角二等辺三角形だから，図 2 で，三角錐 ACEF の体積は，$\frac{1}{3}$×△CEF×AC＝$\frac{1}{3}\times\left(\frac{1}{2}\times 4\times 4\right)\times 8=\frac{64}{3}$(cm³)である。

図 1

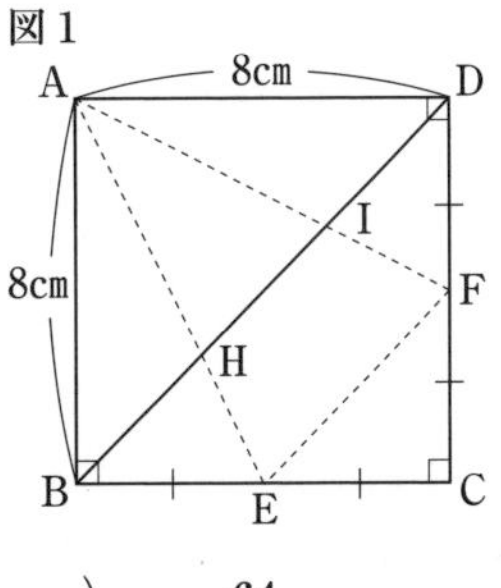

図 2

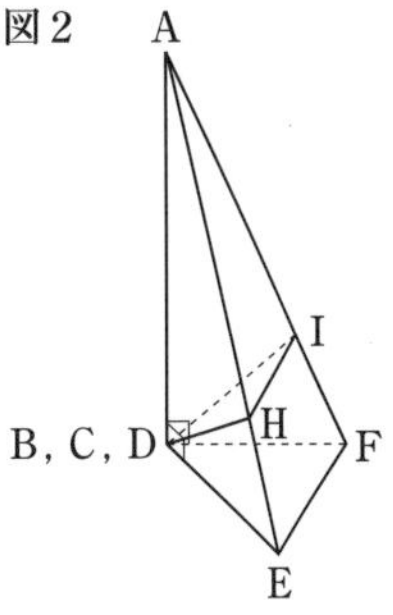

(2)＜長さ＞右上図 1 で，BE＝CE＝4，DF＝CF＝4 だから，△AEF＝〔正方形 ABCD〕－△ABE－△CEF

$-\triangle ADF = 8\times8-\frac{1}{2}\times4\times8-\frac{1}{2}\times4\times4-\frac{1}{2}\times8\times4=24$ である。前ページの図2で，△AEF を底面としたときの高さを $h$cm とすると，三角錐 ACEF の体積は，$\frac{1}{3}\times\triangle AEF\times h=\frac{1}{3}\times24\times h=8h$ と表せる。(1)より，三角錐 ACEF の体積は $\frac{64}{3}$cm^3 だから，$8h=\frac{64}{3}$ が成り立ち，$h=\frac{8}{3}$(cm)となる。

(3)＜長さ＞前ページの図2で，切り口は△CHI となる。周の長さは，CH＋HI＋IC＝BH＋HI＋ID だから，周の長さが最も短くなるとき，前ページの図1で，4点 B，H，I，D は一直線上の点となる。AD∥BC より，△AHD∽△EHB となるから，DH：BH＝AD：EB＝8：4＝2：1 となり，$DH=\frac{2}{2+1}BD=\frac{2}{3}BD$ である。同様に，△ABI∽△FDI より，BI：DI＝AB：FD＝2：1 となるから，$DI=\frac{1}{2+1}BD=\frac{1}{3}BD$ である。よって，$HI=DH-DI=\frac{2}{3}BD-\frac{1}{3}BD=\frac{1}{3}BD$ となる。△ABD が直角二等辺三角形より，$BD=\sqrt{2}AB=\sqrt{2}\times8=8\sqrt{2}$ だから，$HI=\frac{1}{3}\times8\sqrt{2}=\frac{8\sqrt{2}}{3}$(cm)である。

国語解答

一 ① いちじる　② ふさ
③ うけたまわ　④ しゃくぜん
⑤ お　⑥ 厳守　⑦ 盛況
⑧ 単刀　⑨ 車窓　⑩ 根源

二 問一 ア　問二 ウ　問三 ア
問四 ア　問五 エ
問六 流れができて，ことばの自然が回復されるから
問七 そばに辞書を置いて，一行に二度も三度も辞書を引く状態。(27字)
問八 むやみに時間をかけて読むことで，言葉に底流する意味の流れを止めてしまい，わかりにくくしてしまうということ。(53字)
問九 ウ

三 問一 イ　問二 ア　問三 エ
問四 ④ リーチ(先生)　⑤ 亀乃介
問五 芸術にまつわる豊かな知識と思想
問六 エ
問七 その成り立～う楽しさ。
問八 たとえそばにいられなくても，自分が作陶を続けることで，先生がともした陶芸の炎を絶やさずにおこうと思ったから。(54字)
問九 目頭　問十 イ

四 問一 ① 八つぐらいの
② どちらが遠いか
問二 いらえ
問三 洛陽はまだ見たことがないから。
問四 ウ

一〔漢字〕
①音読みは「顕著」などの「チョ」。　②音読みは「閉塞」などの「ソク」。　③音読みは「了承」などの「ショウ」。　④「釈然」は，疑いや迷いが解けてすっきりすること。　⑤音読みは「推薦」などの「スイ」。　⑥「厳守」は，命令や約束などを，かたく守ること。　⑦「盛況」は，催し物に多くの人が集まって，活気にあふれるさま。　⑧「単刀直入」は，遠回しでなく，すぐに本題に入ること。　⑨「車窓」は，列車や自動車などの窓のこと。　⑩「根源」は，物事の一番もとになっているもののこと。

二〔論説文の読解―芸術・文学・言語学的分野―読書〕出典；外山滋比古『乱読のセレンディピティ 思いがけないことを発見するための読書術』。

≪本文の概要≫一般に，本は時間をかけてじっくり読む読み方が，高級だと思われている。言葉は，ゆっくり読まれると重々しい感じを与え，情緒性が高まる。一方，スピードを上げて読まれたとき，言葉は，知的な印象を与えやすい。文章の中には，読者がゆっくり黙読することを前提にして，観念的に込み入ったことを圧縮して表現しているものがあるが，これは速読で読もうとする読者を無視するようなものである。速読によって，かたまりのように並んだ言葉の意味の前後のつながりを，理解できるようになるのである。本をじっくりていねいに読みすぎたり，読みながらいちいち辞書を引いたりしてしまうと，文章の意味をわかりづらく，つまらないものにしてしまう。やみくもに速いのは論外だが，本は，スピードを上げて読むのが，理想の読み方なのである。

問一＜四字熟語＞「電光石火」は，動作がきわめてすばやいこと。十分間で一冊の本を読みきるような読み方は，スピードが速すぎるのである。「起死回生」は，絶望的な状態にあるものを立ち直らせること。「時期尚早」は，その事を行うには時期が早すぎること。「粉骨砕身」は，全力を尽くして努力すること。

問二＜文章内容＞速読は「知的な印象を与える」ことができるのに対して，遅読は「重々しい感じを」与えることによって「情緒性が」高まり，聞く人にさまざまな感情を引き起こすのである。

問三＜文章内容＞読者が黙読することを想定し，抽象的で複雑なことを「圧縮して表現」して書かれた文章は，読者が速読しても意味を理解できないばかりか，遅読してもわかりづらいのである。

問四＜文章内容＞戦後，アメリカの教育視察団が日本の学校教育に関して指示した「読み，書き，話し，聴く」の四技能を併行して伸ばすことは，「正当な指摘」であった。しかし，「話し聴くことばの教育など考えたことのない日本の国語教育」は，「アメリカの指導を無視」して，四技能のうち「読み偏重の教育」を続けたのである。

問五＜慣用句＞「途方に暮れる」は，どうしてよいかわからなくなる，という意味。

問六＜文章内容＞言葉は，「かたまりのようになって並んで」おり，意味がわからない部分を考えたり，調べたりしてこだわってしまうと，「ことばの流れ，残曳は消えてことばは意味を失う」のである。しかし，声に出して読んでもらうと，言葉の「流れができて，ことばの自然が回復される」ため，意味がわかるようになるのである。

問七＜文章内容＞「首っ引き」は，あるものと向き合って，それと離れずに物事を行うこと。「辞書首っぴき」とは，「そばに辞書をおいて，一行に二度も三度も辞書をひく」ような状態である。

問八＜文章内容＞「仇」は，害となるもののこと。ていねいに読もうとして読む速度が遅くなりすぎることが害になって，「ことばに底流する意味の流れをとめてしまい」，文章の意味がわからなくなってしまうことがあるのである。

問九＜要旨＞遅読派は，「速く読めるようなのは読むにあたいする本ではない」と考え，速読法に対しても，「ハナもかけ」ない(ア…×)。外国語の文章を読むのは大変なことであり，苦労して読むと「母国語だけ読んでいてはわからないことがわかる余徳がある」が，大変さは読む速度の差によって生まれるわけではない(イ…×)。難しいところをゆっくり読むのではなく，「速くすると，それだけでわかることがある」のであり，スピードを上げることで「本当の読み」になるのである(ウ…○，エ…×)。

三 〔小説の読解〕出典；原田マハ『リーチ先生』。

問一＜語句＞「折り入って」は，深く心を込めて，ぜひとも，という意味。リーチは，北京に行くつもりであることを亀乃介に話し，同行してくれるよう，深く心を込めてお願いするつもりなのであった。

問二＜文章内容＞陶芸家への道を歩み始めていたリーチは，自分に東京での「やるべき仕事もなくはない」と思っていた(ア…×)。しかし，リーチは「中国の陶器に関心を示すようになっていた」うえに，「北京在住」の哲学者についてよく話すくらい，「気持ちが中国へと傾いて」いた(イ…○)。また，「東京での暮らしに倦怠を感じていた」ために，「自分の生活環境をがらりと変えてしまいたい」と思い始めていた(ウ…○)。リーチは，中国にこそ，自分が「追い求める道があるかもしれない」と考えたのである(エ…○)。

問三＜心情＞リーチが，中国で自身が追い求める道を見出したなら日本には戻らないと言ったことを，亀乃介は，「うそだ」と思うほど信じられず，驚くとともに，「戸惑い」を感じたのである。

問四＜表現＞絵を描くのが好きな少年だった亀乃介に，陶芸という道を教えたのはリーチであった。リーチは，弟子の亀乃介が進むべき道を「灯台」のように指し示し，導く存在であった(…④)。そして，亀乃介は，自分は何をしたいのかもわからないまま，「ただひたすらに，がむしゃらに，先生についてきた」のであり，リーチが日本からいなくなってしまうと，自分は灯台を見失って進路がわからなくなった「小舟」のようになると感じたのである(…⑤)。

問五＜文章内容＞亀乃介は，リーチとリーチの友人たちと接する中で，「芸術にまつわる豊かな知識と思想」を身につけることができたのである。

問六＜心情＞リーチが中国へ一緒に行こうと「思いやりあふれる言葉」で誘ってくれたので，亀乃介は，「ふつうならば，すぐにでも首を縦に」振って承諾すべきだったが，どうしても戸惑いを抑えられず，中国に行くと即答することができなかった。亀乃介は，自分もまた陶芸という「道をみつけた」ので，日本ではなく中国で陶芸活動をしてみたいと思うリーチの気持ちと，陶芸を日本で続けていきたいという自分の思いを考え合わせていたのである。

問七＜文章内容＞「陶芸こそが，自分の進むべき道なのだ」と感じる亀乃介は，陶芸の「成り立ちや，成形，火入れして取り出すとき」の「高揚感」，つくり上げた作品を使う「楽しさ」の魅力に，心を奪われていたのである。

問八＜文章内容＞亀乃介は，リーチのそばにただいるばかりでなく，リーチが将来中国からまた日本に戻ってきた場合に備え，「自分が作陶を続けることで，先生が点した陶芸の炎を絶やさ」ないようにしておくことが，リーチの弟子になった意義だと考えたのである。

問九＜慣用句＞「目頭が熱くなる」は，深く感じて，涙が浮かんでくる，という意味。

問十＜文章内容＞リーチは，亀乃介の先生であるが，「おごるわけでも，偉ぶるわけでもなく，ごく自然に亀乃介を」導く存在であり，亀乃介に，「すぐに答えなくてもいい」が，「家族同然に思っている」ので「どこへ行こうと一緒に来てほしい」と「思いやりあふれる言葉」をかける優しい人物である。

四〔古文の読解―説話〕出典；『宇治拾遺物語』巻第十二ノ十六。

≪現代語訳≫今となっては昔のことだが，中国で，孔子が，道を歩いていかれると，八つぐらいの子どもと出会った。(その子どもが)孔子に尋ね申し上げるには，「日が沈むところと洛陽とは，どちらが遠いですか」と(尋ねた)。孔子がお答えなさることには，「日が沈むところは遠い。洛陽は近い」(と答えられた)。(すると)子どもが申し上げることには，「日が昇って沈むところは見えます。洛陽はまだ見たことがありません。だから日が昇るところは近い。洛陽は遠いと思います」と申し上げたので，孔子は，賢い子どもだと感動なさった。「孔子には，このようにものを問いかける人はいないのに，(子どもが)このように尋ねたのは，ただ者ではなかったことだ」と人々は言ったという。

問一＜現代語訳＞①人物の説明として用いられる「八つ」などの数字表現は，年齢を表すことがある。「ばかり」は，ここでは，～ぐらい，という意味。　②「いづれ」は，どちら，という意味。「か」は，疑問を表す係助詞。

問二＜歴史的仮名遣い＞歴史的仮名遣いの語頭以外のハ行は，現代仮名遣いでは，原則として「わいうえお」になるので，「へ」は「え」になる。

問三＜古文の内容理解＞子どもは，日が昇ったり沈んだりするところは見たことがあるが，洛陽はまだ見たことがなかったので，洛陽の方が遠くにあると考えたのである。

問四＜古文の内容理解＞孔子は有名な思想家であるため，周りの人々は，質問を投げかけることがなかった。しかし，その子どもは，ものおじせず不明点を尋ね，自分なりの考えと理由まで述べることで，孔子を感心させた。だから人々は，その子どもがただ者ではないと感じたのである。

2021年度 目白研心高等学校

【英　語】（50分）〈満点：100点〉

1　（リスニングテスト）

Part A: 英語の放送を聞いた後、それぞれの内容に関する質問が流れます。その質問に対し最も適切な答えを(A)、(B)、(C)、(D)の中から１つ選び、記号で答えなさい。2回流します。

1.

(A) One hour
(B) Two hours
(C) Eight o'clock
(D) Nine o'clock

2.

(A) Mike
(B) Michael
(C) Jack
(D) Jackson

3.

(A) It's anime.
(B) It's a cherry tree.
(C) It's a kimono.
(D) It's the Japanese flag.

4.

(A) She plays basketball and soccer there.
(B) She goes for a walk there.
(C) She goes in her free time.
(D) She walks from home.

Part B: 英語の放送を聞いた後、それぞれの内容に関する質問が 4 つ流れます。その質問に対し最も適切な答えを(A)、(B)、(C)、(D) の中から 1 つ選び、記号で答えなさい。2 回流します。

1.

(A) They are going to visit a digital art museum.

(B) They are going to play at the beach.

(C) They are going to have fun at Super Fun Park.

(D) They are going to watch a movie.

2.

(A) At Mark's house

(B) At Betty's house

(C) At the station

(D) At the movie theater

3.

(A) Tickets are needed to get inside.

(B) It's inside a building.

(C) People can watch movies there.

(D) People can play with the art there.

4.

(A) Wednesday

(B) Thursday

(C) Friday

(D) Saturday

※＜リスニングテスト放送原稿＞は英語の問題の終わりに付けてあります。

2 (　　)内の単語を適切な形にしなさい。

1. Look at the (smile) baby over there.
2. My brother is interested in (take) photos.
3. The sun (rise) in the east.
4. I (see) you in the library last Thursday.

3 下の a)と b)の文がほぼ同じ意味になるように、(　　)に適する１語を入れなさい。

1. a) I went to Niigata in 2008, 2009, and 2017.
   b) I (　　) (　　) to Niigata three times.

2. a) To speak not only Japanese but also English is important for us.
   b) (　　) is important (　　) us to speak not only Japanese but also English.

3. a) How can I get to the station?
   b) Could you tell me (　　) (　　) get to the station?

4. a) Let's play tennis.
   b) How (　　) (　　) tennis?

4 次の文の(　　)に入れるのに最も適切なものをア〜エの中から１つ選び、その記号を答えなさい。

1. A: I have a son and three daughters.
   B: Oh, you have (　　).
   ア four childs　イ four childrens　ウ four child　エ four children

2. (　　) season do you like?
   ア Which　イ Where　ウ When　エ How often

3. I couldn't go out (　　) I was sick.
   ア but　イ because　ウ so　エ that

4. My birthday is (　　) June 28th.
   ア on　イ in　ウ to　エ at

5. The garden was (　　) snow when I woke up.
   ア covering　イ covered to　ウ covers　エ covered with

6. My team is (　　) in the city.
ア most strong　イ the strongest　ウ more strong　エ stronger

7. A: Hello.　This is Emma.　(　　) speak to Kumi, please?
B: I'm afraid she isn't home.
ア Shall I　イ May I　ウ Will you　エ Can you

8. Yukiko has a sister and a brother.　(　　) of them love listening to music.
ア She　イ He　ウ Both　エ We

5　それぞれの日本語の内容に合うよう下の語句を並べ替えた時、①～⑩の(　　)に入る選択肢の記号を答えなさい。ただし、文頭に来る語も小文字になっています。

1. 左側のドアが開きます。
(　　)(①)(　　)(　　)(　　)(②)(　　).
ア side　イ left　ウ will　エ the doors　オ on
カ the　キ open

2. 私は青森で育てられたリンゴはおいしいと思う。
I (　　)(　　)(③)(　　)(　　)(④)(　　).
ア think　イ Aomori　ウ produced　エ apples　オ in
カ delicious　キ are

3. 10年前には、この町に公園がいくつかありました。
(⑤)(　　)(　　)(⑥)(　　)(　　)(　　) town 10 years ago.
ア in　イ were　ウ parks　エ few　オ there
カ this　キ a

4. 多くのタイの人々は彼らの首都をバンコクとは呼びません。
(　　)(　　)(　　)(　　)(　　)(⑦)(⑧).
ア capital city　イ many　ウ their　エ don't　オ call
カ Bangkok　キ people in Thailand

5. 今日、世界には解決しなければならない問題がたくさんあります。
Today, (　　)(　　)(⑨)(　　)(⑩)(　　) the world.
ア have　イ we　ウ many　エ to　オ in
カ solve　キ problems

6 次の対話の文章を読んで、設問に答えなさい。

Shiori: What are you doing, Mike?

Mike: I'm making cards for my English class. These are for a game called "Taboo." Haven't you played it before?

Shiori: (①)

Mike: Okay, I'll teach you how to play it. Pick up one card from this box.

Shiori: Alright. Oh, I've got the card "Money"!

Mike: No, no, don't tell me.

Shiori: Oops, sorry! So, how do I play?

Mike: Well, we can use ②the card as an example. ③You see the title word "Money" on the top with a picture under it. There are three other words on the bottom of the card. You need to *describe the word on the top without using these three words below. Using the three words under the picture is ④"Taboo." I play this game once a month on "game day" with the kids in my English class. It is a good way to improve their speaking skill. Above all, it's so much fun!

Shiori: Um... so I can't say "dollar," "buy," and "give." Can I say like this? "You use this when you go shopping to get things. There are many kinds of this thing around the world, like *euro, yen, and so on." How is that?

Mike: Wow! Spot on! You're such a fast learner.

Shiori: Thanks, Mike! Now I know how it works.

Mike: Let's play it then. I'll go first.
Okay, this is a type of sport. There're eleven players on each team, and they use one ball, black and white.

Shiori: Is it "Cricket"?

Mike: No, it's not. You use your legs and sometimes head. You can't use your hands.

Shiori: Oh, "(⑤)"!

Mike: Yeah, you got it! Good job, Shiori. Look, the three taboo words are "pass," "kick" and "goal." I couldn't use these three. Next is your turn. Take a card.

Shiori: Let's see... This is a small piece of paper. You buy it and put it on a card or a box when you send it.

Mike: Um, let me think... Is it "Stamp"?

Shiori: Yes! That's right. You're very good at this! Can you guess what the three taboo words are?

Mike: I'll give it a try! I made these cards, you know. So, they must be "letter," "*sticker"... and...

Shiori: Yes, you're right. Do you remember the last one?

Mike: Is it... "mail"?

Shiori: No, it's not. Oh, wait, what time is it?

Mike: It's 2:43 now. Do you have to go somewhere?

Shiori: Oh gosh. Yes! My university class starts in about 15 minutes. I really liked this game, Mike! Thanks for teaching me how to play. I'm sure your students love it! You are such a great teacher.

Mike: Thanks. That means a lot. I didn't *expect that you would do this well. What is the third word on the card by the way?

Shiori: I've got to run! ⑥<u>It is a name of a place and begins with P!</u> See you later!

Mike: Shiori! Give me the card back! Wait!

注) describe:	～を説明する	euro:	ユーロ(通貨の名前)
sticker:	シール	expect:	～を期待する

1. 空欄①に入る最も適切な応答を以下の選択肢から１つ選び、その記号を答えなさい。

ア Yes, I have.　　　イ Yes, I haven't.

ウ No, I have.　　　エ No, I haven't.

2. 下線部②のカードに書いてある単語を以下の選択肢から<u>すべて</u>選び、その記号を答えなさい。

ア buy　イ dollar　ウ euro　エ get

オ give　カ money　キ shopping　ク yen

3. 下線部③の説明に合う最も適切な絵を以下の選択肢から１つ選び、その記号を答えなさい。

ア

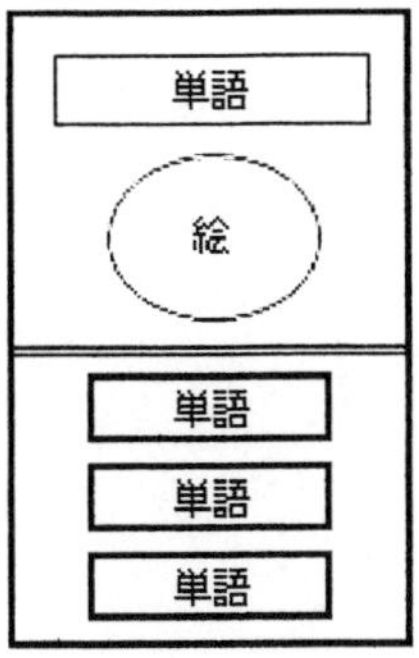

イ

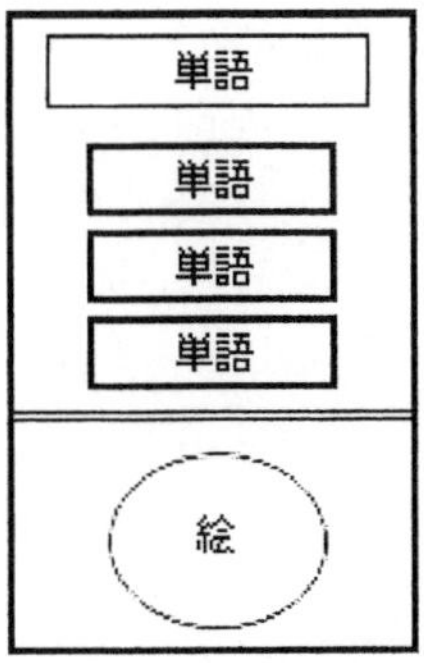

ウ

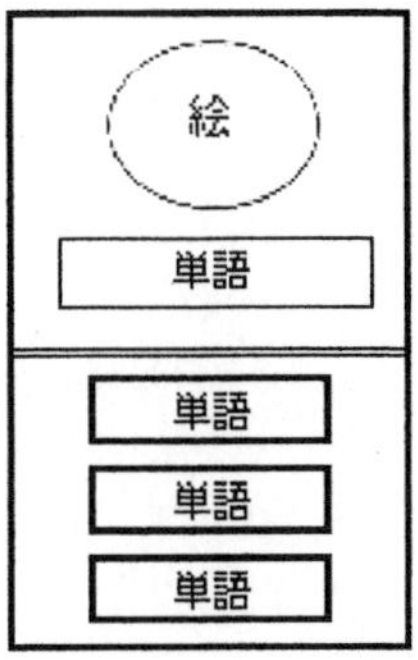

4. 下線部④ “Taboo” の遊び方として<u>誤っているもの</u>を以下の選択肢から 1 つ選び、その記号を答えなさい。

ア　カードのタイトルについて説明すること。

イ　2 人以上で遊ぶこと。

ウ　カードを引いたとき、書いてある単語を相手に教えること。

エ　カードに書いてある 3 つの単語を使ってはいけないということ。

5. 空欄⑤に入る語として最も適切なものを以下の選択肢から 1 つ選び、その記号を答えなさい。

ア　Basketball　　イ　Soccer　　ウ　Rugby　　エ　Volleyball

6. 下線部⑥で Shiori が示している語句として最も適切なものを以下の選択肢から 1 つ選び、その記号を答えなさい。

ア　playground　　イ　park　　ウ　postman　　エ　post office

7. 本文の内容に一致するものには <u>T</u>、そうでないものには <u>F</u> と答えなさい。

(1) Both Shiori and Mike knew the game “Taboo.”
(2) Mike enjoys playing the game with his students every month.
(3) The game “Taboo” is helpful for kids to practice speaking English.
(4) Mike couldn’t use the word “hands” when he explained the title word on his card.
(5) Shiori’s university class starts at 2:30.
(6) Mike was surprised that Shiori was good at playing the game.

7 次の文章を読んで、設問に答えなさい。ただし、この文章は1980年に書かれたものであり、当時の状況は現在とは異なる点もある。

At a young age, Patti Wilson was told by her doctor that she had *epilepsy. Her father, Jim Wilson, was a morning runner. One day she smiled and said, "Daddy, I would like to run with you every day, but I'm afraid I'll have a *seizure."

Her father told her, "If you do, I know how to *handle it, so let's start running!" They started to run together every day. It was a wonderful experience for them to share and she had no problem at all while she was running. After a few weeks, she told her father, "Daddy, I want to break ①<u>the world's long distance running record for women</u>."

Her father checked the Guinness Book of World Records and found that the *farthest running record for women was eighty miles. "As a 9th grader," Patti announced, "I'm going to run from Orange *County to San Francisco." "As a 10th grader," she went on, "I'm going to run to Portland, Oregon. As an 11th grader I'll run to St. Louis. As a 12th grader, I'll run to the White House." She said she looked at her challenge of having epilepsy as simply an "*inconvenience." She focused not on *what she couldn't do, but on what she could do.

That year she ran to San Francisco. Her dad ran every mile at her side, and her mom, a nurse, followed in a car behind them *in case anything went wrong.

When she was in the 10th grade, Patti's classmates ran with her. They built a giant poster, and that said "Run, Patti, Run!" In her second marathon, on the way to Portland, she broke her foot. A doctor told her she had to stop running and he needed to put a *cast on her *ankle so she would not feel the pain."

"Doctor, you don't understand." she said. "I'm not just doing ②<u>it</u> for myself, I'm doing it to break the chains on our brains. Isn't there any way for me to keep running?" He explained that he could wrap her ankle in *adhesive *instead of putting it in a cast, but it would be painful. In the end, she asked the doctor to wrap it up and she finished the run to Portland. She ③<u>completed</u> her last mile with the *governor of Oregon.

Two years later, after four months of running from the West Coast to the East Coast, Patti arrived in Washington D.C. and was welcomed by the president of the United States at the White House. She told him, ④<u>"I wanted people to know that people with epilepsy are the same human beings just like anyone else."</u>

I shared this story at one of my seminars, and later a crying man came up to me and said, "Mark, my name is Jim Wilson. You were talking about my daughter, Patti." He told me that because of her (⑤), *enough money was raised to open up nineteen million-dollar *epileptic centers around the country. If Patti can do so much, what can you do?

Run, Patti, Run. Canfield, Hansen, Jack, and Mark Victor., eds. *Chicken Soup For The Soul: 101 Stories To Open The Heart & Rekindle The Spirit.* Deerfield Beach, FL : Health Communications, 1993.（出題の都合上一部変更）

注)

epilepsy: てんかん(発作を繰り返す脳の病気)	seizure: 発作	handle: 対処する
farthest: 最も遠くの	County: 郡	inconvenience: 不便
what she couldn't do: 彼女ができなかったこと	in case: 万一にそなえて	cast: ギプス
ankle: 足首	adhesive: 粘着性のテープ	
instead of〜: 〜の代わりに	governor: 州知事	
enough money was raised: 十分なお金が集まった	epileptic: てんかん性の	

1. 下線部①は「女性の長距離走の世界記録」という意味であるが、当時の世界記録を具体的に示す内容を本文中から抜き出し、2語の英語で答えなさい。

2. 下線部②が指す内容を5字以内の日本語で答えなさい。

3. 下線部③に最も近い意味の語を以下の選択肢から1つ選び、その記号を答えなさい。
   ア continued　イ left　ウ began　エ finished

4. 以下の文の下線部に適切な日本語を補い、下線部④の日本語訳の文を完成させなさい。

   私は、てんかん患者が＿＿＿(ア)＿＿＿ということを、＿＿＿(イ)＿＿＿。

5. 空欄⑤に入る語として最も適切なものを以下の選択肢から1つ選び、その記号を答えなさい。
   ア effort　イ happiness　ウ communication　エ doctor

6. 本文の内容と一致するものにはT、そうでないものにはFと答えなさい。
   (1) Patti knew how to handle a seizure, so she wasn't afraid of running.
   (2) Patti broke her foot on the way to Portland.
   (3) Patti's doctor didn't want Patti to give up, so he put a cast on her ankle.
   (4) Patti ran to the White House when she was in the 12th grade.
   (5) Patti ran with the president of the United States.
   (6) Patti's father asked the author of the story to talk about Patti at his seminar.

7. 本文に別のタイトルを付ける場合、最も適切なものを以下の選択肢から1つ選び、その記号を答えなさい。
   ア How to Treat Epileptic Patients
   イ The Brave Runner
   ウ The Fastest Runner in the World
   エ Get Along with Your Daughter

＜リスニングテスト放送原稿＞

Part A

1.

Woman: Oh no! I rented a DVD last week, but I forgot to return it.
Man: Do you have to return it today?
Woman: Yes. What time is it?
Man: It's seven o'clock.
Woman: Good. If I leave now, I will get there at eight. That is enough time before the store closes at nine.

QUESTION: How long will it take the woman to get to the store?

(A) One hour
(B) Two hours
(C) Eight o'clock
(D) Nine o'clock

2.

Woman: Where did Michael go?
Man: Who?
Woman: Michael. He just finished dancing. I really want to meet him.
Man: Oh! You mean, Mike. He's Jack's son. He's talking with his dad over there.

QUESTION: Who is Mike's father?

(A) Mike
(B) Michael
(C) Jack
(D) Jackson

3.

Its shape is a rectangle. Its color is white. There is a red circle in the middle. It is made of cloth, but people do not wear it. You can see it in social studies textbooks. People think of Japan when they see it.

QUESTION: What is it?

(A) It's anime.
(B) It's a cherry tree.
(C) It's a kimono.
(D) It's the Japanese flag.

4.

I like to be active. In my free time I play basketball and soccer, but I love to go for a walk in the mountains. I often walk up Mount Takao not because it is the closest mountain to my home, but because it's so beautiful there.

QUESTION: What does the woman do at Mount Takao?

(A) She plays basketball and soccer there.
(B) She goes for a walk there.
(C) She goes in her free time.
(D) She walks from home.

Part B

Mark: Hi Betty.
Betty: Hi Mark.
Mark: I'm so happy. Summer vacation is finally here. Now we can take a break from studying.
Betty: Yeah. Let's have some fun.
Mark: Alright. So what shall we do first?
Betty: Oh, I know. Let's go to the digital art museum in the city. Tickets for students are half off on Fridays, so if we go tomorrow, we can get a discount.
Mark: Museum? That sounds boring.
Betty: It's not a traditional art museum. This one's different because we can play with the art there. It'll be a lot of fun.
Mark: Well, it does sound interesting, but it's inside a building, right?
Betty: Yeah... So?
Mark: Well, I want to do something outside, like go to the beach.
Betty: Me, too, but let's do that next week. It's going to be cloudy all week with a high chance of rain, but next week it should be sunny.
Mark: Ok. Let's go when the weather is better. So what else do you want to do?
Betty: Well, I really want to go to Super Fun Park.
Mark: Yeah, I love Super Fun Park, but wait! You said it might rain this week.
Betty: It might, but I don't care if it does.
Mark: Me, neither. Let's do it.
Betty: Great! Let's buy the tickets online.
Mark: Good thinking.
Betty: Oh dear.
Mark: What's wrong?
Betty: They're sold out already. There are no more tickets left for this month.
Mark: Oh no! What are we going to do?
Betty: Well, how about watching a movie? I found an interesting action movie. It's set in the future. It looks good.
Mark: But we always watch movies on Saturdays, so let's watch it the day after tomorrow like we always do.
Betty: Yeah, you're right. We can watch it then.
Mark: Oh. I have an idea. How about going to the digital art museum in the city tomorrow?
Betty: Hey! That was my idea.
Mark: Yeah, I know. I like your idea better, so I changed my mind.
Betty: OK, then. I'll meet you at the station tomorrow.
Mark: Sounds good. See you then.

Questions:

1. What are they going to do tomorrow?

 (A) They are going to visit a digital art museum.
 (B) They are going to play at the beach.
 (C) They are going to have fun at Super Fun Park.
 (D) They are going to watch a movie.

2. Where are they going to meet?

 (A) At Mark's house
 (B) At Betty's house
 (C) At the station
 (D) At the movie theater

3. How's the museum different from traditional museums?

 (A) Tickets are needed to get inside.
 (B) It's inside a building.
 (C) People can watch movies there.
 (D) People can play with the art there.

4. What day is it?

 (A) Wednesday
 (B) Thursday
 (C) Friday
 (D) Saturday

【数　学】（50分）〈満点：100点〉

〈注意〉答えが分数の場合は，既約分数(これ以上約分できない分数)で答えなさい。

1　次の各問いに答えなさい.

(1)　$-4^2 \div \frac{2}{7}+(-6)^2 \times \frac{5}{4}$ を計算しなさい.

(2)　$\frac{2x+y}{5}-\frac{x+6y}{3}$ を計算しなさい.

(3)　$12x^3y^2 \times (-3x^2y)^3 \div (6xy)^2$ を計算しなさい.

(4)　$4x^2-1$ を因数分解しなさい.

(5)　$\sqrt{6}\left(\sqrt{\frac{3}{4}}-\frac{5}{\sqrt{12}}\right)+\frac{3}{\sqrt{8}}$ を計算しなさい.

2　次の各問いに答えなさい.

(1)　y は x に反比例し，$x=9$ のとき，$y=-2$ である．このとき，y を x の式で表しなさい.

(2)　等式 $V=\frac{1}{3}abh$ を h について解きなさい.

(3)　$x=\frac{5}{3}$，$y=-1$ のとき，$-5(x-4y)+7(2x-3y)$ の値を求めなさい.

(4)　$-\frac{2}{\sqrt{3}}<n<2\sqrt{6}$ を満たす整数 n の個数を求めなさい.

(5)　2次方程式 $x^2+ax+b=0$ を解くところを，誤って2次方程式 $x^2+bx-a=0$ を解いたため，2つの解が -8 と 1 になった．このとき，もとの2次方程式の解を求めなさい.

3 次の各問いに答えなさい.

(1) 袋の中に，赤玉 2 個，白玉 3 個，黒玉 1 個が入っている．この袋の中から，同時に 2 個の玉を取り出すとき，2 個とも同じ色である確率を求めなさい.

(2) 正十二角形の 1 つの内角の大きさを求めなさい.

(3) 右の図で，$\angle x$ の大きさを求めなさい.

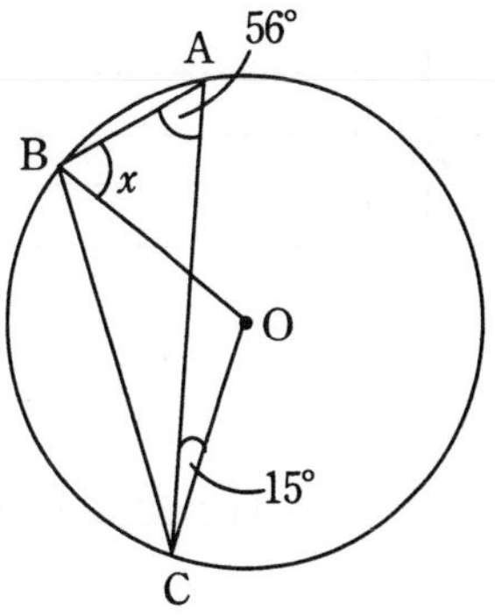

(4) 右下の表は 5 点満点の数学の小テストの結果を度数分布表で表したものである．テストの平均点が 2.72 点のとき，a，b の値を求めなさい.

点数	人数
0	1
1	a
2	5
3	b
4	3
5	3
計	25

4 **バスケットボールの試合でＡチームとＢチームが対戦をし，12 点差でＡチームが勝利した．Ａチームは２点シュートをx本打ち，８割を決めた．また，３点シュートは２点シュートを打った本数の５分の１が決まり，Ａチームの総得点はy点となった．Ｂチームは A チームよりも決めた２点シュートの本数が９本少なく，３点シュートは 10 本決めた．このとき，次の各問いに答えなさい．**

(1)　x，yを用いて，次のような連立方程式を作った．このとき，□ に当てはまる文字や数字，式を答えなさい．

$$\begin{cases} \square = y \\ \square = y-12 \end{cases}$$

(2)　Ａチームが打った２点シュートの本数とＡチームの得点をそれぞれ求めなさい．

5 **右下の図のように，放物線$y=\dfrac{1}{3}x^2$は，２点 A(−3，3)，B(6，12)を通っている．また，点Ｃは直線 AB とy軸との交点，点Ｐは放物線上の点で，点Ａから点Ｂまでを動く．このとき，次の各問いに答えなさい．**

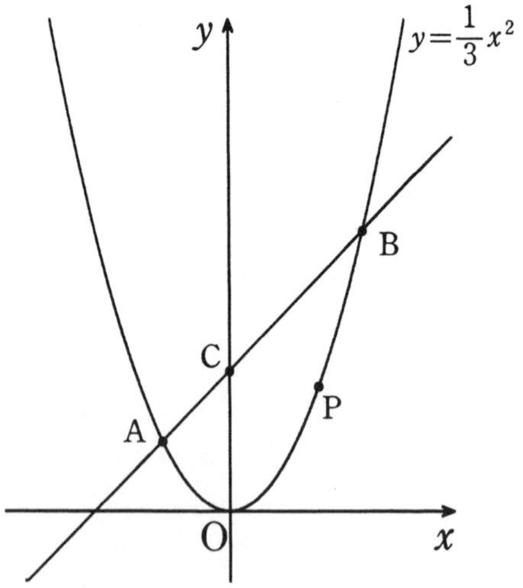

(1)　直線 AB の式を求めなさい．

(2)　△OAB の面積を求めなさい．

(3)　△PAB=△OAB となるときの点Ｐの座標を求めなさい．ただし，点Ｐは原点Ｏとは異なる点とする．

6 **右の図 1 は，1 辺の長さが 4cm の立方体 ABCD-EFGH である．辺 AB，BC の中点をそれぞれ点 I，J とする．このとき，次の各問いに答えなさい．**

(1) 面 ABCD と垂直な辺をすべて答えなさい．

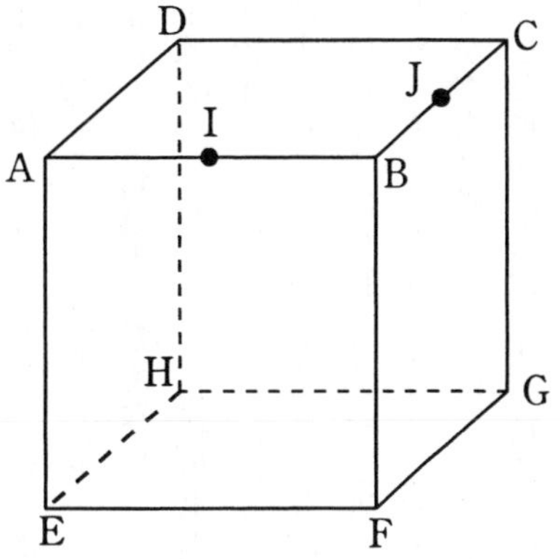

【 図 1 】

(2) 図 2 は図 1 の展開図である．頂点を図 2 のように定めるとき，残りの頂点を図 2 にかき入れなさい．また，四角形 IEGJ のすべての辺を図 2 の展開図にかき入れなさい．ただし，点 I，J については，おおよその位置で構わない．

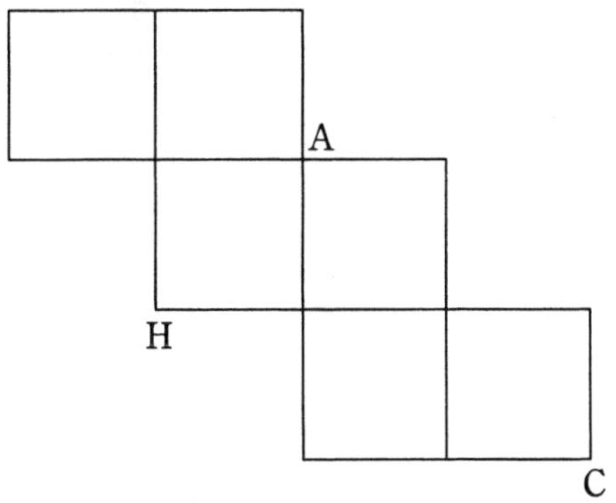

【 図 2 】

(3) I，B，J，E，F，G を頂点とする立体の体積を求めなさい．

四　次の文章を読んで、後の問いに答えなさい。

※1博雅《ひろまさ》の三位《さんみ》の家に盗人入りたりけり。※2三品《さんぼん》、※3板敷《いたじき》のしたに逃げかくれにけり。盗人帰り、さて後、①はひ出でて家中を見るに、のこりたる物なく、みなとりてけり。※4ひちりき一つを※5置物厨子《ずし》にのこしたりけるを、三位とりてふかれたりけるを、出でてさりぬる盗人はるかに②これを聞きて、感情おさへがたくして帰りきたりて、③いふやう、「只今《ただいま》の御ひちりきの音をうけたまはるに、あはれにたふとく候《さぶらひ》ひて、悪心みなあらたまりぬ。とる所の物どもことごとくに返したてまつるべし」といひて、④みな置きて出でにけり。むかしの盗人は、またかく優《いう》なる心もありけり。

（『古今著聞集』）

※1　博雅の三位…平安貴族の源博雅
※2　三品…博雅三位のこと
※3　板敷…板の間
※4　ひちりき…雅楽に使われる管楽器
※5　置物厨子…両開きのとびらがついているたな

問一　――線①「はひ出でて」は誰の動作ですか。最も適当なものを次から選び、記号で答えなさい。
　ア　博雅の三位　　イ　盗人　　ウ　作者　　エ　家臣

問二　――線②「これ」とは何のことですか。本文から、十字で抜き出しなさい。**（句読点は数えない）**

問三　――線③「いふやう」を現代仮名遣いに直しなさい。

問四　――線④「みな置きて出でにけり」とありますが、そのようにした理由として最も適当なものを選びなさい。
　ア　これほどまでに荷物が多くては逃げ切れないと確信したため。
　イ　博雅が一人でひちりきを吹く姿があまりに気の毒だったため。
　ウ　盗人が本当は風流な心の持ち主で笛の音で改心したため。
　エ　ふとした瞬間に自分の罪の重さに耐えきれなくなったため。

問五　作者の感想が書かれた一文を探し、その初めの五文字を抜き出しなさい。**（句読点も数える）**

エ　未来にはばたく若者。

問三　――線③「それは所詮、夢だと思っている。」とありますが、この時の律の気持ちとして、最も適当なものを次から選び、記号で答えなさい。

ア　男には男の居場所があり、女には女の居場所があることを升の言動から知ることで、律は嫉妬とやるせなさを感じている。
イ　今までは升がともに歩んでくれていたが、升が自分には及ばない力を発揮していることに、律は喜びと寂しさを感じている。
ウ　祖母には、升の勉学は応援しても、女には学問は不要との考えが根底にあるので、升の言動に、律は共感と悔しさを感じている。
エ　升の学費は用意されていたので学問に集中できるが、自分の学費は用意が無理と知らされ、律は諦めと憤りを感じている。

問四　――線④「兄さまは何も分かっとらん」とありますが、律は、兄がどのようなことをわかっていないと言いたいのですか。本文の言葉を使って四十五～五十字で答えなさい。**（句読点も数える）**

問五　――線⑤「邪推」という言葉の用法として、最も適当なものを次から選び、記号で答えなさい。

ア　邪推した通り、今日の夕食はハンバーグだった。
イ　弟に邪推され、温かい気持ちになった。
ウ　友人の言葉は、本心ではないと邪推した。
エ　夢から覚めて、自分に邪推の念を抱いた。

問六　空欄 ⑥ に当てはまる語句として、最も適当なものを次から選び、記号で答えなさい。

ア　思いつめた
イ　冷ややかな
ウ　ためらいがない
エ　すがるような

問七　――線⑦「そんなにいじめるんなら、ええわ、どんなお嫁さんが来ても追い出してやる！」とありますが、律がそのように言ったのはなぜですか。その理由として最も適当なものを次から選び、記号で答えなさい。

ア　升の文学の才能を理解できないお嫁さんであれば、そんな人にはお嫁に来てほしくないと思ったから。
イ　升と自分は文学の良き仲間だと思っていたのに、升にお嫁さんが来ることは想定外だったから。
ウ　升がいずれお嫁さんを迎えるということに対して、自分をじゃまな存在であるかのように言ったから。
エ　本当は真之に思いをよせていたため、升に核心を突かれてあせってその場を取りつくろうとしたから。

問八　――線⑧「自分の迂闊さ」とありますが、律はどのようなことを「迂闊」と感じたのですか。本文の言葉を使って三十五～四十字で答えなさい。**（句読点も数える）**

問九　次のうち、本文の内容に合っているものを一つ選び、記号で答えなさい。

ア　律は叔父たちに「升の勉学についていきたいから女学校に行きたい」と言ったが、笑われて終わってしまった。
イ　律は兄の友人である「五友」の人たちの詩文の話をしても、相手にしてもらえないことをひどくねたんでいた。
ウ　兄の友人の真之は律を密かに気に入っており、よく升の部屋を訪ねてきたが、律には全く応じる気配がなかった。
エ　今まで一緒に育ってきた兄が自分の知らない世界を持ち、二人がいつか離れることがわかり、律は寂しさを覚えた。

「兄さま、お勉強？」
「どうした？」
「秋山の、真之さんのことじゃけど」
「恋の悩みか、聞いてやらんでもないぞ」
升は片眼をつむって見せた。
律は、　⑥　視線を送って、兄の前に背筋を伸ばして座った。
「戯れごとではないんよ。へんな誤解をしてほしくないわ」
「誤解じゃと？」
「はい。真之さんがおいでのときに、兄さまの部屋にいたいのは、真之さんのお話がおもしろいから。律にもよう分る楽しいお話をなさるから、それじゃから。五友の方の難しい漢詩の添削のお話など、うちにはちんぷんかんぷんで、聞いていても何のことやら一つもおもしろうないからよ」
「ふーん、そんなことか」
「だから、変な誤解をしてほしゅうないわ」
「残念じゃな。真之と律が将来結婚してくれたらええと、そう思うとったに」
「結婚なんて、律は誰ともしないわ」
「それは困る」
「えっ？」
「お前のような※4鬼千匹がいては、うちの嫁の来手がないから」
「⑦そんなにいじめるんなら、ええわ、どんなお嫁さんが来ても追い出してやる！」
律はそう言うと、両手で顔を覆って部屋から走り出て行った。
走り出たものの、泣き顔で居間に戻るわけにはいかない。狭い家の中である。律は玄関から下駄を履いて表に出た。家の前には、中ノ川が流れている。
その暗い水面を眺めながら、律は⑧自分の迂闊《うかつ》さに※5臍《ほぞ》を噛《か》む思いがしていた。兄が結婚するなど、夢にも考えたことがなかった。しかし、いつかはそんな日が訪れるのだ。兄も自分も、それぞれにふさわしい相手と結婚するのだ。そんな当然のことをすっかり忘れていた。兄と自分は、いつまでも二人だけだと思っていた。が、二人の間に他人が介入してくるのだ。五友どころではない。
それにしても、この胸騒ぎは一体何なのだろう。夜の静かに流れる川面を眺めながら、律は自身の動揺に戸惑い、意味もなく溢れ流れる涙をどうすることもできなかった。

（鳥越　碧『兄いもうと　子規庵日記』）

※1　双眸…両方の瞳。
※2　儒者…儒学を講じる人。
※3　家禄奉還金…明治維新政府が士族に交付したもの。
※4　鬼千匹…鬼が千匹いるほど恐ろしいという意味。ここでは小姑のこと。
※5　臍を噛む…どうにもならなくなったことを悔やむ。

問一　——線①「そんな自分の印象」とありますが、それはどのような印象ですか。最も適当なものを次から選び、記号で答えなさい。
ア　兄弟とは思えないほど升に似ておらず、升よりも大人びているような印象。
イ　華やかさや可憐さはなかったが、相手に安心感を与えるような印象。
ウ　相手に対する洞察力に優れ、話す相手に緊張感を与えるような印象。
エ　利発な兄と比べてみると、あらゆる点で劣っているような印象。

問二　——線②「升はキラキラと尾鰭を光らせて泳いでいる。」とありますが、この表現技法を用いた例文として、最も適当なものを次から選び、記号で答えなさい。
ア　風が僕たちにささやきかける。
イ　岸辺目に見ゆ　泣けとごとくに
ウ　彼女の性格は太陽のようだ。

律にしても、③それは所詮、夢だと思っている。
升はいつか律の手の届かぬ世界へ行ってしまうのだろう。自分などがわかる世界に兄はいてはならないのだ。そのことはよくよく承知している。ならば、ほんの数年女学校に通ったところで、どうなるものでもあるまい。諦めた方がいいのだろう。そう自分で納得しかけて、いや、と律は首を振っていた。じっくりと考えよう。慌てずに、焦らずに。

升が投稿した漢詩が「愛《え》比《ひ》売《め》新報《しんぽう》」に掲載される。
律は嬉しくてたまらない。反面、ますます兄との距離が遠くなっていくという感じがする。
近ごろ律は、兄を訪ねて来る友人たちに、ともすると妬《と》心《しん》のような気持を抱くことがある。自分の知らない升の世界を理解し、その中に共に喜びを見出しているがゆえに。
そうした友人の中にあって、一人、雰囲気の違う少年がいた。秋山真之《さねゆき》と言い、日本人離れした西洋人のような容貌で、その言動も大らかでのびのびした印象を与えた。真之は升よりも一歳下で、律よりは二つ年上であった。
真之が訪ねて来ると、律はお茶を運んだ後も、よく升の部屋に残ることが多かった。五友連中とはことなって小難しい話などせず、豪快な話題が多く楽しかった。堀で水練をしたときのことを、おもしろおかしく聞かせてくれたこともあった。
ある日、真之が帰った後、茶盆を片付けていると升がからかい顔で言った。
「律、お前、真之が好きなんじゃろう。」と。
「えっ？」
「ほれ、顔があこうなっとる」
そう言われると、なおさらに動揺した。が、律はすまして言い返した。
「ええ、好きよ、それがどうかしたん？」まっすぐに升をみつめる目は澄んでいた。
「ほお、言うのお」
「うちは、真之さんも、五友の人たちもみんな好きになりたいんじゃ」
「へえ、どうしてじゃ」
「だって、兄さまの大切なお友だちじゃもの。兄さまが好きな人は、律も好きなんよ」
「嘘言え」
「あら、本当よ」
「お前は、真之が来るといつもべったり傍にくっついとるじゃないか」
「くっついてなどおらんよ」
「そう見えるがな」
「いやしくも律は武家の娘です。そんな誤解を受けるようなことは言わんといて。お祖母さまや、母さまが聞かれたらどうするんじゃ」
「構わんな。人を好きになる気持は尊いもんじゃ。何も恥ずべきことじゃない」
「④兄さまは何も分かっとらん」
律は細い肩を怒らして襖を手荒く閉めた。苛立つ気持を抑えられない。真之のことを異性として好ましく思っているのでは断じてない。兄と真之の世界には、律もまだ入っていけるものがある。それだけの理由なのに。どうして、兄は変な⑤邪推をするのかと腹立たしくてならなかった。
その夜、夕《ゆう》餉《げ》の膳に着いたときも、二人は一言も話さなかった。その険悪な雰囲気に、
「おや、珍しいの。喧《けん》嘩《か》でもしたんかい」と祖母が探りを入れた。
が、升も律も、黙ったまま箸を運んでいた。
夕食後、片付けを済ました律は、やはり兄の誤解を解いておかなければと部屋を訪れた。

ルたちは繁殖することができなくなってしまったということ。

問九　次のうち、本文の内容と合っているものを一つ選び、記号で答えなさい。

ア　ネアンデルタール人はホモ・サピエンスより劣っていたために滅んでしまった。

イ　現代のキリスト教は、進化論と自らの教えを融合したような説を生み出した。

ウ　知識と言語を持ち、生存力の高い人類が必然的に自然界を支配するようになった。

エ　科学技術が進歩した後、ヨーロッパでは宗教の権威は大きく失墜してしまった。

三

次の文章を読んで、後の問いに答えなさい。（問題の作成上、本文を省略し、表記を現代のものに改めています。）

> 正岡子規（本名・升《のぼる》）は明治十三年（一八八〇年）、四国の松山中学に入学した。気の合った仲間たちと「五友」と称する同親会を結成し、互いに雅号をつけて詩文に熱中していた。

律の面差しは、兄妹とは思えぬほど升に似ていなかった。色は浅黒く、細面に利発そうな大きな黒い瞳は、十一歳という年齢よりは大人びて見えた。広い額の下の、その※1双眸《そうぼう》の澄んだ輝きには、華やかさや可憐《かれん》さといったものは見受けられなかったが、それ以上に見る者をとらえて放さぬ光があった。

そこには精神の清らかさとでもいおうか、どんな邪悪な心も見破ってしまいそうな不思議な透明感があり、誰しも、この娘の前では背筋を伸ばさずにはいられぬ気持にさせられるのだ。

しかし、律は①そんな自分の印象など、まるで気付いてはいなかった。むしろ、利発に見えると言われることが何より嫌いだった。他人が言うほどに、自分が賢くないと知っていたから。兄のように勉強ができるわけでもなく、母のように裁縫が得意でもない。自分には何の取得もない。律は自分に自信がなかった。でも、これまではそれで良かったのだ。いつでも兄が手を引いてくれたから。が、中学生になるや、升は急に律の手を離して駆け出して行ったのだ。

男には男の居所があり女には女の居所があるのだと。近頃の升を見ていると、そう思わざるを得ない。毎週、月曜日と金曜日には五友の家を回り持ちで詩会を開き、一年間でこの研究会は百回にも及んでいる。

自分などの到底入って行けない世界で、②升はキラキラと尾鰭《おびれ》を光らせて泳いでいる。もうついていくことはできそうもない。兄は学問をして偉くなり、自分はこうして家事に励んで、陰ながら兄の手助けをする。それが妹としての務めなのかもしれない。掃除、洗濯、炊事、いくらでも升の手伝いはできよう。

祖母の久《ひさ》はもちろんのこと、※2儒者の家に生まれ、漢字まじりの達筆な手紙も書ける八重《やえ》でさえも、升の勉学は奨励するが、女には学問は不要との考えで、律が学問に興味を持つことには良い顔をしない。二人はこの件ではめずらしく気が合うようである。生来勝気な律が学問などやれば、ますます可愛げのない女になろうと危ぶんででもいるのだろうか。

律もそれほどに学問が好きなわけではない。どちらかというと嫌いなのだが、兄との世界がますます遠くなりそうで、ただ、それだけの理由で、女学校には入りたいと思っている。しかし、そのことは誰にも話していない。家の経済状態を考えれば、到底無理だろう。升の中学の費用は、大原家に預けている藩の※3家禄《かろく》奉還金の運用で賄《まかな》われているのだが、律の分までは予定外であろう。

それに、大原の叔父や佐伯の伯父などから、どうして女学校へ行きたいのかと聞かれれば、何と答えて良いか分からない。「ただ、兄上の世界と遠く離れたくないから」などと言おうものなら、一笑に付されるだろう。

ア　また　　イ　つまり　　ウ　しかし
エ　たとえば　　オ　あるいは　　カ　たしかに

問三　――線②「『進化＝進歩』ではない」とありますが、そういえるのはなぜですか。その理由として最も適当なものを次から選び、記号で答えなさい。

ア　「進化」とは突然変異を遂げたものが生き延び、突然変異しなかったものが滅ぶという意味であり、決して生存競争を勝ち抜いた生物が自然界の頂点に立つという意味ではないから。
イ　「進化」とは「進んでいるものほど優れている」という価値判断を伴っており、人間が地球上の全生物の中で優位な存在にあるのは、本質的な能力が秀でていたと考えられるから。
ウ　「進化」とは地球環境の変化に適応できないものは滅び、適応できるものだけが生き延びるということであり、決して劣っているものが正しい方向へ向かうという意味ではないから。
エ　「進化」とはある生物が後天的に様々な能力を発達させていくことではなく、最古の生命から遺伝的に受け継がれていた性質が自然に環境に適応していくことと考えられるから。

問四　――線③「奇蹟の積み重ね」とありますが、「奇蹟」とはどのようなことですか。**あてはまらないものを**次から一つ選び、記号で答えなさい。

ア　単純な仕組みしか持たなかった生物が、多種多様な種へと変化を遂げていったこと。
イ　地球が誕生して以来、何度か全生物が絶滅するような大きな気象の変動があったこと。
ウ　生物の進化の過程で親や先祖とはまったく異なる形質が、子どもに突然現れること。
エ　現在の人間と同じ形質を持った生物が、地球環境に適応して生き延びてきたこと。

問五　――線④「ロンドンでは、真っ黒の蛾のほうが増えていったのです。」とありますが、ロンドンで真っ黒な蛾が増えた理由とはどのようなことですか。本文の言葉を使って四十五～五十字で答えなさい。**（句読点も数える）**

問六　――線⑤「折衷」の意味として最も適当なものを次から選び、記号で答えなさい。

ア　双方の未熟な点を補完すること。
イ　意見を合わせて協力すること。
ウ　互いに対立し、競い合うこと。
エ　二つのものの長所を生かすこと。

問七　――線⑥「『インテリジェント（聡明）』な存在による『デザイン』」とありますが、これはどのようなことですか。最も適当なものを次から選び、記号で答えなさい。

ア　神が最初に生物の進化の仕組みを創造し、生物はそれに従って変異を遂げてきたこと。
イ　神がすべての生物を創造し、その中の優れたものだけが地球上で生き延びてきたこと。
ウ　太古から生物が次々に突然変異を起こした結果、新しい種が生み出されてきたこと。
エ　科学技術の発展と共に、人間が知性によって生物の進化の仕組みを解明してきたこと。

問八　――線⑦「テナガザルやゴリラ、チンパンジーといった他のサルと人間の祖先を分かつものは二足歩行です。」とありますが、人間の祖先が二足歩行をするようになった経緯について、最も適当なものを次から選び、記号で答えなさい。

ア　アフリカ東部から発掘された三六〇万年前の地層に、サルたちが二足歩行を始めた当時の足跡が残っていたということ。
イ　アフリカ東部で森林が枯渇し草原になったことで、サルたちも樹上から地上での生活に切り替えるようになったということ。
ウ　アフリカ東部には大きな地面の溝が帯状に連なる地帯があり、サルたちが進化するのに最適な環境であったということ。
エ　アフリカ東部で草原がなくなり、砂漠化が進んだことで、サ生き物はさまざまな変種に進化してきたが、そのように進化していく「設計図」を最初に創造したのは神である、というものです。つまり、世界創造のときにあらゆる生き物を神が創ったという考えは引っ込めた。その代わりに、進化のデザインは神が※3なしたもうたと考えるわけです。

この考えを強く主張しているのは、アメリカのキリスト教※4原理主義者たちです。彼らの理論は「インテリジェント・デザイン」といいます。人間を含む生き物の進化には、何らかの⑥「インテリジェント（聡明）」な存在による「デザイン」が働いているはずだと主張するものです。

キリスト教側の反発はあるものの、歴史的に見れば、ダーウィン進化論はそれまで支配的だったキリスト教的な自然観や生命観を根本から覆す衝撃の理論だったことは間違いありません。

この進化論の発展によって「私たちがどこから来たのか」という問いに対して、科学的に考える道が開けてきたのです。

では、そもそも私たちの祖先は、いつごろどこで生まれたのでしょうか。人類はサルの仲間から進化してきたと言われますが、⑦テナガザルやゴリラ、チンパンジーといった他のサルと人間の祖先を分かつものは二足歩行です。

では、二足歩行を始めたのはいつごろなのか。確実なところでは三六〇万年前には既に人類の祖先が二足歩行をしていたことが知られています。アフリカのタンザニアにある三六〇万年前の地層に、二足歩行の足跡がしっかり残っていることが発見されたのです。

少なくとも三六〇万年前には、私たちの祖先が地球上にいたということになります。でも、まだこの段階のご先祖さまは、直系のご先祖ではありません。猿人（アウストラロピテクス）と呼ばれている別の種の人類です。猿人の他にも原人、ネアンデルタール人という人類も生まれましたが、これらの人類はみな滅びてしまいました。

そうした中で、約二〇万年前に、私たち直系の祖先であるホモ・サピエンスが生まれたことがわかっています。

ネアンデルタール人は三〇万年前に誕生し、ホモ・サピエンスは二〇万年前にアフリカ東部のタンザニア、ケニア、エチオピアあたりで誕生したことがわかっています。

どうしてこの地で生まれたのかという原因については、確定的な説はありません。

ただ、次のような説を唱える研究者がいます。

アフリカ東部には南北に貫く「大地溝帯」というものがあります。大きな地面の溝が帯状に連なっている地帯ということですね。この大地溝帯からマグマが噴き出し山脈をつくったことで、大西洋から吹く湿った※5偏西風が大地溝帯の山脈にぶつかって西側に雨を降らせ、東側では乾燥化が進んだ。乾燥して森はなくなり、現在のような草原地帯になっていったわけです。

すると、それまで森の木の上で暮らしていたサルたちが、もう森にはいられなくなってしまったために、草原に下りてきて、やがて二足歩行するようになった。

これはアフリカの東側で人類が生まれたことにちなんで「イーストサイドストーリー」と呼ばれています。

（池上　彰『おとなの教養　私たちはどこから来て、どこへ行くのか？』）

※1　ダーウィン…十九世紀のイギリスの生物学者
※2　『種の起源』…ダーウィンの著作
※3　なしたもうた…なし遂げられた
※4　原理主義…その宗教の教えを文字通り真実だと信じ、そのように生活する態度
※5　偏西風…西から東に向かって流れる気流

問一　――線①「地球最古の生命は海で誕生しました。」とありますが、その後様々な動物が地球上の陸地で生存できるようになったのはなぜですか。その理由を本文の言葉を使って、四十五～五十字で答えなさい。**（句読点も数える）**

問二　空欄 A ～ D に入る語として正しいものを次から選び、記号で答えなさい。

時代もありました。時代によって気象は大きく変わっています。

そのときたまたま突然変異を遂げた生き物が、大きく変わった環境の中で生き延びることができた。逆に、環境の変化に対応することができなかったものは、そのまま消えていきました。

変化する環境の中で生き残ることができた、そういう生き物が私たちのご先祖さまだったということです。

私たちの祖先とは異なるような突然変異をした生き物が、地球上の環境に適応していれば、私たちとはまったく違う系統の生き物が、今、地球上にいたのかもしれません。そう考えると、私たちが今のような姿で存在していることがとても不思議なことに思えてきます。私たちは、奇蹟《きせき》の存在だということもできるのです。

私たちは、どこから来たのか？

③奇蹟の積み重ねによって、私たちが存在しているのです。

ダーウィンの進化論を裏づける興味深い事例と実験があります。イギリスには、オオシモフリエダシャクという蛾《が》がいます。この蛾は、黒と白の霜降り模様の羽を持つタイプと、真っ黒い突然変異体の二つのタイプがあります。

この二つのタイプの蛾のうち、ロンドンでは真っ黒なタイプの蛾が大変増えていきました。これはなぜでしょうか。

普通の樫《かし》の木に止まると、霜降りタイプは目立たなくなります。一方、大気汚染が進み黒く汚れた木の幹では、真っ黒のタイプが目立ちません。かつてのロンドンは大気汚染が進んで木が黒くなってしまっていました。「霧のロンドン」というとロマンチックに聞こえますが、これは実は大気汚染で視界が悪かったということです。

木が黒くなれば、黒い蛾のほうが目立たないぶん、野鳥などに食べられなくてすみます。

つまり黒が保護色になるわけですね。そのために④ロンドンでは、真っ黒の蛾のほうが増えていったのです。

これは実際の実験によっても確かめられました。研究者は、二種類の蛾を、煤《すす》のために木が黒くなっている森と、空気がきれいな郊外の森に放ちました。

結果は劇的なものでした。木が黒くなっている場所では霜降りタイプは野鳥に見つかりやすく、野鳥に食べられてしまいました。逆に空気がきれいな森の中では、真っ黒のタイプの蛾が食べられてしまったのです。

ロンドンでは、大気汚染で環境が変わってしまったため、霜降りタイプの蛾は環境に適応できずに数を減らし、たまたま突然変異をした真っ黒のタイプの蛾がその環境を生き延びることができました。逆に言えば、大気汚染が解消されて空気がきれいになると、その黒い蛾は生き延びることができなくなる。これが進化というものです。

私たちは、進化とは正しく優れた方向に向かっていると思ってしまいがちですが、自然界は決してそういうものではないことが、この例からもおわかりいただけると思います。

ダーウィンの進化論は、同時代のキリスト教にとっては決して認めることができない理論でした。実際、当時のイギリスでは大論争が巻き起こっています。

ダーウィンが生きた一九世紀の時点では、イギリスではまだキリスト教会が大きな力を持っていました。キリスト教では、神がすべての生き物を創造したと考えます。進化論が説くような、はるか昔から生き物が次々に突然変異を起こして新しい種を生み出していったという考えは、絶対に受け入れることができない理論でした。それを認めることは、神の存在を否定することに等しいからです。

では現在、キリスト教はダーウィン進化論をどのように考えているのでしょうか。

実は一九九六年に、当時のローマ法王ヨハネ・パウロ二世は「進化は仮説以上のものである」と、事実上、進化論を認める書簡を発表しました。

［D］、キリスト教ながら、生き物が変異する事実を受け入れる人たちも登場しました。この人たちは、神の存在と進化論を⑤折《せっ》衷《ちゅう》するようなアイデアをつくりました。どういうものかというと、

二〇二一年度　目白研心高等学校

【国　語】（五〇分）〈満点：一〇〇点〉

一　次の――線①～⑤の漢字には読みをひらがなで記し、――線⑥～⑩のカタカナは漢字に直しなさい。

① 制服を貸与する。
② 思いが募る。
③ 時を隔てて再会する。
④ 恩恵を施す。
⑤ 殊の外、うまくいった。
⑥ コウミョウな手口。
⑦ 代金をセイキュウする。
⑧ エイリな刃物。
⑨ モウレツな勢い。
⑩ 客をユウドウする。

二　次の文章を読んで、後の問題に答えなさい。（問題の作成上、本文に省略した部分があります）

広大な宇宙の中で約四六億年前に地球が誕生し、その地球に生命が誕生したのは約四〇億年前と言われています。①地球最古の生命は海で誕生しました。

私たちの体の中には、太古の生命の痕跡《こんせき》があります。人間の体内の約六〇％は水分でできています。この水分の塩分濃度が太古の海水の塩分濃度と同じだということがわかっているのです。

［A］、海に生活していた生き物の塩分濃度が、私たちの細胞の中にも残っているということになります。海に生きていた私たちの祖先の水分の塩分濃度が、現在の私たちにまで受け継がれていると考えると、生命の不思議というものを考えざるをえません。

海で生まれた生命はやがて陸上に進出していきます。陸地ではさまざまな植物や動物が生まれてきます。もともと地球に酸素はなかったのですが、植物が生まれて光合成によって酸素をつくることで、人間も含《ふく》めた動物が暮らせるような環境ができていきました。

なぜ、単純なしくみしか持っていなかった生命が、多種多様な種へと変化を遂げていったのでしょうか。

私たちは、太古の生物から人間までの移り変わりを「進化」という言葉で表現します。では、進化とは何でしょうか。間違ってはいけないのは、②「進化＝進歩」ではないということです。進化というと何か、進んでいるというイメージがあります。そこには「進んでいるものほど優れている」という価値判断も伴っています。

［B］私たち人類は、さまざまな動物が進化した結果、誕生したということになっています。いわば人類は進化の頂点に位置する。そこで他の動物は、人間より劣ったものだという価値判断が入り込んでしまうわけです。

でも、それは人間中心的な考え方ではないでしょうか。進化とは決して劣ったものから優れたものへと進歩することではないのです。

ここで※1ダーウィンに登場してもらいましょう。彼が※2『種の起源』（一八五九年）で明らかにしたことは、こういうことです。

さまざまな生き物は突然変異を繰り返している。突然変異を繰り返しているもののうち、その時々の環境に一番適応できる生き物だけが生き残ってきた。

突然変異とは、親や先祖とは異なる形質が、子どもに突然現れることをいいます。この突然変異がなければ、生命は変化していかないはずです。突然変異があり、さまざまな生物が登場する。その中で天敵から逃れ、環境に適応できた種だけが生き延びていくことになります。

［C］、この地球が誕生して以来、地球の表面すべてが氷河で覆われたような状態のときもあれば、逆に煮えたぎるような状態の

2021年度／目白研心高等学校

英語解答

1 Part A　1…(A)　2…(C)　3…(D)　4…(B)

Part B　1…(A)　2…(C)　3…(D)　4…(B)

2 1　smiling〔smiley，smily〕

2　taking　　3　rises

4　saw

3 1　have been〔gone〕

2　It，for　　3　how to

4　about playing

4 1　エ　　2　ア　　3　イ　　4　ア

5　エ　　6　イ　　7　イ　　8　ウ

5 1　①…オ　②…ウ

2　③…ウ　④…キ

3　⑤…オ　⑥…エ

4　⑦…ア　⑧…カ

5　⑨…キ　⑩…カ

6 1　エ　　2　ア，イ，オ，カ

3　ア　　4　ウ　　5　イ　　6　エ

7　(1)…F　(2)…T　(3)…T　(4)…F

(5)…F　(6)…T

7 1　eighty miles　　2　走ること

3　エ

4　(ア)　他の人と同じ人間である

(イ)　人々に知ってほしかった

5　ア

6　(1)…F　(2)…T　(3)…F　(4)…T

(5)…F　(6)…F

7　イ

1〔放送問題〕解説省略

2〔語形変化〕

1．baby を「～している」という意味で修飾する形容詞的用法の現在分詞(～ing)が適する。「あそこでほほ笑んでいる赤ちゃんを見てください」

2．in などの前置詞の後に動詞を置く場合は，動名詞(～ing)にする。　「兄〔弟〕は写真を撮ることに興味がある」

3．‘不変の真理’は現在形で表す。The sun は3人称単数なので，rises となる。　「太陽は東から昇る」

4．last Thursday とあるので，過去形が適する。　see－saw－seen　「私は先週の木曜日に図書館であなたを見かけた」

3〔書き換え―適語補充〕

1．「私は2008年，2009年と2017年に新潟に行った」→「私は新潟に3回行ったことがある」　原則として，「～に行ったことがある」という‘経験’は現在完了の have been to ～ で表す。

2．「日本語だけでなく，英語も話すことが私たちにとって重要だ」→「私たちにとって，日本語だけでなく英語も話すことが重要だ」　‘To ― is ～ for …’「―することは…にとって～だ」の文を，‘It is ～ for … to ―’「…にとって―することは～だ」の形式主語構文に書き換える。

3．「どうすれば駅に行くことができますか？」→「駅への行き方を教えていただけますか？」「～のし方」は how to ～ で表せる。

4．「テニスをするのはどうですか」　「～しよう」という‘提案・勧誘’は Let's ～ や How about ～ing？で表せる。

4〔適語(句)選択〕

1．A：私には息子が1人と娘が3人います。／B：ああ，あなたには4人のお子さんがいらっしゃるのですね。／／Aには4人の子どもがいる。child「子ども」の複数形は children。

2．後ろに名詞が置ける疑問詞は，選択肢の中では Which「どの～」だけである。　「あなたはどの季節が好きですか？」

3．「私は病気だった」と「私は外出できなかった」をつなぐ語として，‘理由’を表す because が適切。　「私は病気だったので外出できなかった」

4．「～月～日に」の「に」は前置詞 on で表す。　「私の誕生日は6月28日だ」

5．be covered with ～「～で覆われている」　「私が目覚めたとき，庭は雪で覆われていた」

6．後ろに in the city があるので，strong の最上級 strongest が適切。最上級の前には普通，the を置く。　「私のチームは市内で最強だ」

7．A：もしもし。エマです。クミさんはいらっしゃいますか？／B：あいにく，彼女は家におりません。／／電話での対話。自分が話したい相手を電話口に出してもらいたいときは，May〔Can〕I speak to ～？という。

8．姉〔妹〕と兄〔弟〕の「両方」を表す Both が適切。　「ユキコには姉〔妹〕と兄〔弟〕がいる。彼らは2人とも音楽を聴くのが大好きだ」

5〔整序結合〕

1．「左側の」が「ドア」を修飾しており，これが主語になる。これは，doors「ドア」の後ろに on the left side「左側の」を置き，The doors on the left side と表す。「開きます」は will open。The doors on the left side will open.

2．I think「私は～と思う」で始め，その後に‘～’に当たる‘主語＋動詞…’を続ける。「青森で育てられたリンゴ」は，「リンゴ」を「青森で育てられた」が修飾している。このように，「～される〔された〕」という受け身の意味の語句が名詞を修飾する形は，‘名詞＋過去分詞…’で表せる(過去分詞の形容詞的用法)ので，apples produced in Aomori となる。「おいしい」は delicious。I think apples produced in Aomori are delicious.

3．「～に…がある」は‘There＋be動詞＋…＋場所を表す語句’で表せる。「いくつかの～」は a few ～。　There were a few parks in this town 10 years ago.

4．「多くのタイの人々」は many people in Thailand。「*A*を*B*と呼ぶ」は‘call＋*A*＋*B*’で表せる。Many people in Thailand don't call their capital city Bangkok.

5．「～がたくさんある」を「私たちは～を多く持っている」と読み換え，we have many ～ と表す。「解決しなければならない問題」は，「問題」を「解決しなければならない」が修飾しているので，problems の後に「～するべき」を表す形容詞的用法の to不定詞として to solve を置く。Today, we have many problems to solve in the world.

6〔長文読解総合―対話文〕

≪全訳≫❶シオリ(S)：何してるの，マイク？❷マイク(M)：英語の授業で使うカードをつくってるんだ。「タブー」と呼ばれるゲームに使うものさ。今までにやってみたことはない？❸S：ええ，ないわ。❹M：オーケー，そのやり方を教えるね。この箱からカードを1枚取るんだ。❺S：わかったわ。あっ，「お金」っていうカードよ！❻M：いや，いや，僕に教えないで。❼S：あっ，ごめんなさい！それで，どうやって遊ぶの？❽M：そうだね，例としてこのカードを使おうか。上に「お金」という見出し語が書いてあって，その下に絵が示されてるよね。カードの下には他に3つの単語がある。下のこの３つの単語を使わずに，上の単語を説明しなきゃいけないんだ。絵の下の３つの単語を使うのは「タブー」ということさ。僕はこのゲームを，月に一度の「ゲームの日」に英語のクラスの子どもたちと一緒にやるんだ。これは，彼らの話す能力を高めるいい方法なんだよ。そして何より，すごく楽しい！ 9 S：うーん…じゃあ，「ドル」，「買う」，「与える」は言えないのね。こんなふうに言えばいいのかな？「買い物に行ったら，これを使って物を手に入れる。ユーロや円など，世界中に多くの種類がある」って。どう？ 10 M：うわー！　うまい！　ものを覚えるのがすごく早いんだね。 11 S：ありがとう，マイク！これでやり方がわかったわ。 12 M：じゃあ，やってみよう。最初は僕からだ。いいかい，これはスポーツの一種だ。各チームには11人の選手がいて，彼らは黒と白の１つのボールを使用する。 13 S：「クリケット」かしら？ 14 M：いや，違う。足を使い，頭を使うこともある。手は使えない。 15 S：ああ，「サッカー」ね！ 16 M：そう，そのとおり！　うまいね，シオリ。ほら，３つのタブーの単語は「パス」，「キック」，「ゴール」だ。僕はこの３つを使うことができなかったんだ。じゃあ，次は君の番だ。カードを取って。 17 S：えっと…これは小さな紙です。あなたはそれを買って，送るときにカードや箱の上に貼ります。 18 M：ええと，考えさせて…それって「切手」かな？ 19 S：そう！　正解。あなたはとても上手ね！　３つのタブーの単語が何だかわかる？ 20 M：当ててみよう！　これらのカードをつくったのは僕だからね。確か，「手紙」，「シール」…それに… 21 S：ええ，当たってるわ。最後のを覚えてる？ 22 M：ええと…「メール」だったかな？ 23 S：いいえ，違うわ。ああ，待って，今，何時？ 24 M：２時43分。どこかに行かなくちゃいけないのかい？ 25 S：ああ，大変。そうなのよ！　あと15分くらいで大学の授業が始まるの。このゲーム，本当におもしろかったわ，マイク！　遊び方を教えてくれてありがとう。きっとあなたの生徒は気に入っているわね！　あなたって本当にすばらしい先生よ。 26 M：ありがとう。そう言ってくれてうれしいよ。君がこんなにうまくやれるとは期待してなかった。ところでカードの３番目の単語は何だったっけ？ 27 S：私，走らないと！　場所の名前で，Ｐで始まる単語よ！　じゃあ，またね！ 28 M：シオリ！　カードを返してよ！　待って！

１＜適文選択＞この後のやり取りから，シオリはこのゲームをした経験がないとわかる。また，Haven't you played ～ のような否定疑問に答えるときは，日本語のように相手の質問に対して「はい」「いいえ」と答えるのではなく，自分自身の答えが肯定(Yes)なのか否定(No)なのかで判断する。ここは，マイクからやってみたことがないのかときかれたシオリが「ない」と同意する場面なので，'No＋否定文' で答える。

２＜要旨把握＞第８段落第２文から，見出し語が money であることがわかる。また，第９段落第１文から，下に書いてある３つの単語が，dollar，buy，give であることがわかる。

３＜要旨把握＞下線部③は「上に『お金』という見出し語が書いてあって，その下に絵が示されてるよね。カードの下には他に３つの単語がある」という内容なので，アが適切。

４＜要旨把握＞遊び方は，第４～８段落で述べられている。第５，６段落で，カードに money と書いてあるとシオリが言ったところ，マイクは，そのことは言ってはいけないと教えている。

５＜適語補充＞第12，14段落参照。各チーム11人の選手がいて，黒と白のボールを使用し，足と頭は使えるが手は使えない，というスポーツは「サッカー」である。

６＜要旨把握＞第18，19段落から，カードの見出し語は「切手」であることがわかる。また，タブーの語は切手に関係のあるもので，第27段落からはｐで始まる場所の名前であることもわかる。したがって，post office「郵便局」が適切。

７＜内容真偽＞(1)「シオリもマイクも『タブー』というゲームを知っていた」…×　第２，３段落参照。シオリは知らなかった。　(2)「マイクは毎月生徒と一緒にそのゲームをすることを楽しんでいる」…○　第８段落最後から３文目に一致する。　(3)「『タブー』というゲームは，子どもたちが英語を話す練習をするのに役立つ」…○　第８段落最後から２文目に一致する。　(4)「マイクは，彼のカードの見出し語を説明するとき，『両手』という単語を使えなかった」…×　第16段落参照。マイクが使えなかった単語は「パス」，「キック」，「ゴール」である。　(5)「シオリの大学の授業は２時30分に始まる」…×　第24，25段落参照。今，２時43分で，大学の授業は後15分くらいで始まるのだから，３時頃から始まることになる。　(6)「マイクはシオリがゲームを上手にやることに驚いた」…○　第26段落第３文に一致する。

7〔長文読解総合―ノンフィクション〕

≪全訳≫❶幼い頃，パティ・ウィルソンは医者から，あなたはてんかんを患っていると言われた。彼女の父，ジム・ウィルソンは毎朝走っていた。ある日彼女は，「パパ，毎日一緒に走りたいけど，発作を起こすのが心配なの」と笑顔で言った。❷父親は彼女に，「もしそうなったら，私は対処する方法を知っているから，一緒に走ろう！」と言った。彼らは毎日一緒に走り始めた。それは彼らが共有するすばらしい経験であり，彼女は走っている間，全く問題がなかった。数週間後，彼女は父親に「パパ，私は女性の長距離走の世界記録を破りたいわ」と言った。❸彼女の父親がギネスブックの世界記録を調べたところ，女性が走った最も長い距離の記録は80マイルであることがわかった。「９年生になったら，私はオレンジ郡からサンフランシスコまで走る」とパティは宣言した。「10年生になったら，オレゴン州のポートランドまで走るわ。11年生のときは，セントルイスまで走る。12年生のときは，ホワイトハウスまで走るの」と彼女は続けた。彼女は，てんかんを患っているという困難は，自分にしてみればただの「不便」にすぎないと言った。彼女が焦点を合わせたのは，自分にできないことではなく，自分にできることだったのだ。❹その年，彼女はサンフランシスコまで走った。父親は彼女にずっとつき添って走り，看護師である彼女の母親は，万一に備えて後ろから車で続いた。❺パティが10年生のとき，クラスメートが彼女と一緒に走った。彼らは巨大なポスターをつくり，そこには「走れ，パティ，走れ！」と書いてあった。２回目のマラソンで，ポートランドに向かう途中，彼女は足を骨折した。医者は彼女に走るのをやめなければならないと言い，彼女が痛みを感じないように彼女の足首にギプスをつけなければならなかった。❻「先生，あなたはわかっていないのです」と彼女は言った。「私がこれをやっているのは，単に自分自身のためではなく，脳の鎖を断ち切るためなのです。私が走り続ける方法は何かないのでしょうか？」　医者の説明によると，足首にギプスをつける代わりに粘着性のテープでくるむこともできるが，それは苦痛を与える，ということだった。結局，彼女は医者に足首をくるむように頼み，ポートランドへの走りを終えた。彼女はゴールインするまでの最後の１マイルを，オレゴン州知事と一緒に走った。❼２年後，西海岸から東海岸まで４か月間走った後，パティはワシントンD.C.に到着し，ホワイトハウスでアメリカ合衆国大統領に歓迎された。彼女は彼に「私は，てんかん患者が他の人と同じ人間であるということを，人々に知ってほしかったのです」と語った。❽私がセミナーの１つでこの話をしたところ，終了後にある男性が涙を流しながら私のところにやってきて，「マークさん，私の名前はジム・ウィルソンといいます。あなたは私の娘のパティについて話してくださった」と言った。彼は，彼女の努力のおかげで，全国に100万ドル規模のてんかんセンターを19か所開くのに十分なお金が集まった，と私に語った。パティにそれだけのことができるとして，あなたには何ができるだろうか？

1＜要旨把握＞第３段落第１文参照。「彼女の父親がギネスブックの世界記録を調べたところ，女性が走った最も長い距離の記録は80マイルであることがわかった」とある。

2＜指示語＞下線部②を含む文の意味は「私がこれをやっているのは，単に自分自身のためではなく，脳の鎖を断ち切るためなのです」である。not just ～ は「単に～ではない」，for ～self は「～自身のために」という意味。また，「脳の鎖を断ち切る」とは，てんかんを克服することを比喩的に表現したもの。これは，パティがポートランドまで走っている間に言った言葉なので(第5段落参照)，「これをやっている」の「これ」とは「走ること」を意味するとわかる。

3＜語句解釈＞直前に「ポートランドへの走りを終えた」とあるのだから，下線部③を含む文は，「彼女は最後の1マイルをオレゴン州知事と一緒に終えた」という内容だとわかる。ここでは，finished「終えた」が completed に近い意味で用いられている。

4＜英文和訳＞wanted people to know that ～ は‘want ～ to …’「～に…してほしい」の形。したがって，(イ)は「人々に知ってほしかった」とする。また，the same ～ は「同じ～」，human beings は「人間」，just like ～ は「(全く)～のような」，anyone else は「他の誰とも〔他の人と〕」という意味なので，(ア)は「他の人と同じ人間である」とする。

5＜適語選択＞because of ～ は「～のおかげで」という意味。全国にてんかんセンターを開くのに必要な資金が集められたのは，パティがてんかんを患いながらも長距離を走れることを全国の人々に示す effort「努力」をしたおかげである。

6＜内容真偽＞⑴「パティは発作の対処法を知っていたので，走ることを恐れなかった」…×　第1段落最終文および第2段落第1文参照。　⑵「パティは，ポートランドに向かう途中で足を骨折した」…○　第5段落第3文に一致する。　⑶「パティの医者はパティに諦めてほしくなかったので，彼女の足首にギプスをつけた」…×　第5段落最終文参照。　⑷「パティは12年生のとき，ホワイトハウスまで走った」…○　第5段落第1文および第7段落第1文参照。パティは10年生のときから2年後にホワイトハウスまで走ったのだから，そのときは12年生だったことになる。
⑸「パティはアメリカ合衆国大統領と一緒に走った」…×　第7段落第1文参照。　⑹「パティの父親は，この話の筆者に，セミナーでパティについて話すように頼んだ」…×　第8段落参照。パティの父親は，この話の筆者がセミナーでパティについて話してくれたことに感謝したのであって，パティについて話すように頼んだわけではない。

7＜表題選択＞てんかんを患っているにもかかわらず，果敢にも長距離を走り，てんかん患者も同じ人間であることを示した女性ランナーの話なので，タイトルとしては，イの「勇敢なランナー」が適切である。

数学解答

1 (1) -11 (2) $\dfrac{x-27y}{15}$
(3) $-9x^7y^3$ (4) $(2x+1)(2x-1)$
(5) $-\dfrac{\sqrt{2}}{4}$

2 (1) $y=-\dfrac{18}{x}$ (2) $h=\dfrac{3V}{ab}$
(3) 16 (4) 6個
(5) $x=-1,\ -7$

3 (1) $\dfrac{4}{15}$ (2) 150° (3) 71°
(4) $a=4,\ b=9$

4 (1) (順に) $\dfrac{11}{5}x,\ \dfrac{8}{5}x+12$
(2) 2点シュートの本数…40本
Aチームの得点…88点

5 (1) $y=x+6$ (2) 27 (3) (3, 3)

6 (1) 辺AE, 辺BF, 辺CG, 辺DH
(2)
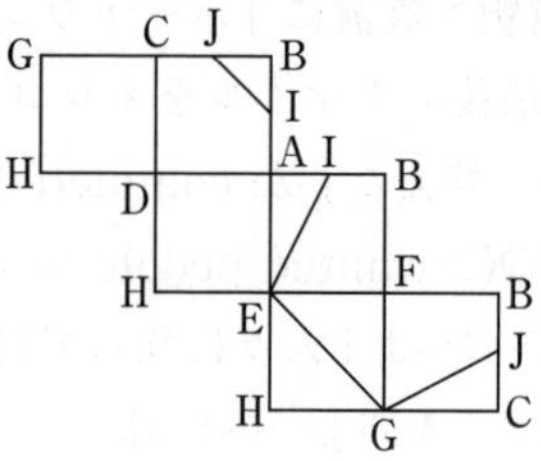

(3) $\dfrac{56}{3}\text{cm}^3$

1 〔独立小問集合題〕

(1)<数の計算>与式 $=-16\times\dfrac{7}{2}+36\times\dfrac{5}{4}=-8\times7+9\times5=-56+45=-11$

(2)<式の計算>与式 $=\dfrac{3(2x+y)-5(x+6y)}{15}=\dfrac{6x+3y-5x-30y}{15}=\dfrac{x-27y}{15}$

(3)<式の計算>与式 $=12x^3y^2\times(-27x^6y^3)\div36x^2y^2=-\dfrac{12x^3y^2\times27x^6y^3}{36x^2y^2}=-9x^7y^3$

(4)<因数分解>与式 $=(2x)^2-1^2=(2x+1)(2x-1)$

(5)<平方根の計算>与式 $=\sqrt{6}\times\sqrt{\dfrac{3}{2^2}}-\sqrt{6}\times\dfrac{5}{\sqrt{2^2\times3}}+\dfrac{3}{\sqrt{2^2\times2}}=\dfrac{\sqrt{6}\times\sqrt{3}}{2}-\dfrac{\sqrt{6}\times5}{2\sqrt{3}}+\dfrac{3}{2\sqrt{2}}$
$=\dfrac{\sqrt{3^2\times2}}{2}-\dfrac{5\sqrt{2}}{2}+\dfrac{3\times\sqrt{2}}{2\sqrt{2}\times\sqrt{2}}=\dfrac{3\sqrt{2}}{2}-\dfrac{5\sqrt{2}}{2}+\dfrac{3\sqrt{2}}{2\times2}=-\dfrac{2\sqrt{2}}{2}+\dfrac{3\sqrt{2}}{4}=-\dfrac{4\sqrt{2}}{4}+\dfrac{3\sqrt{2}}{4}=-\dfrac{\sqrt{2}}{4}$

2 〔独立小問集合題〕

(1)<関数—反比例の式>反比例の式を $y=\dfrac{a}{x}$ とおくと，$x=9$ のとき，$y=-2$ だから，$-2=\dfrac{a}{9}$ より，$a=-18$ となる。よって，求める式は $y=-\dfrac{18}{x}$ である。

(2)<等式変形>両辺を3倍して，$3V=abh$，左辺と右辺を入れかえて，$abh=3V$，両辺を ab でわって，$h=\dfrac{3V}{ab}$ となる。

(3)<式の値>与式 $=-5x+20y+14x-21y=9x-y$ これに $x=\dfrac{5}{3}$，$y=-1$ を代入して，与式 $=9\times\dfrac{5}{3}-(-1)=15+1=16$ となる。

(4)<数の性質> $\dfrac{2}{\sqrt{3}}=\sqrt{\dfrac{2^2}{3}}=\sqrt{\dfrac{4}{3}}$ で，$1^2<\dfrac{4}{3}<2^2$ より，$1<\dfrac{2}{\sqrt{3}}<2$ だから，$-2<-\dfrac{2}{\sqrt{3}}<-1$ である。また，$2\sqrt{6}=\sqrt{2^2\times6}=\sqrt{24}$ で，$4^2<24<5^2$ より，$4<2\sqrt{6}<5$ である。よって，$-\dfrac{2}{\sqrt{3}}<n<2\sqrt{6}$ を満たす整数は，-2 より大きく，5より小さい整数だから，-1，0，1，2，3，4の6個ある。

(5)<二次方程式の応用>まず，二次方程式 $x^2+bx-a=0$ に，解の $x=-8$，1をそれぞれ代入して，$(-8)^2+b\times(-8)-a=0$ より，$64-8b-a=0$，$a+8b=64$……①，$1^2+b\times1-a=0$ より，$-a+b=$

-1……②となる。①，②を連立方程式として解くと，①＋②より，$8b+b=64+(-1)$，$9b=63$　$\therefore b=7$　これを②に代入して，$-a+7=-1$　$\therefore a=8$　よって，もとの二次方程式は $x^2+8x+7=0$ となるから，これを解くと，$(x+1)(x+7)=0$ より，$x=-1$，-7 である。

3〔独立小問集合題〕

(1)＜**確率—色玉**＞赤玉２個，白玉３個，黒玉１個の合計６個の玉が入った袋の中から，順番に１個ずつ２回玉を取り出すとき，取り出し方は全部で，$6\times5=30$(通り)ある。これに対し，同時に２個の玉を取り出すときは，順番は関係ないので，１番目に取り出した玉と２番目に取り出した玉が逆になっても１通りとなる。つまり，同時に２個の玉を取り出すときの取り出し方は，順番に２個の玉を取り出すときの取り出し方の$\frac{1}{2}$になるから，同時に取り出すときの取り出し方は，$30\times\frac{1}{2}=15$(通り)となる。このうち，取り出した玉が２個とも赤玉になる場合は，２個のうちから２個取り出すから１通りである。また，２個とも白玉になる場合は，３個のうちから２個取り出すので，３個の白玉を W1，W2，W3 と区別すると，(W1，W2)，(W1，W3)，(W2，W3)の３通りあり，黒玉は１個なので，２個とも黒玉になる場合はない。よって，２個とも同じ色の玉を取り出すときの取り出し方は，$1+3=4$(通り)あるから，求める確率は$\frac{4}{15}$である。

(2)＜**図形—角度**＞多角形の外角の和は360°だから，正十二角形の１つの外角の大きさは，$360°\div12=30°$ である。よって，正十二角形の１つの内角の大きさは，$180°-30°=150°$ となる。

(3)＜**図形—角度**＞右図のように，２点O，Aを結ぶと，△OAC は OA＝OC の二等辺三角形だから，$\angle OAC=\angle OCA=15°$ となる。また，△OAB は OA＝OB の二等辺三角形なので，$\angle OBA=\angle OAB=\angle OAC+\angle CAB=15°+56°=71°$ となる。よって，$\angle x=71°$ である。

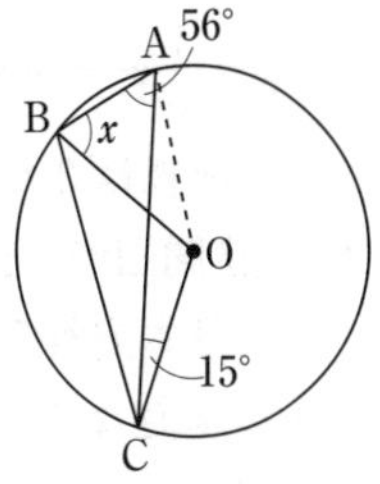

(4)＜**連立方程式の応用**＞度数分布表より，人数の合計について，$1+a+5+b+3+3=25$ より，$a+b=13$……①が成り立つ。また，平均点について，$(0\times1+1\times a+2\times5+3\times b+4\times3+5\times3)\div25=2.72$ より，$a+3b=31$……②が成り立つ。①，②を連立方程式として解くと，②－①より，$3b-b=31-13$，$2b=18$　$\therefore b=9$　これを①に代入して，$a+9=13$　$\therefore a=4$

4〔方程式—連立方程式の応用〕

(1)＜**文字式の利用**＞Aチームは，２点シュートが x 本の８割である，$\frac{8}{10}x=\frac{4}{5}x$(本)決まり，３点シュートが x 本の$\frac{1}{5}$である$\frac{1}{5}x$ 本決まったから，総得点は，$2\times\frac{4}{5}x+3\times\frac{1}{5}x=\frac{11}{5}x$(点)と表され，$\frac{11}{5}x=y$……①が成り立つ。一方，Bチームは，２点シュートが$\frac{4}{5}x$ 本より９本少ない $\frac{4}{5}x-9$ 本決まり，３点シュートが10本決まったから，総得点は，$2\times\left(\frac{4}{5}x-9\right)+3\times10=\frac{8}{5}x+12$(点)と表される。また，Bチームの総得点はAチームの総得点より12点少ないから，$y-12$ 点となり，$\frac{8}{5}x+12=y-12$……②が成り立つ。

(2)＜**連立方程式**＞(1)の①，②を連立方程式として解く。①より $y=\frac{11}{5}x$ として，②に代入すると，$\frac{8}{5}x+12=\frac{11}{5}x-12$，$8x+60=11x-60$，$3x=120$　$\therefore x=40$　これを①に代入して，$\frac{11}{5}\times40=y$　$\therefore y=88$　よって，Aチームの２点シュートの本数は40本，得点は88点である。

5〔関数―関数 $y=ax^2$ と直線〕

≪基本方針の決定≫(3)　△PAB と△OAB は，底辺 AB を共有するので，面積が等しいとき，高さが等しく，AB∥OP となる。

(1)**＜直線の式＞**A$(-3,\ 3)$，B$(6,\ 12)$より，直線 AB の傾きは $\dfrac{12-3}{6-(-3)}=1$ となるから，その式は $y=x+b$ とおける。この式に，点 B の座標より，$x=6$，$y=12$ を代入して，$12=6+b$ より，$b=6$ となる。よって，直線 AB の式は $y=x+6$ である。

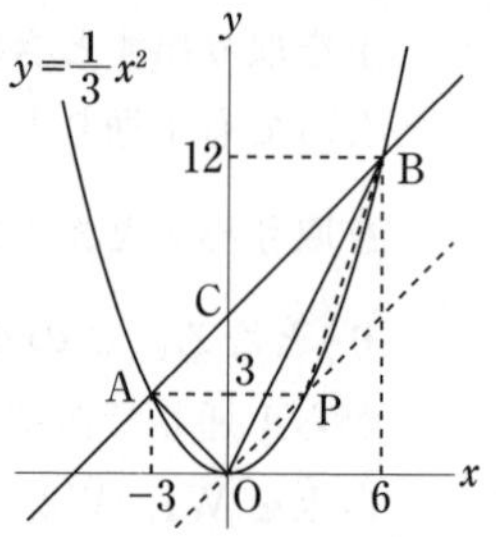

(2)**＜面積＞**右図で，(1)より，直線 AB の式は $y=x+6$ だから，切片より，C$(0,\ 6)$で，OC$=6$ となる。これより，△OAB を y 軸で△OAC と△OBC に分け，この 2 つの三角形の底辺を OC$=6$ と見ると，点 A，B の x 座標より，それぞれの高さは 3，6 となる。よって，△OAB＝△OAC＋△OBC $=\dfrac{1}{2}\times6\times3+\dfrac{1}{2}\times6\times6=27$ となる。

(3)**＜座標―等積変形＞**点 P が放物線 $y=\dfrac{1}{3}x^2$ 上の点で，点 A から点 B まで動くので，△PAB＝△OAB となるとき，△PAB と△OAB の底辺を共有する AB と見ると，高さは等しくなり，AB∥OP である。よって，点 P は，放物線 $y=\dfrac{1}{3}x^2$ と，原点 O を通り直線 AB に平行な直線との交点となる。また，平行な直線は傾きが等しいから，直線 OP の傾きが 1 より，その式は $y=x$ となる。したがって，$y=\dfrac{1}{3}x^2$ と $y=x$ より，y を消去して，$\dfrac{1}{3}x^2=x$，$x^2-3x=0$，$x(x-3)=0$，$x=0$，3 となり，点 P の x 座標は 3 だから，$y=3$ より，P$(3,\ 3)$である。

6〔空間図形―立方体〕

≪基本方針の決定≫(3)　平面 IEGJ と辺 FB の延長線との交点を取り，三角錐をつくる。

(1)**＜垂直な辺＞**右図の立方体 ABCD-EFGH で，面 ABCD と垂直な辺は，辺 AE，BF，CG，DH の 4 本ある。

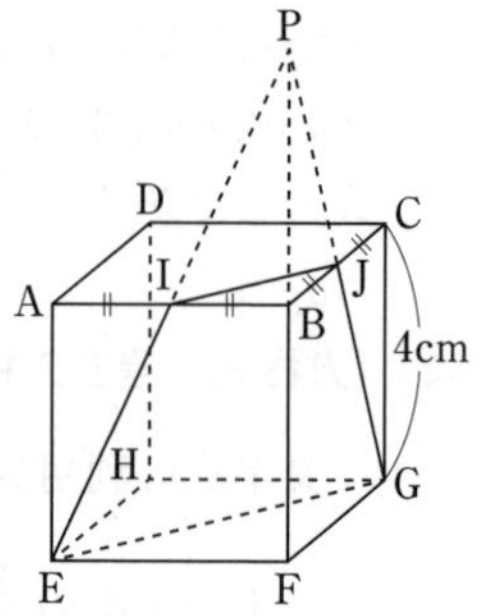

(2)**＜展開図＞**まず，右図で，A，H を頂点とする面は面 AEHD だから，問題の図 2 で，点 D，E が決まる。次に，辺 AE，EH，HD，DA を共有する面の頂点を書き入れ，さらに，同じ辺を共有する面の頂点を書き入れる。また，線分 IE は面 AEFB 上にあり，線分 EG は面 EFGH 上，線分 GJ は面 BFGC 上，線分 JI は面 ABCD 上にある。

(3)**＜体積＞**右図のように，面 IEGJ と辺 FB の延長線との点を P とすると，三角錐 P-FGE は立体 IBJEFG を含む立体である。△BPI と△AEI において，点 I は辺 AB の中点より，BI＝AI$=\dfrac{1}{2}$AB$=\dfrac{1}{2}\times4=2$ であり，対頂角より，∠PIB＝∠EIA，∠IBP＝∠IAE$=90^\circ$ だから，1 辺とその両端の角がそれぞれ等しく，△BPI≡△AEI である。これより，PB＝EA$=4$ となるから，PF＝PB＋BF$=4+4=8$ である。また，BJ＝CJ$=\dfrac{1}{2}$BC$=\dfrac{1}{2}\times4=2$ である。よって，〔立体 IBJEFG〕＝〔三角錐 P-FGE〕−〔三角錐 P-BJI〕$=\dfrac{1}{3}\times$△FGE×PF$-\dfrac{1}{3}\times$△BJI×PB$=\dfrac{1}{3}\times\dfrac{1}{2}\times4\times4\times8-\dfrac{1}{3}\times\dfrac{1}{2}\times2\times2\times4=\dfrac{56}{3}$(cm³)となる。

2021年度／目白研心高等学校

国語解答

一 ① たいよ　② つの　③ へだ
④ ほどこ　⑤ こと　⑥ 巧妙
⑦ 請求　⑧ 鋭利　⑨ 猛烈
⑩ 誘導

二 問一　地球上に植物が生まれて光合成によって酸素をつくることで，人間も含めた動物が暮らせる環境ができたから。(50字)
問二　A…イ　B…カ　C…エ　D…ア
問三　ウ　問四　イ
問五　大気汚染が進んだロンドンでは木が黒くなったため，黒い蛾の方が野鳥などに食べられずにすんだから。(47字)
問六　エ　問七　ア　問八　イ
問九　イ

三 問一　ウ　問二　エ　問三　イ
問四　兄の部屋を離れない理由は，真之のことを異性として好ましく思っているからではないということ。(45字)
問五　ウ　問六　イ　問七　ウ
問八　兄も自分もそれぞれにふさわしい相手と結婚するという当然のことを忘れていたこと。(39字)
問九　エ

四 問一　ア
問二　只今の御ひちりきの音
問三　いうよう　問四　ウ
問五　むかしの盗

一〔漢字〕
①物や金を貸し与えること。　②音読みは「思慕」などの「ボ」。　③音読みは「間隔」などの「カク」。　④音読みは「施術」などの「セ」，「施政」などの「シ」。　⑤音読みは「特殊」などの「シュ」。　⑥非常に巧みであること。　⑦正当な権利として，ある行為をするよう相手に求めること。　⑧鋭く，切れ味がよいこと。　⑨勢いや程度が激しいこと。　⑩人や物などを，ある地点や状態に導いていくこと。

二〔論説文の読解―自然科学的分野―自然〕出典；池上彰『おとなの教養　私たちはどこから来て，どこへ行くのか？』。

≪**本文の概要**≫地球に生命が誕生したのは，約四〇億年前といわれており，海で誕生した生命は，やがて陸上に進出し，陸上ではさまざまな植物や動物が生まれた。私たちは，太古の生物から人間までの移り変わりを「進化」と呼ぶが，「進化＝進歩」ではない。ダーウィンが『種の起源』で明らかにしたように，突然変異を繰り返しているさまざまな生き物の中で，そのときどきの環境に一番適応できる生き物だけが残ってきたのであり，逆に環境の変化に対応することができなかったものは，そのまま消えていったということなのである。ダーウィンの進化論は，神が全てを創造したとする一九世紀のキリスト教には受け入れられなかったが，現在のキリスト教の中には，生き物はさまざまに進化してきたが，そのように進化していく設計図を最初に創造したのは神であるという考え方も生まれた。そして，この進化論の発展によって，「私たちがどこから来たのか」という問いに対して，科学的に考える道が開けてきたのである。

問一＜文章内容＞「もともと地球に酸素はなかった」が，陸地で「植物が生まれ」て，「光合成によって酸素をつくる」ようになったことで，「人間も含めた動物が暮らせるよう」になった。

問二．A＜接続語＞人間の体内の「水分の塩分濃度が太古の海水の塩分濃度と同じ」であるということは，言い換えれば，「海に生活していた生き物の塩分濃度が，私たちの細胞の中にも残っているということ」である。　B＜表現＞人類が「さまざまな動物が進化した結果」として誕生したのは明らかであり，「人類は進化の頂点に位置する」ともいえる。　C＜接続語＞「その時々の環境」に「適応できた種だけが生き延びていくこと」の例として，地球には「氷河で覆われたような状態のとき」や「煮えたぎるような状態の時代」などの環境の変化があったことが挙げられている。
D＜接続語＞ヨハネ・パウロ二世が「進化は仮説以上のものである」という書簡を発表し，進化論を認めたのに加え，他にも「キリスト教ながら，生き物が変異する事実を受け入れる人たちも登場」した。

問三＜文章内容＞人類は「さまざまな動物が進化した結果」として誕生したということになっているので，「進化＝進歩」と考えてしまいがちだが，「進化」とは，「大きく変わった環境の中」で「たまたま突然変異を遂げた生き物」が生き延びられたということである。つまり，「進化」とは，「劣ったものから優れたものへと進歩すること」ではなく，環境の変化に対応できたということにすぎないので，「進化」と「進歩」は，同じとはいえないのである。

問四＜文章内容＞地球の誕生以来，時代によって気象は大きく変動し，環境の変化に適応できなかったものは消え，人類の祖先のように，環境に適応できた種は，生き延びてきた。一方，生物が多様に進化していく中で，もし人類の祖先とは異なる「突然変異をした生き物」が，環境の変化に適応していたとすれば，人類とは「まったく違う系統の生き物」が，今の地球上に存在していたのかもしれず，私たちが「今のような姿で存在」しているということは，まさに「奇蹟」といえるのである。

問五＜文章内容＞「大気汚染が進んで木が黒くなって」しまった「かつてのロンドン」では，「黒が保護色」となるため，「黒い蛾のほうが目立たないぶん，野鳥などに食べられなく」なった。

問六＜語句＞「折衷」は，複数のものから長所をとって一つに合わせること。

問七＜文章内容＞一九世紀のキリスト教では，「神がすべての生き物を創造した」と考えられていたために，進化論は認められなかったが，現在では，「生き物はさまざまな変種に進化してきた」という点で進化論を受け入れつつも，その進化していく「設計図」を「最初に創造したのは神」であるとする「インテリジェント・デザイン」という考え方がつくられた。

問八＜文章内容＞大西洋から吹く湿った偏西風が，アフリカ東部にできた山脈にぶつかって，その西側に雨を降らせた一方で，東側では，乾燥が進んで森がなくなり，「草原地帯」になった。そして，「それまで森の木の上で暮らしていたサルたち」が森にいられなくなって，「草原に下りてきて，やがて二足歩行するようになった」ことが，人類誕生の経緯だとする説がある。

問九＜要旨＞現代のキリスト教は，「生き物が変異する事実」を受け入れるために，「進化のデザインは神がなしたもうた」と考え，「神の存在」と「進化論」の両方の要素を取り入れた「アイデア」をつくった。

三〔小説の読解〕出典；鳥越碧『兄いもうと　子規庵日記』。

問一＜文章内容＞律の「双眸の澄んだ輝き」には，「どんな邪悪な心も見破ってしまいそうな不思議な透明感」があり，誰しも律の前では「背筋を伸ばさずにはいられ」ないような緊張感を覚えるのであった。

問二＜表現技法＞人間の動作を「尾鰭を光らせて泳いでいる」と表現したり，若者の様子を「未来にはばたく」と表現したりするなど，「ようだ」「みたいだ」などの語を用いないでたとえる修辞法を，隠喩法という。「風」の様子を「ささやきかける」と表現するなど，人間でないものの様子を人間の動作のように表現する修辞法を，擬人法という。「岸辺目に見ゆ　泣けとごとくに」のように，文の順序を入れ換えて印象を強める修辞法を，倒置法という。「太陽のようだ」のように，「ようだ」「みたいだ」などの語を用いて事物を直接的に他の事物にたとえる修辞法を，直喩法という。

問三＜心情＞律は，「近頃の升」を見ていて「男には男の居所があり女には女の居所がある」と思うようになり，兄と同じように学問をするために女学校に入ることを，「諦めた方がいい」とも思うようになった。今までは，「兄が手を引いてくれ」てともに歩んできたので，投稿が新聞に掲載されるほど兄が学問に励んでいるのを見ると，律は，「嬉しくてたまらない」と思ったが，その「反面，ますます兄との距離が遠くなっていく」ことには，寂しさも感じていたのである。

問四＜文章内容＞律は，自分が「真之のことを異性として好ましく思っているのでは断じてない」と言い切れるほどなのに，升が「変な邪推」をするので，「苛立つ」ような気持ちになった。

問五＜語句＞「邪推」は，他人の心を悪く推量すること。

問六＜文章内容＞律は，自分が真之を好きだという升の誤解を解くために部屋を訪れたのに，升が「恋の悩みか」などと言い，意味ありげに「片眼をつむって見せた」ので，律は，落ち着いた冷ややかな視線で升を見返したのである。

問七＜文章内容＞律は，升が自分のことを「鬼千匹」と言い，律がいては嫁の「来手がない」などと言ったので，そんなことを言って自分をいじめるのなら，「どんなお嫁さんが来ても追い出してやる」と言い返したのである。

問八＜文章内容＞「迂闊」は，うっかりしていて配慮が行き届かないこと。律は，兄や自分の結婚のことで言い合いをしたが，思えば，いつかは兄も自分も「それぞれにふさわしい相手と結婚する」という「当然のこと」を，迂闊にも「すっかり忘れていた」のである。

問九＜要旨＞律は，「いつでも兄が手を引いてくれ」ていた子どものときとは違い，中学生になった升が，難しい学問に打ち込み，急に自分の「手を離して駆け出し」ていってしまったような寂しさを覚えるようになった。そして，兄も自分もいつかは「それぞれにふさわしい相手と結婚する」ことになると思い至り，「自身の動揺に戸惑い」を覚えたのである。

四〔**古文の読解─説話**〕出典；橘成季『古今著聞集』巻第十二，四二九。

≪現代語訳≫博雅の三位の家に盗人が入った。博雅三位は，板の間の下に逃げ込んで隠れた。盗人が帰り，その後，（板の間の下から）はい出て家の中を見ると，残っているものはなく，（盗人が）全て取ってしまっていた。ひちりき一つだけを置物厨子に残してあったのを，三位が手にとってお吹きになっていると，（家から）出て立ち去ってしまっていた盗人が遠くでこれを聴いて，感情が抑えられなくなって（博雅三位の家まで）戻ってきて，言うには，「ただ今の（あなたがお吹きになった）御ひちりきの音をお聞きしているうちに，しみじみと尊く感じまして，（私の）悪い心がすっかり改まりました。盗んだ物は全部お返し申し上げるつもりです」と言って，全てを置いて出ていった。昔の盗人は，またこのように優美な心もあったのである。

問一＜古文の内容理解＞博雅の三位は，盗人が出ていった後，隠れていた「板敷」の下から出てきた。

問二＜古文の内容理解＞盗人は，博雅の三位の家から遠く離れた所で聴いた「御ひちりきの音」に感動し，「悪心」が改まった。

問三＜歴史的仮名遣い＞歴史的仮名遣いの語頭以外のハ行は，現代仮名遣いでは原則として「わいうえお」になる。また，歴史的仮名遣いの「au」は，現代仮名遣いでは「ou」になる。

問四＜古文の内容理解＞盗人は，「優なる心」を持っていたので，博雅の三位の奏でる「御ひちりきの音」に心を打たれて，「悪心」が改まった。

問五＜古文の内容理解＞博雅の三位の奏でる「御ひちりきの音」を聴いて盗人の悪い心が改まったという説話を知った作者は，「むかしの盗人は，またかく優なる心もありけり」という感想を持った。

2020年度 目白研心高等学校

【英　語】（50分）〈満点：100点〉

1　（リスニングテスト）

Part A: 英語の放送を聞いた後、それぞれの内容に関する質問が流れます。その質問に対し最も適切な答えを(A)、(B)、(C)、(D)から１つ選び、記号で答えなさい。英語の放送と質問は２回流れます。

1.

(A) Visit Max's family
(B) Go to a party at Duke's house
(C) Plan a party for Duke
(D) Buy a house near the beach

2.

(A) Once a month
(B) Twice a month
(C) Once a year
(D) Twice a year

3.

(A) Johnny's father will.
(B) Johnny's mother will.
(C) Johnny's brother will.
(D) Johnny will.

4.

(A) London
(B) Paris
(C) Tokyo
(D) New York

Part B: 英語の放送を聞いた後、それぞれの内容に関する質問が 4 つ流れます。その質問に対し最も適切な答えを(A)、(B)、(C)、(D)から 1 つ選び、記号で答えなさい。英語の放送と質問は 2 回流れます。

1.

(A) Because his parents don't love him.

(B) Because his parents took his last one.

(C) Because his phones are old.

(D) Because his last one was stolen.

2.

(A) One

(B) Two

(C) Three

(D) Four

3.

(A) The man does not have a job.

(B) The man often helps his parents.

(C) The woman also wants a new phone.

(D) The woman agrees with the man's idea.

4.

(A) The man should talk to his parents again.

(B) The man should sell the old phones.

(C) The man should wash his face.

(D) The man should think about his way of thinking.

※＜リスニングテスト放送原稿＞は英語の問題の終わりに付けてあります。

2 (　　)内の単語を適切な形にしなさい。

1. My mother (draw) some pictures of beautiful birds yesterday.
2. Kei is the (good) tennis player in the world.
3. These are the pictures (take) during Lily's trip in Paris.
4. Some (leaf) turn red in autumn.

3 下のa)とb)の文がほぼ同じ意味になるように、(　　)に適する1語を入れなさい。

1. a) We had a lot of rain in Colombia last year.
   b) (　　　) (　　　) a lot in Colombia last year.

2. a) Lisa is the girl with long hair in a white dress.
   b) Lisa is the girl (　　　) (　　　) long hair in a white dress.

3. a) He was very kind and he showed me how to use the computer.
   b) He was kind (　　　) (　　　) show me how to use the computer.

4. a) You should enjoy your life as much as possible.
   b) You should enjoy your life as much as (　　　) (　　　).

4 次の文の(　　)に入れるのに最も適切なものをア～エの中から1つ選び、その記号を書きなさい。

1. Please stay here.　I'll be back (　　　) twenty minutes.
   ア for　　イ at　　ウ in　　エ about

2. I want to join (　　　) the tennis club or the baseball club.
   ア both　　イ any　　ウ which　　エ either

3. You'll get well (　　　) you get some rest.
   ア if　　イ before　　ウ but　　エ or

4. (　　　) learning English is hard, I like it very much.
   ア But　　イ Also　　ウ However　　エ Though

5. This is Toshi's dog.　(　　　) name is Ally.
   ア It　　イ Its　　ウ It's　　エ Itself

6. Ms. Sato went to England last winter, (　　)?

ア wasn't she　イ did she　ウ does she　エ didn't she

7. He is in Hong Kong and won't be back until next Monday. I'll call you when he (　　) back.

ア come　イ comes　ウ will come　エ came

8. Can you tell me which train (　　) to get to Karuizawa?

ア take　イ will take　ウ to take　エ taking

5 それぞれの日本語の内容に合うよう下の語句を並べ替えた時、①～⑩の(　)に入る選択肢の記号を書きなさい。ただし、文頭に来る語も小文字になっています。

1. 私たちが結婚してから10年がたった。

(　　)(　　)(①)(　　)(　　)(　　)(②).

ア got married　イ years　ウ passed　エ we　オ ten
カ have　キ since

2. アマゾン川は世界最大の河川だ。

The Amazon is (　　)(　　)(③)(　　)(④)(　　)(　　).

ア river　イ the world　ウ than　エ any　オ in
カ other　キ larger

3. あなたは彼女がフランス語を上手に話せることを知っていましたか。

(　　)(　　)(⑤)(　　)(　　)(　　)(⑥) French well?

ア that　イ speak　ウ you　エ can　オ know
カ did　キ she

4. 選手だけではなく、コーチもその勝利に喜んだ。

(⑦)(　　)(　　)(⑧)(　　)(　　)(　　) happy over the victory.

ア also　イ not　ウ but　エ the coach　オ only
カ was　キ the players

5. どんな音楽に興味がありますか。

(　　)(⑨)(　　)(　　)(　　)(⑩)(　　) in?

ア of　イ interested　ウ you　エ what　オ music
カ are　キ kind

6 次の対話の文章を読んで、あとの各問に答えなさい。

Father: Good morning, James.

Son: Good morning, Dad. You slept a lot. It's already 10:35.

Father: I know. I was very busy this week. It's OK for me to sleep a lot on Sundays. Hey, what are you doing? Are you having breakfast now?

Son: No, I'm checking a message. But I cannot understand several words. Can you help me?

Father: Sure. Let me see.

From	Andy
Time	6:37 January 25th, 2020
Title	A Fun Event @ South Park

There is a fun event in South Park today. Come with me. It's from 11 to 12. Let's meet in front of the East Gate at ①15 to 11. Then, we can enjoy lunch together after the event if U want. Anyway, pls tell me if U can or not ASAP.
FYI: Your favorite music band is coming!

Father: So, you are having trouble with "pls," "ASAP," and "FYI," right?

Son: Yes, I am.

Father: I'm good at this kind of thing. "ASAP" and "FYI" are *acronyms. For example, "NP" means "no problem." Also, "pls" is an *abbreviation. For example, "msg" is "message."

Son: I see. So, "pls" must be "please."

Father: Good. How about the others?

Son: Is "FYI" something like "FBI"?

Father: ②You've got the wrong picture. I'll give you a couple of hints. You use "ASAP" when you want to do things quickly, and "FYI" when you give information for someone who may need it.

Son: I got it! "ASAP" should be "as soon as possible" and "FYI" might be "for your information."

Father: Right. How about "U"?

Son: That's easy. It's "you."

Father: Great! (③) We, young people, like making words shorter.

Son: You said "We"?

Father: Just forget about ④that. Anyway, there are some good points in using acronyms and abbreviations. (⑤)

Son: Now, I understand the whole message from Andy.

Father: Umm, really? It's 10:40, though. You have only five minutes before meeting him.

Son: Oh, my... I must change my clothes and leave home ASAP. HAGD, Dad!

Father: Wait, James! ⑥I cannot make heads or tails of that. I want your help! You need to explain the meaning.

注) acronym: 頭字語(頭文字をとった語) abbreviation: 略語

1. 下線部①と同じ意味の表現として最も適切なものを以下の選択肢から選び、記号で答えなさい。

ア 3:11　　イ 10:45　　ウ 11:15　　エ 15:11

2. 下線部②の意味として最も適切なものを以下の選択肢から選び、記号で答えなさい。

ア James が誤解しているということ
イ James が絵を描くのが上手ではないということ
ウ James が FBI に行ったことがあるということ
エ James が Andy にうまく説明できないということ

3. 空欄③に入る表現として最も適切なものを以下の選択肢から選び、記号で答えなさい。

ア Do you have enough time?
イ I am proud of you, son.
ウ It is more difficult than I thought.
エ Thank you for telling me.

4. 下線部④が指す内容として最も適切なものを以下の選択肢から選び、記号で答えなさい。

ア 言葉を短くする利点
イ 若者が言葉を短くすること
ウ 若者がメールでやり取りすること
エ Andy の父親が自分を若いと言ったこと

5. 空欄⑤に入る次の 3 文を正しく並べ替え、記号を順番に答えなさい。

ア And maybe you can enjoy making your own words.
イ But make sure that other people will be able to understand the shorter ones you write.
ウ You need less space and you can write fast.

6. 下線部⑥を言い換えたものとして最も適切なものを以下の選択肢から選び、記号で答えなさい。

ア I don't like that expression.
イ I never say that expression.
ウ I don't write that expression.
エ I don't understand that expression.

7. 本文の内容に一致するものには T、そうでないものには F を解答欄に書きなさい。

(1) James got up earlier than his father.
(2) James had a lot of things to do this week.
(3) Andy sent James a message about a fun event.
(4) James missed the lunch with Andy.
(5) Trying to make words shorter helps you to be smarter.
(6) In the end, the father does not think James has learned how to make clear acronyms or abbreviations by himself.

7 次の**2つの文章**を読んで設問に答えなさい。ただし、イギリス英語で書かれているため、学習したスペリングと異なる場合があります。

Right now, astronauts are living and working 400 kilometres above us in space – and the world looks very different from up there. Astronauts can see how beautiful Earth is, and when they look at the lights of the world's great cities at night, they know that for many people, this is a (①) time to be alive.

But astronauts can also see how our world is changing. They look down and see the dirty waters of great rivers like *the Mississippi, and fires from trees burning in the Amazon and Indonesia. Over time, ②their photographs from space show us how the world's great forests are becoming smaller, how some of the hottest countries are becoming drier, and how every year there is more plastic in the ocean.

Astronauts can see how we are changing the environment, but there are ③many other problems that they cannot see from space. They cannot see how many people go to bed hungry every night and do not have clean water to drink. They cannot see the millions of children who are not able to go to school, or the animals that are dying because their homes are disappearing.

These problems, which are important for people and countries all around the world, are called 'global issues'. So, what are the biggest global issues today, and why do we need to know about them? What is happening to our world, and is it in danger?

The world has begun to change very fast – and as it changes, the global issues that are important in our lives change, too.

In *Utrecht, in *the Netherlands, a *Dutch boy opens a package. Inside, there is a ④T-shirt which the boy has been waiting for. On the T-shirt, it says *Made in Bangladesh*, but the T-shirt was not only made in Bangladesh. The material for the T-shirt came from cotton plants which grew on a farm in *Arkansas, USA. Later, the cotton went to Mexico. There, factory machines from Japan and Germany made it into material. The material then went by ship to *Dhaka in Bangladesh, and there it was made into a T-shirt. From Dhaka, it travelled to *Guangzhou in China. A Chinese company sold the T-shirt on the internet and sent it out to the Netherlands.

One hundred years ago, many companies only made and sold things in their home country. But in today's global economy, companies produce and sell things (⑤). It is becoming easier and easier to travel from one place to another, and to do business with people who live thousands of kilometres away. This is called 'globalization'. Because of globalization, when something happens in one part of the world, there are changes for countries and people everywhere. (⑥)

（出典：Raynham, Alex, & Bladon, Rachel (2018). What are global issues & A changing world. *Global Issues* (pp. 1-2). Oxford, UK: Oxford University Press. 出題の都合上一部変更）

注）the Mississippi: ミシシッピ川　Utrecht: ユトレヒト(地名)
the Netherlands: オランダ　Dutch: オランダ人の
Arkansas: アーカンソー州　Dhaka: ダッカ　Guangzhou: 広州

1. 空欄①に入る語として適切なものを以下から1つ選び記号で答えなさい。

ア difficult　イ traditional　ウ terrible　エ wonderful

2. 下線部②が写し出していないものを全て選び記号で答えなさい。

ア 森林の縮小
イ 宇宙飛行士の活動
ウ 海洋におけるプラスチックゴミの増加
エ 大都市圏での火災
オ 砂漠化の進行

3. 下線部③の問題とは具体的にどのような問題か、日本語で4点説明しなさい。

4. 下線部④のTシャツについて、本文中で述べられている流通過程を以下の図のようにまとめた。○には国名が、⇨には商材が入る。空欄に適する語を語群から選び記号で答えなさい。

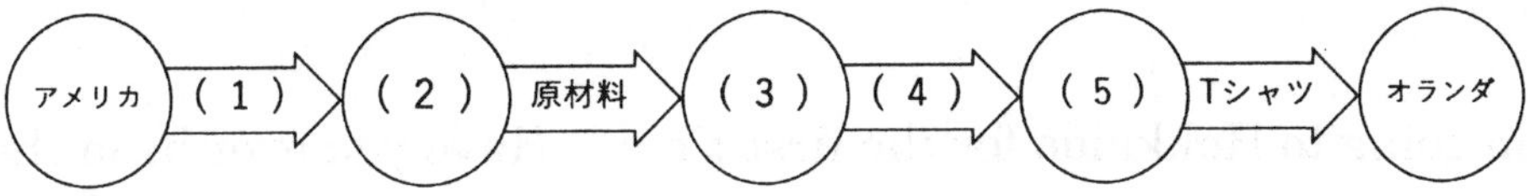

語群

ア）バングラデシュ		イ）メキシコ	ウ）中国
エ）アメリカ	オ）日本	カ）オランダ	キ）ドイツ
ク）Tシャツ	ケ）綿花	コ）機械	サ）原材料

5. 空欄⑤に入る語句を1つ目の□の本文から抜き出し、英単語4語で答えなさい。

6. 空欄⑥に入る文として適切なものを以下から1つ選び記号で答えなさい。

ア So in 2008, for example, problems with some of the banks in the USA caused an economic crash around the world.
イ For instance, athletes from a lot of countries will gather in Tokyo and play sports at the Olympics.
ウ So in 2011, for example, Kimiya Yui, a Japanese astronaut, was chosen as a member for the International Space Station.
エ For instance, India has more than twenty official languages.

＜リスニングテスト放送原稿＞

Part A

#1

W: Max, are you free this weekend?

M: Yes, Daisy. Why?

W: My friend Duke has a house near the beach, and he invited me to a party there. Would you like to come with me?

M: Thanks. I'd love to.

QUESTION: What will Daisy and Max do this weekend?

(A) Visit Max's family

(B) Go to a party at Duke's house

(C) Plan a party for Duke

(D) Buy a house near the beach

#2

M: I'm going to Hokkaido for the first time. Have you ever been there, Meena?

W: Yes, my grandfather lives there, so I've been there many times.

M: When was the last time you went there?

W: I went there last month on New Year's Day. I usually go there twice a year.

QUESTION: How often does Meena go to Hokkaido?

(A) Once a month

(B) Twice a month

(C) Once a year

(D) Twice a year

#3

Johnny's family is moving to Canada next week because his mother is going to work in Vancouver. His younger brother will go to elementary school there, but Johnny will stay in Japan and go to high school in Tokyo.

QUESTION: Who will go to school in Tokyo?

(A) Johnny's father will. (B) Johnny's mother will.
(C) Johnny's brother will. (D) Johnny will.

#4

We are leaving London for Paris next week. We have lived in London for ten years. Paris will be our new home. It is one of the biggest cities in the world, like Tokyo or New York. We will start a new life there. We are very excited.

QUESTION: Where do they live now?

(A) London (B) Paris
(C) Tokyo (D) New York

Part B

W: Hi, Bob. What's going on? You look really unhappy.
M: Hi, Beth. Ah, you don't want to know.
W: Okay, good bye, then.
M: Wait, wait, wait! Why are you walking away?
W: Because you said I didn't want to know.
M: No, please don't go away.
W: So, what is it?
M: My parents really don't love me.
W: What do you mean? When I met them last week, they seemed to care about you.
M: Uh, you don't understand! Here is the thing. I want a new smart phone. I really need one! But my parents won't buy me one!
W: Uh, excuse me? Don't you already have an iPhone?
M: Oh, yeah, but it's three months old. And it has a small scratch on it.
W: Where? Let me see... I don't see any scratches.

M: Look, look right here! You see it?
W: It's very, very small. What's the matter with you?
M: Anyway. And my other phone...
W: What? You have two phones?
M: Of course! This one is even older. It's six months old and...
W: So, so, did your parents give you a reason for not buying you a new phone?
M: Not a good one. They said I should not depend on them, but I have no idea what they meant. And now, they want me to start working to pay for it. It's not fair!
W: Do you need my advice? Take a look at yourself in the mirror. You'll see both the problem and the solution.
M: Uh! You're no help.

Questions:

#1: Why does the man want a new phone?

(A) Because his parents don't love him.
(B) Because his parents took his last one.
(C) Because his phones are old.
(D) Because his last one was stolen.

#2: How many phones does the man already have?

(A) One (B) Two (C) Three (D) Four

#3: What is one thing you can tell from the conversation?

(A) The man does not have a job.
(B) The man often helps his parents.
(C) The woman also wants a new phone.
(D) The woman agrees with the man's idea.

#4: What is the woman probably trying to tell the man?

(A) The man should talk to his parents again.
(B) The man should sell the old phones.
(C) The man should wash his face.
(D) The man should think about his way of thinking.

数　学】（50分）〈満点：100点〉

〈注意〉答えが分数の場合は，既約分数(これ以上約分できない分数)で答えなさい。

1　次の各問いに答えなさい.

(1)　$32\div(-2)^3-3^2\times\left(-\dfrac{5}{9}\right)$ を計算しなさい.

(2)　$3ab^2\times(-4ab)\div\dfrac{1}{2}b^2$ を計算しなさい.

(3)　$\dfrac{2x-3y}{4}-\dfrac{x+5y}{6}$ を計算しなさい.

(4)　$3x^3y-3x^2y-126xy$ を因数分解しなさい.

(5)　$\sqrt{18}\left(2-\sqrt{2}\right)-\dfrac{24}{\sqrt{8}}$ を計算しなさい.

2　次の各問いに答えなさい.

(1)　$\left(a-6\right)\left(a+6\right)-\left(4a+7\right)^2$ を展開しなさい.

(2)　x の方程式 $3(2a+5x)-4(x-3a)=a+2$ について，解が -1 であるとき，a の値を求めなさい.

(3)　2次方程式 $3x^2+15x=0$ を解きなさい.

3 次の各問いに答えなさい．

(1) [1]，[2]，[3]，[4]，[5] と書かれたカードがそれぞれ 1 枚ずつある．これらのカードから 2 枚を使って 2 桁の整数をつくるとき，この整数が奇数となるのは何通りあるか求めなさい．

(2) 当たりとはずれのいずれかが書かれたくじが 500 枚ある．これをよくかき混ぜてから 25 枚引いたところ，当たりが 2 枚，はずれが 23 枚であった．このくじ全体の中にある当たりの枚数を推定しなさい．

(3) 右の図のように，△ABC は円 O に内接している．$\angle x$ の大きさを求めなさい．

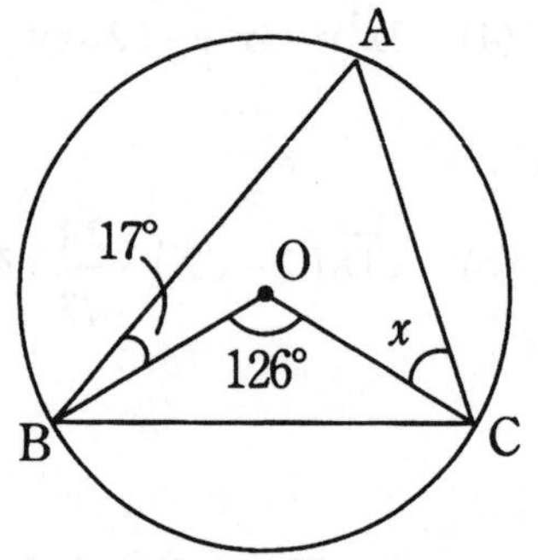

4 2 桁の自然数がある．この自然数は，十の位の数と一の位の数の和の 7 倍に等しい．また，十の位の数と一の位の数を入れかえてできる自然数は，もとの自然数よりも 27 小さい．このとき，次の各問いに答えなさい．

(1) もとの自然数の十の位の数を x，一の位の数を y として，次のように連立方程式をつくった．□ にあてはまる数や文字，式を答えなさい．

$$\begin{cases} \square = 7(\square) \\ \square = \square - 27 \end{cases}$$

(2) もとの自然数を求めなさい．

5 右の図のように，AB＝6 cm，AE＝6 cm，AD＝12 cm の直方体がある．このとき，次の各問いに答えなさい．

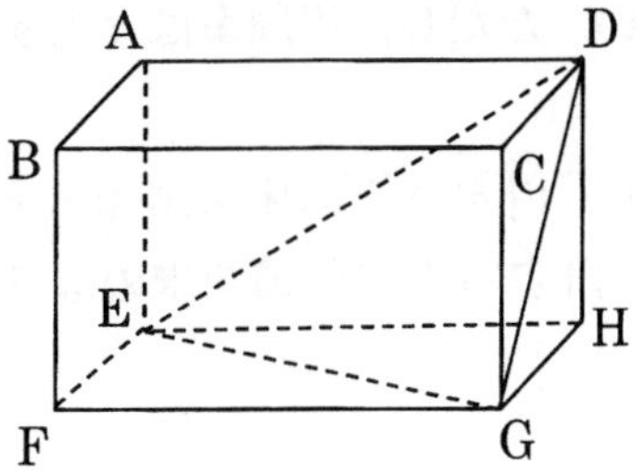

(1)　三角すい D-EGH の体積を求めなさい．

(2)　△DEG の面積を求めなさい．

(3)　点 H から△DEG に垂線を引き，△DEG との交点を I とする．このとき，HI の長さを求めなさい．

6 右の図のように，曲線 m，n はそれぞれ関数 $y=\frac{1}{3}x^2$，$y=ax^2\ (a<0)$ のグラフを表している．曲線 m 上に y 座標が等しい 2 点 A，B があり，点 B の x 座標は -3 である．また，曲線 n 上に x 座標が -3 である点 C，直線 AC との交点 D がある．このとき，次の各問いに答えなさい．

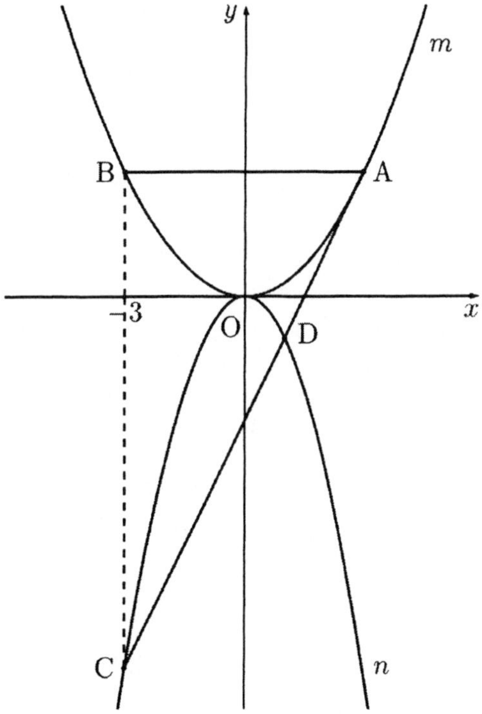

(1)　点 A の座標を求めなさい．

(2)　AD : DC＝1 : 2 のとき，a の値を求めなさい．

(3)　$a=-\frac{1}{2}$ のとき，AD : DC を最も簡単な整数の比で求めなさい．

7　右の図のように，母線の長さが$9\sqrt{5}$ cm の円すいＰを底面に平行な平面で高さの比が１：２になるように，円すいＡと立体Ｂに切り分けた．このとき，次の各問いに答えなさい．ただし，円周率はπとする．

(1)　円すいＰの体積が486π cm^{3}であるとき，円すいＡの体積を求めなさい．

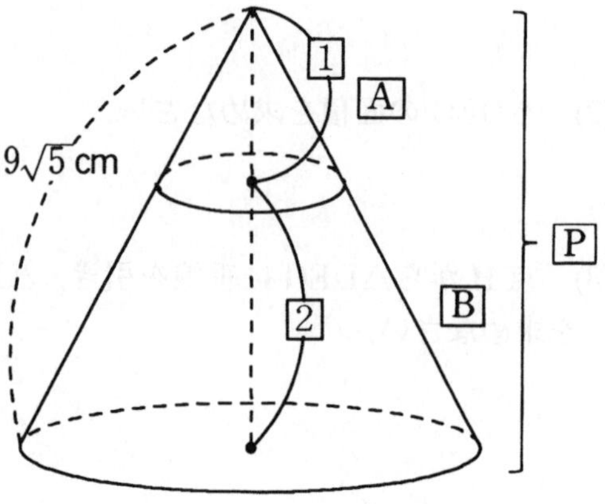

(2)　円すいＡの底面の半径をaとするとき，立体Ｂの表面積をaを用いた最も簡単な式で表しなさい．

④恩を送らんものを。」と思ひ、かの人の足にしつかと食ひつきければ、おびえあがつて、竿を※4かしこに投げ捨てけり。そのものの色や知る。しかるに、鳩、これをさとりて、いづくともなく⑤飛び去りぬ。

（『伊曾保物語』）

※1　にはかに…急に
※2　こずゑ…木の枝
※3　とりもち…ねばねばしたもち
※4　かしこ…そこ

問一　――線①「浮きぬ沈みぬ」は誰の動作ですか。最も適当なものを次から選び、記号で答えなさい。

ア　蟻　　イ　鳩　　ウ　ある人　　エ　かの人

問二　――線②「あはれなるありさま」とありますが、この現代語訳として最も適当なものを次から選び、記号で答えなさい。

ア　すばらしく美しい様子　　イ　かわいそうな様子
ウ　風流で雅やかな様子　　エ　大変みすぼらしい様子

問三　――線③「思ふやう」を現代仮名遣いに直し、すべてひらがなで書きなさい。

問四　――線④「恩を送らんものを」とありますが、そのように思った結果、どのような行動に出ましたか。本文より十五～二十字で抜き出しなさい。（**句読点は数えない**）

問五　――線⑤「飛び去りぬ」とありますが、この現代語訳として最も適当なものを次から選び、記号で答えなさい。

ア　飛び去ることができなかった。
イ　飛び去ってしまった。
ウ　飛び去ろうとしたのだった。
エ　今にも飛び去ろうとしている。

ア　清掃の行き届いていない男子クラスに足を踏み入れること。
イ　極端に注目される一方で、部外者のような目で見られること。
ウ　たいして親しくない男子生徒と話さなければならないこと。
エ　活発で積極的な夢乃が大声で男子生徒に声をかけること。

問六　――線⑤「これ」とありますが、具体的にどのようなことですか。本文の言葉を使って二十五～三十字で答えなさい。（**句読点も数える**）

問七　――線⑥「私は少し気の毒になってきた」とありますが、ひろみはどのようなことが気の毒になったのですか。最も適当なものを次から選び、記号で答えなさい。
ア　加藤健一は合唱祭に対して誰よりも意欲と情熱を持っているが、なかなか実行委員として手伝う生徒を集められないこと。
イ　合唱祭は市の施設を借りて生徒のみで運営されて行われる一大イベントで、実行委員には大きな責任と緊張が伴うこと。
ウ　合唱祭はすべて生徒の自主的な運営に任されているので、実行委員は意見の異なる多くの生徒を統率しなければならないこと。
エ　合唱祭は辰川高校を代表する行事であるため、実行委員にも他の生徒の模範となる規律ある行動が求められていること。

問八　――線⑦「ひっかかるものがあったことはたしかだけど」とありますが、ひろみはどのような考え方にひっかかっていたのですか。本文の言葉を使って二十～二十五字で答えなさい。（**句読点も数える**）

問九　――線⑧「合唱祭実行委の手がたりないなら、何でも手伝うよ」とありますが、この時のひろみの心情を説明したものとして最も適当なものを次から選び、記号で答えなさい。
ア　中村夢乃の積極性には抵抗感を抱いていたが、合唱祭は自分が最も楽しみにしていた行事であるため、引き受けるべきだと思った。
イ　最初は女子に重要な仕事を任せてくれないことに怒りを感じたが、加藤健一の合唱祭に対する強い思いを知り、手伝うべきだと思った。
ウ　合唱祭には学校の伝統が受け継がれており、自分も委員の一員となることでこの学校の生徒であるという自覚が芽生えるだろうと思った。
エ　自分は合唱が好きでもあるし、自分の同学年が中心となって合唱祭を運営するのであれば、実行委員を引き受ける気概を見せようと思った。

問十　この文章の表現上の特色として最も適当なものを次から選び、記号で答えなさい。
ア　合唱祭を契機に学内で存在感の薄い女子生徒のあり方を変えようと決意をするまでの、ひろみの揺れ動く心情が第三者的な視点で描かれている。
イ　友人との交流にやや消極的な少女が、親友に引っ張られて合唱祭の実行委員を手伝うに至るまでの心情の変化を、主人公の視点から描いている。
ウ　おとなしく自己主張ができない少女が、周囲の人々の影響を受け、次第に心を開いていく様子が過去の回想を交えながら淡々と描かれている。
エ　合唱祭でクラスの入賞に人一倍熱意を持つ夢乃と、最初は反発しながらもその思いに共鳴していくひろみの心情の変化を劇的に描いている。

四

次の文章を読んで、後の問いに答えなさい。

ある川のほとりに、蟻《あり》、遊ぶことありけり。※1にはかに水かさ増さりきて、かの蟻をさそひ流る。①浮きぬ沈みぬするところに、鳩、※2こずゑよりこれを見て「②あはれなるありさまかな。」と、こずゑをちと食ひ切つて、川中に落としければ、蟻、これに乗つて渚に上がりぬ。かかりけるところに、ある人、竿の先に※3とりもちをつけて、かの鳩をささんとす。蟻、心に③思ふやう、「ただ今のどうする。

　早口になって私は続けた。

「この私がパンを配ったからって、人がなごむかどうか保証したくないと言っているだけ。⑧合唱祭実行委の手がたりないなら、何でも手伝うよ。自分のクラスが入賞すればそれでいいなんて、考えているわけじゃないもの」

「じゃあさ、売り子でなければ、別のことなら手伝ってくれる？」

「ううん、売り子でいい」

　私は肩をすくめた。

「結局、売り子が一番簡単なんでしょう？　ただの助《すけ》っ人《と》にできることといえば」

　加藤クンは急激に明るくなった。

「うわあ、恩に着る……ホントにおがむよ。上田サンたちは、チケットとパンを交換する以外、何もしなくていいからね。運び込みも片づけも実行委にまかせていいから。ああ、よかった。これでおれも顔が立つよ」

　顔が立つ――ね。

　加藤クンがうっかりもらしたその言葉は、なかなか真相を語っている。彼が、わざわざ自分のクラスに呼び出しをしたことだって、ずいぶんうさんくさいのだから。けれども、私も、もうあまり角をたてたくなかった。顔が立つってことは、きっとずいぶん大切なことなのだ――私などのよく知らない、男子集団の論理では。

　じつを言うと、加藤クンがあんまり純粋にうれしそうなので、私は心を打たれたのだった。開けっぴろげなその顔が、ちょっとまぶしかったのだった。

（荻原規子『樹上のゆりかご』）

※1　ポテンシャル…可能性として秘めている力

※2　不文律…心の中で了解しているきまり

問一　――線①「ざっくばらん」の意味として最も適当なものを次から選び、記号で答えなさい。

ア　決して威張ることなく、対等に接するさま。

イ　物事を隠さずに、すっかりさらけ出すさま。

ウ　細かいことにこだわらず、大らかに考えるさま。

エ　お互いよく話し合い、協力して取り組むさま。

問二　――線②「どうして私もいっしょなの？」とありますが、なぜひろみはこのように感じているのですか。本文の言葉を使って四十五～五十字で答えなさい。**（句読点も数える）**

問三　空欄 A に当てはまる語句を次から選び、記号で答えなさい。

ア　肩を落とした　イ　口をつぐんだ

ウ　胸が高鳴った　エ　首をひねった

問四　――線③「こういうところがかなわないなと思わせられた」とありますが、ひろみは夢乃のどのようなところがかなわないと思ったのですか。最も適当なものを次から選び、記号で答えなさい。

ア　ひろみは内容がわからない申し出には慎重になり、軽々とは応じないが、夢乃はどんな物事にも向上心を持って挑戦してみるということ。

イ　ひろみはたいして親しくない男子が相手だと話しにくいと感じてしまうが、夢乃は自分から話しかける勇気を持っているということ。

ウ　ひろみは数少ない女子の中の交友関係にとどまっているが、夢乃は多数派の男子に友人が多く、性別は関係なく付き合えるということ。

エ　ひろみは何事にも消極的で他のクラスに気安く行くことはできないが、夢乃は他クラスにも積極的に出かけて行くということ。

問五　――線④「私、これがいやなんだ」とありますが、ひろみはどのようなことがいやなのですか。最も適当なものを次から選び、記号で答えなさい。

志願者のみで運営するのであれば、人数の多少は必ずおこる問題だろう……進んで苦労を買う人間が、それほどたくさんいるとは思えない。前にも言ったけれど、秀才はたいてい個人主義なのだ。
⑥私は少し気の毒になってきた。合唱祭の一日を運営するのは、並たいていの仕事ではないと思うから。
辰川高校の合唱祭は――秋の演劇コンクールもだけど――校内ではなく市の社会教育会館で行われる。学校から歩いて十分ほどの場所にある、移転したばかりのきれいな施設で、設備のととのったコンサートホールをそなえている。
プロも使うこのホールを、裏方までが高校生オンリーの(……すべてのイベント運営に、教師は一切関わらない……)校内行事に貸してくれるというのは、地域の人々がそのくらい辰川高校生を信頼しているあかしでもある。
それゆえ、実行委員にはミスが許されなかった。高価な設備のどこかを一度でも損傷したら、たちどころに翌年がなくなる重い責任がつきまとっている。
舞台進行や照明係だけでてんてこまいなのに、そのうえに、昼休みはロビーで昼食のパン売りをしなければならないらしい……去年はあまり印象になかったけれども。社会教育会館の周りには、食べ物を売る店がほとんどないし、あっても出かけていく時間的余裕がないという話だった。
「パンの売り子をしてほしいということ？　どうして私に？」
つい思ったままが口調に出てしまった。まだ、合唱祭の当日プログラムは発表されていないけれど、もしもクラス発表が午後に回っていたら、昼どきはそれどころではない気がする。
「どうか、たのまれてください……押しつけることのできる人間は、一年男子とかにはいるけれど、先輩がそれじゃむさくるしいって言うんだよ」
加藤クンは両手を合わせんばかりになって言った。
「合唱祭の昼って、みんなが余裕もっていないから、ヤローがパンを配るのはまずいと言うんだ。知りあいの女の子にたのみこめって。まあ、わかるけど、おれ、たのめる知りあいってあんまりいないんだよ。今となっては男子クラスだし、もと同じクラスの中村と仲がいい上田サンくらいしか……たのまれてくれないかな……」
ひと呼吸おいてから、私はたずねた。
「……ということは、ドリちゃんにはすでにたのんであったわけなの？」
加藤クンは、中村夢乃の顔を見た。夢乃はおちつきはらった声音《こわね》で言った。
「私にたのみこんだのは、鳴海知章クンで、このカトケンじゃないよ。参考に知りたければ、私は『いいよ』って答えたって教えてあげるけれど」
夢乃は私の陣営にいない。けれども、これは自分で招いたできごとだ。そういう中村夢乃が好ましくて、接近したのは私だもの。
「わりと意外だな……ドリちゃんが、売り子は女の子と言われてハイとひきうけるなんて」
夢乃を見て、それから加藤クンを見て、私はゆっくり言った。
「加藤クンの先輩、女子がパンを売れば場がなごむなんて、本気で思っているの？　そういうところは女子なわけ？」
加藤健一はみるみるしょげた。
「やっぱり、だめかな。上田サンが合唱に熱心だってこと、知っているよ。だから実行委にも手をかしてくれるかなあーなんて、甘いことを考えてしまったんだ」
「まだ、ことわっていないったら」
⑦ひっかかるものがあったことはたしかだけど、手をかしたくないと思ったわけではなかった。
これが二年生になったということだと――私の同学年が主戦力となってイベントが動き出すということなのだと――いきなり実感した私だった。それなら、合唱好きな上田ひろみとしては、せめて合唱祭くらい、同学年にささやかな助力を見せずして

に出ているらしく、教室内の人影はまばらだった。たぶん、授業終了とともに学食へ飛んでいくのだろう。持参した弁当を二時間目の休みにたいらげてしまい、昼は学食で食べなおすという男子はめずらしくない。
　人が少ないぶん、床のゴミが目立った。かどのゴミ箱はあふれて裾野を形づくっている。シャツや雑誌も散乱している。窓にユニフォームが干してある。環境整備という単語が辞書にない部屋だ。
　もっとも、男女クラスもこれに関してそれほど誉められたものではない。高校へ来てから、私もそうじ当番というものを見たことがないもの。
「加藤クン、いる？」
　夢乃が大きな声を出すと、教室に残っていた全員がはじかれたようにふりむいた。
　④私、これがいやなんだ……この突きささってくる視線に、いつまでたっても慣れない。必要以上に姿かたちに関心が払われていると、いやおうなしにわかってしまう。それはまた、侵入者を見る目つきでもある。いるべきでないやつだと言わんばかりの……
　同じ学校の人間なのに、いったん男子クラスに所属すると、どうしてそんなに女子がめずらしくなるのだろうか。女子クラスがあればいいのにと思うのは、こんな時だ。エイリアンのように見つめられる居心地悪さを、おあいこで教えてあげるのに。
　窓ぎわの机に腰かけて話しこんでいた加藤クンは、ぎょっとした様子で飛び降りた。ややあたふたして近寄ってくる。
「悪い悪い。こんなふうに呼びつけるつもりはなかったけれど、なにしろ時間がなくてさ。上田サン、あの……怒っていない？」
　この先の内容によっては怒るかも、と思ったが、いちおう笑顔でたずねた。
「話ってなあに？」
「いやあ、来てくれただけで何か胸いっぱいだなあ……もう、思い残すことはないというか、男子クラスになってはじめていい思いをしたというか……」
　私はやっぱり笑顔で言った。
「じゃ、これで帰るよ？」
「バカだね、きみは」
　夢乃が情けなさそうに頭をふった。加藤クンはにやけるのをやめて、急いで本題に移った。
「じつをいうと、上田サンが引き受けてくれると、ものすごく恩に着ることがあるんだ……合唱祭当日、実行委員の仕事を手伝ってくれないかな。ほんのちょっとだけ、昼の二十分ほどでかまわないんだけど……」
「加藤クンって、合唱祭実行委員だったの？」
　知らなかった私は、そこでさえぎってしまった。これは、私ばかりがうといのではない。この学校、実行委員と名のつくものを、各クラス一名などと割りふって選出することが一切ないのである。
　実行委員会は、寄り集まった人間が自主的にはじめる……つまり、サークルと同じで、校舎二階のかどにある生徒会執行部室に、先輩の引きやら友人関係やらでなんとなく居着いた人々が、事後承認的に委員になるのだ。顔ぶれなんて、わかるはずがない。
　もっとも、知っている人は知っているのかもしれない。けれども、ほとんどの女子生徒は委員会を興味の範囲外にしていて、みずから参加しようと思わなかった。学校三分の二の男子生徒が、女子は手を汚して遅くまで仕事をしなくていいと考えているからだ。
　これは、女の子には決してそうじをさせない、重いものを持たせない、喫茶店でお金を払わせないという暗黙のルールと同じで、※2不文律として校内に強力に存在していた。賢い女子生徒は⑤これを了承し、わざわざ口をはさむ者はいない。
「うん、じつは実行委員なんだ。クラブの増田先輩にひっぱりこまれたってところかな。前のクラスの田中や鳴海《なるみ》、あいつらも駆り出されているよ。だけど、今年の合唱祭実行委は絶対的に人数が少なくて、昼めしのパン売りまで手が回らないんだよ」

た。あそこは、女子生徒が気安く中に入れるところではない。女人《にょにん》禁制《きんせい》のあれやこれやがまかり通っているという、もっぱらの話だ。

「いやー、カトケン……ほら、一年で同じクラスだった加藤健一クンね？　彼が折り入って話したいことがあると言ってきてるのだよ。ヒーちゃんと私に、だってさ」

　中村夢乃ほど、男女の隔《へだ》てなく①ざっくばらんに話せる人物はめずらしい。そのため、現在のクラスになっても、旧クラスの男子が彼女とおしゃべりをしにF組へ顔を出す。それを目にしていたから、加藤クンが彼女に相談をもちかけるというのは、うなずけるものがあった。

　けれども、②どうして私もいっしょなの？

「私はパス。購買のカフェオレを二人分買っておくから、一人で聞いてきてよ」

　夢乃は、どこへ行くにも昼ごはんを食べるにも、つれあいがいなくてはという、べったりした女友だちを欲しがる人ではない。男子クラスへでもどこへでも、行こうと思ったら平気で行けるだろう。

「何の話だろうって、思わないの？」

「加藤クンが私にも話があるなら、F組に来たときに言うでしょうよ」

　加藤健一は気さくな男子で、クラス仲間をよく笑わせて、評判は悪くなかった。話せばけっこう話せるなと、最近思いはじめたところだ……なぜか去年同じクラスだったころより、二年になってからのほうが話す機会が多くなった。

　それでも、心当たりのない話でC組に呼び出されることには、ちょっと抵抗を感じる。夢乃ならともかく、私はそれほど彼と親しくない。

　中村夢乃は、ちょっとのあいだ私を見つめた。

「……ヒーちゃんって、日ごろおとなしいけれど、※1ポテンシャルは高いと思うな」

「どういう意味？」

「自己主張しないで、おっとり座っている風情《ふぜい》だけど、わりと簡単には『うん』と言わないところとかさ」

「何に『うん』と言わないのよ。さてはドリちゃん、加藤クンの話の内容わかっているんじゃないの？」

　夢乃の返事は「エヘ」だった。私はにらみつけてやった。

「ひとが悪いなあ。何をたくらんでいるわけ？」

　ぶたれることからかばうようなしぐさをして、夢乃は言った。

「ごめーん。だって、カトケンは上田サンに話そうとすると、必ず上がっちゃうと言うんだもの」

「上がる？」

　私は［　A　］。加藤クンが緊張する場面などは見たことがない。いつだって冗談を言っているような気がする。

「あいつって、まじめな話には上がるのよ。言い出せないとふざけて逃げるわけ。でも、話を聞くだけ聞いてやってくれないかな。ことわりたいときは、とことんことわっていいから」

　夢乃の口ぶりは、同性の私より彼の肩をもっていることが明瞭で、③こういうところがかなわないなと思わせられた。彼女にとっては、学校の三分の二を男子が占めることもたいしたちがいはなく、かえって気の合う人間が多くて、すごしやすいと考えているかもしれない。

　比べると私は、三分の一のなかのさらに狭い殻に閉じこもっているみたいで、損かもしれないな……

　この日、結局C組へ出かけていったのは、そんなふうに思えて、突発的向上心をもってしまったせいだった。つまりは、中村夢乃にのせられたというだけかもしれない。

　C組教室の後ろのドアは開いていて、ほっとした。この扉が閉まっている場合、女子は度胸を試される。時をえらばず教室内で着替えをする人物がいて、それを当然とするのが男子クラスなのだ。

　開いたドアから夢乃と二人でのぞきこむと、すでに半数近くが外

エ　文化は受けつぐ人びとが親のことばや動作、生き方を模倣し、外部の影響を受けずに成立するべきものだから。

問六　——線⑤「門外漢」とほぼ同じ意味の語を次から選び、記号で答えなさい。

ア　専門家　　イ　傍観者　　ウ　後人　　エ　素人

問七　——線⑥「これは、ふだん私たちがサルまねと呼んでいるものとはかなりちがう文化概念であり、芸術の理念である」とありますが、臨書のどのような点がそう言えるのですか。本文の言葉を使って四十～四十五字で答えなさい。（**句読点も数える**）

問八　——線⑦「中国において先人尊重の風の生まれるのには、二つの積極的な理由があるという」とありますが、中国における先人尊重の風が生まれる背景とはどのような考え方ですか。最も適当なものを次から選び、記号で答えなさい。

ア　他人から抜きんでるのではなく、日常的なものを尊重し、専門家ではない多くの人が理解し、伝承できるものを尊重するという考え方。

イ　過去ではなく、現在の日常生活のみを尊重し、万人が自分たちの生活で必要なものを非専門家が創造することが重要だという考え方。

ウ　固有の文化ではなく、神仏などの世界の普遍性を尊重し、万人が参加できる芸術的いとなみを創造する精神が重要だという考え方。

エ　神仏などの世界ではなく、現実を直視し、万人が必要とするものを創造する上で先人の専門家の知恵を尊重するべきだという考え方。

問九　——線⑧「中国のことはさておき、『サルまね』の国日本では事情はどうなのか」とありますが、日本の事情として最も適当なものを次から選び、記号で答えなさい。

ア　文化の先達中国の模倣が中心的であったが、独創性を重んじる芸術家もいた。

イ　陶芸では先人尊重の中国と同様と言えるが、他の分野では独創性を重視する。

ウ　陶芸の例のみならず、他の分野においても中国と同様先人尊重の風潮である。

エ　近世までは中国と同様先人尊重の風潮だったが、現代では独創性を重視する。

問十　次のうち、本文の内容と合っているものを一つ選び、記号で答えなさい。

ア　日本人は成長の過程で親のしぐさを無意識に身につけるが、島国でもあるので、文化に関しては意識的に他国を模倣してきたことは否定できない。

イ　日本では模倣に対して批判的な風潮があるが、日本文化は先人尊重の中国の模倣から発生し、独創性はないということを認めざるを得ない。

ウ　西洋では神や自然の模倣を尊重しているが、一方で神に対峙する人間独自の発明や独創性を尊重する考えが優先されることは否定できない。

エ　中国や日本に限らず、文化は「写す」という方法で次世代に伝承され、根づいていくものであるので、模倣することの価値を卑下する必要はない。

三

次の文章を読んで、後の問いに答えなさい。（問題作成上、本文に省略した部分があります。）

上田ひろみが通う辰川《たつかわ》高校は、制服もない自由な校風で男子の比率が高く、男子クラスと男女混合クラスがある。高校二年生の五月、学校全体が盛り上がる合唱祭が迫って来た。

二時間目の休み時間に、中村夢乃が私の机に手をついて言った。

「ねえ、今日の昼、いっしょにC組まで行ってくれないかな」

「C組―？」

事情はどうなのか。それはたとえば「演奏の芸術」を尊ぶ中国とはいちじるしく違うものなのか。

たとえば日本の陶工にとっての問題は、中国の陶磁をいかに良く「写す」かであった。※4乾山写し、※5明赤絵写し、何々写しということが、彼らの仕事であり、芸術であり、生涯であった。

河合紀《かわいただし》氏は次のように言っている。

「※6道八、保全、周平が、全力をあげて造り焼いたのは、文化の先達中国の陶磁であった。良く写すことが目的で創作などあるべくもないし、もしあったとしてもそれは駄目なものだと信じていたようだ。写しこそは日本の陶工の中心的美学であった」（「土。写しについて」）

観念にわずらわされることの少ない陶工について「中心的」であったものが、他の分野、他の学芸について虚偽であるはずはない。日本の学芸は「文化の先達」を写すことで成りたってきたのである。このことは、卑下することなく、十分認めておいた方がいい。

卑下することなく、というのは、繰り返していえば私たちは「独創」という観念の毒に十分ひたされており、したがって「写し」ということの価値が見えなくなりつつあるからである。だが河合氏が同じ文章で述べているように「写しは移しでもある」し「元来文化は写しの手法で移っていくもので、日本の姿もあたりまえと言えば言える」。

文化とは写され、移され、そのことで根づく何ものかである。いや、その過程そのものが文化であると言ってもいい。

（多田道太郎『しぐさの日本文化』）

※1　臨書…手本を見てそのとおり文字を書くこと
※2　倪雲林《げいうんりん》　※3　黄大癡《こうだいち》…ともに中国絵画の名人
※4　乾山写し…江戸中期の陶工尾形乾山の作風に倣って作った陶器
※5　明赤絵写し…中国明の時代の「赤絵」という陶器に倣って作った陶器
※6　道八、保全、周平…高橋道八、永楽保全、尾形周平。ともに日本の京焼の陶工

問一　――線①「そういう人」とはどのような人のことですか。本文の言葉を使って三十～三十五字で答えなさい。（**句読点も数える**）

問二　――線②「氏より育ち」ということわざの意味を次から選び、記号で答えなさい。

ア　人間形成には環境よりも、家柄や血筋などが大きな要因となるということ。
イ　人間形成には環境が大きく影響し、家柄や血筋は表面化しないということ。
ウ　人間形成には家柄よりも教育や環境などが大きな要因となるということ。
エ　人間形成には家柄・血筋も教育・環境も大きく影響を与えるということ。

問三　空欄 A ・ B に入る語として最も適当なものを次から選び、記号で答えなさい。（一つの記号は一回しか使えない）

ア　遺伝　イ　相似　ウ　初期学習
エ　規定　オ　独創　カ　意識

問四　――線③「身振り、しぐさをまねることはそれほどたやすくはない」とありますが、「身振り、しぐさ」はどのように身についていくと言っていますか。これより前から一文で抜き出し、初めと終わりの五字で答えなさい。（**句読点も数える**）

問五　――線④「模倣がなければ一文化の成立と受けつぎは不可能でさえある」とありますが、なぜそう言えるのですか。最も適当なものを次から選び、記号で答えなさい。

ア　人が意識的に親を模倣するように、文化も近隣の先進国を意識して模倣しながら発展していくものだから。
イ　人が家庭環境の影響を受けて成長するように、文化も環境に影響を受け、無意識に受けつがれるものだから。
ウ　文化はそれをになう人びとが意識してまたは無意識に模倣し合うことで成立し、後世に伝えられるものだから。

える。

　私たちはしばしば――あきれるほどしばしば、日本人のサルまねとか模倣癖とかいう自己批判のことばを、口にするが、じつは「模倣」とは、もっとも深い部分（個人や文化の）において右のような役割をはたしているのである。じつに、④模倣がなければ一文化の成立と受けつぎは不可能でさえある。

　地球上のすべての文化は、右のように模倣を不可欠の要素として成立している。しかし、とりわけ、模倣ということを文化の支配概念の一つとして尊重している国がある。すなわち中国である。中国の文化――というより、むしろその普遍性によって中国文明と言いならわされているこの国の文化は、少なくとも今世紀初めまでは、先人の模倣を軸として繰りひろげられてきた文化であった。

　中国についての⑤門外漢がいい加減なことを言っても信用はうすい。中国の芸術について吉川幸次郎氏は次のように述べている。

「もっとも重要なことと私が考えますのは、素材の固定ということであります。（中略）かく固定した素材による芸術的いとなみ、それは音楽にたとえれば、作曲でなくて、演奏です。楽譜はすでに与えられています。与えられた楽譜をいかに演奏するか、それが書の芸術です。演奏は、極度に慎重な場合は、※1臨書というかたちさえ取ります」（「演奏の芸術」『展望』昭和四十二年一月号）

　事は書にかぎらない。たとえば画においても、※2倪雲林《げいうんりん》に倣《なら》うとか、※3黄大癡《こうだいち》に倣うとか、過去の大画家に倣うことが尊しとされる場合がある。こうした傾向を、西洋風の概念で模倣と呼ぶことにはいささかためらいがある。「臨書」とか「倣う」とかいっても、それは厳密に一点一画をなぞるのではなく、一定した形象にのっとりながら、しかも同時に微妙な個性をそこに発揮することに意味があったのであるから。

　とは言え、もし西洋風の独創概念と対峙《たいじ》するものといえば、やはり模倣と呼ばずにはいられない。⑥これは、ふだん私たちがサルまねと呼んでいるものとはかなりちがう文化概念であり、芸術の理念である。

　西洋でも昔はアリストテレスの「自然の模倣」ということばに見られるように、模倣とはかならずしも悪い意味のことばではなかった。神のまねだということで、むしろ崇高なことであった。しかし、その神の栄光が怪しくなると、或る人びとは自分が神でなければならないと思いだしたのである。「もし神がないなら神を発明しなければならぬ」というわけだ。そこで「独創」概念がうまれる。そこにまた、この概念の特異性がある。

　吉川氏は慎重に「模倣」ということばを避け「演奏」という比喩を使っているが、ともかく⑦中国において先人尊重の風の生まれるのには、二つの積極的な理由があるという。これは傾聴すべき卓見である。

　一つは「この国の文明の態度に普遍な、常識の尊重」あるいは「日常的なものの尊重」である。神仏といった他世界のものより身近なこの世のものを尊重しようという態度である。もう一つの理由は「芸術は人間の高貴ないとなみである以上、専門家の仕事ではなく、万人が参与し得る形態にあらねばならぬという精神が、そこに作用している」

　日常的であり、しかも非専門家的である。とすれば、私たちがつね日ごろ先人のまねをして「個性」を作ったのとおなじく、芸文の世界においても「倣う」ということが大事なこととなってこないはずはない。他人から抜きんでることではなく、むしろ他人に倣い、そこに微妙の味を出すという態度が一般的とならざるをえない。

　中国できらわれることの一つは「狂」ということである。良いのは狂ではなく地上の日常的なことを倣うことである。人間についていえば、独創でも偏奇でもなく、つねなる人が地上の芸術を倣う。そこに価値の発生と伝承とがある。

　右のように考えてくれば「模倣」というのは、むしろ価値の発生源であって、けっして卑しむべきことではない。

ところで、⑧中国のことはさておき、「サルまね」の国日本では

二〇二〇年度
目白研心高等学校

【国語】〈五〇分〉〈満点：一〇〇点〉

一 次の――線①～⑤の漢字には読みをひらがなで記し、――線⑥～⑩のカタカナは漢字に直しなさい。

① 併せて検討する。
② 空を仰ぎ見る。
③ 森林の伐採。
④ 憩いの場所。
⑤ 金品を賜る。
⑥ ケンジツな行動。
⑦ エイビンな精神状態。
⑧ ヒロウが蓄積する。
⑨ ソウサク願いを出す。
⑩ 歴史上の人物のイツワ。

二 次の文章を読んで、後の問いに答えなさい。（問題作成上、本文に省略した部分があります。）

少し年をとってふとおどろくことがある。意外なところで父親とよく似たしぐさをし、表情をしている。そのことを他人に指摘されて気づくこともあるし、われながら、とおどろくこともある。こういう経験はほとんど万人のものであろう。

若い時にはなるたけ他人とは異なっていたい――父親を他人というのはおかしいが、しかし、父親と違ったことをし、違った態度をとることで自分の特異性、ひいては独創性を発揮したいと願う人はけっして珍しくない。ところが、①そういう人にしてからが、おやじの年齢になると、ふと自分とおやじとの相似に気づくことがある。それも、仕事とか業績とか、そんな大したことではなく、たとえば日常の身振りといったごく些細なことに、しばしばその種の相似を発見するのである。

これはどういうことだろうか。

人の性格は遺伝で決まるのか、それとも心理学者のいう初期学習（幼少期の家庭環境などによる）で決まるのか。「②氏より育ち」ということわざもあるが、遺伝と初期学習のそれぞれが性格形成にともに参与しているようである。

顔立ち、体格など、性格のきわだった表現であり、またその基礎ともなるものは、おおむね、[A]による。しかし、もう少し表層的な身振り、しぐさなどは、多くは家庭での[B]によるものである。何気ない父親の振舞い、母親の物腰というものが、いつのまにか私たちのからだにしみつき、それは心の奥深くにはいって、性格を形づくり、また性格の表現である身振り、しぐさというものを規定してゆく。それはほとんど無意識のうちに形成されるので、とくに若い時、つまり意識の統制のきびしいときには抑圧されていることが多いが、少し年をとって無意識の表明が活発になってくると、前述のようなおどろきとなり、確認となる。

人はいわば育ちをのがれられないのである。それとおなじく、一国の文化も育ちに似た無意識の部分をもち、これからのがれることはむずかしい。これをかりに、文化の中の身振り的部分、あるいはしぐさ的部分とよぶならば、この部分は、個人の育ちと同じく、模《も》倣《ほう》により成りたった部分である。

子供が母親のしぐさをまねて成長するように、ある文化は、それをになう人びとがたがいにたがいをまねあうことによって、成りたつともいえる。生き方をまね、個性をまね、ことばをまねることはかなりやさしい。それは多くは意識の部分だからである。

それに反し、③身振り、しぐさをまねることはそれほどたやすくはない。これは多くは無意識の部分によりかかっているからである。それだけによけい、後者のほうが変わりにくく、恒常的であるとい

2020年度／目白研心高等学校

英語解答

1 Part A　1…(B)　2…(D)　3…(D)
4…(A)
Part B　1…(C)　2…(B)　3…(A)
4…(D)

2 1　drew　2　best　3　taken
4　leaves

3 1　It rained　2　who〔that〕has
3　enough to　4　you can

4 1　ウ　2　エ　3　ア　4　エ
5　イ　6　エ　7　イ　8　ウ

5 1　①…カ　②…ア
2　③…エ　④…ア
3　⑤…オ　⑥…イ
4　⑦…イ　⑧…ウ
5　⑨…キ　⑩…ウ

6 1　イ　2　ア　3　イ　4　エ
5　ウ→ア→イ　6　エ
7　(1)…T　(2)…F　(3)…T　(4)…F
(5)…F　(6)…T

7 1　エ　2　イ，エ
3　・飢餓
・清潔な飲料水の不足
・子どもが教育を受けられないこと
・動物の減少
4　(1)…ケ)　(2)…イ)　(3)…ア)　(4)…ク)
(5)…ウ)
5　all around the world
6　ア

1〔放送問題〕解説省略

2〔語形変化〕

1．yesterday「昨日」があるので，過去形 drew にする。　「母は昨日，美しい鳥の絵を描いた」

2．直前に the があり，文末に in the world があるので，最上級 best にする。　「ケイは世界で最も優れたテニス選手だ」

3．「撮影された」と受け身の意味で the pictures を修飾するよう，形容詞的用法の過去分詞 taken にする。　「これらはリリーのパリ旅行の間に撮られた写真です」

4．Some によって修飾されているので複数形 leaves にする。語尾が f である名詞の複数形は，普通，f を v に変えて es をつける。　(類例)knife → knives　「葉は秋に赤くなる」

3〔書き換え―適語補充〕

1．「(当地で)雨が降る」は We have rain. と It rains. の 2 つの表し方がある。本問は過去の内容なので，(b)では，rains を過去形 rained で表す。　「コロンビアでは昨年，雨が多かった」

2．(a)の with は「～を持った」という意味。(b)ではこれを，関係代名詞を使って，who〔that〕has ～ と表す。　「リサは白いドレスを着た髪の長い女の子だ」

3．(a)は「彼はとても親切で，コンピュータの使い方を私に教えてくれた」という意味。(b)は‘～ enough to …’「…できるくらい十分に～な」の形を用いて，「彼はコンピュータの使い方を私に教えてくれるくらい十分親切だった」とする。

4．(a)の as ～ as possible は「できるだけ～」という意味であり，これは‘as ～ as＋主語＋can’でも表せる。　「人生はできるだけ楽しむべきだ」

4〔適語(句)選択〕

1．未来形の文で「～後に，～たったら」を表す前置詞 in を入れる。　「ここにいてください。20分後に戻ってきます」

2．‘either ～ or …’「～か…のどちらか」　「私はテニスクラブか野球クラブのどちらかに参加したい」

3．「あなたは元気になるでしょう」と「あなたは少し休む」をつなぐ語としては，if「もし～ならば」が適切。　「もし少し休めば，あなたは元気になるでしょう」

4．‘(　　)＋主語＋動詞...，主語＋動詞...’という形で使えるのは，選択肢の中では Though だけである。　「英語を学ぶのは難しいが，私は英語が大好きだ」

5．Toshi's dog を指す代名詞 it の所有格である Its を入れる。It is〔has〕の短縮形である It's と間違えないようにする。　「これはトシのイヌだ。それの名前はアリーだ」

6．付加疑問文(「～ですよね」と念を押したり，確認を求めたりする言い方)は，肯定文のとき，‘(助)動詞の打ち消し形＋主語(代名詞にする)’を文末につける。本問は動詞が went で，一般動詞の過去形なので，打ち消し形は didn't を用いる。　「サトウさんは昨年の冬にイギリスに行ったのですね」

7．‘時’や‘条件’を表す副詞節(if，when，before，as soon as などから始まる副詞のはたらきをする節)の中は，未来の内容でも現在形で表す。　「彼は香港にいて，来週の月曜日まで帰ってこない。彼が帰ってきたら電話します」

8．「～したらよいか」は‘疑問詞＋to不定詞’で表せる。本問は which train「どの列車」の後，to take として「どの電車に乗ればよいか」とする。to get は‘目的’を表す副詞的用法の to不定詞。「軽井沢に行くには，どの電車に乗ればよいか教えてくれますか」

5〔整序結合〕

1．「～から〈時間〉が…たった」は‘時間＋have〔has〕passed since ～’という形で表せる。「結婚する」は get married。　Ten years have passed since we got married.

2．選択肢に比較級 larger があるので，最上級の文を比較級で表す‘比較級＋than any other＋単数名詞’「他のどの～より…」の形にする。　The Amazon is larger than any other river in the world.

3．「～を知っていましたか」を Did you know とした後，「～であること」は接続詞 that を使い，‘that＋主語＋動詞...’という形で表す。「彼女がフランス語を上手に話せる」は she can speak French well。　Did you know that she can speak French well?

4．「*A* だけでなく *B* も」は‘not only *A* but (also) *B*’で表し，これが主語になるとき，述語動詞は‘*B*’に一致させる。　Not only the players but also the coach was happy over the victory.

5．「どんな音楽」は「どんな種類の音楽」と考え，What kind of music と表す。「～に興味がある」は be interested in ～。you を主語とする疑問文になるよう，are you interested in という順にする。　What kind of music are you interested in?

6〔長文読解総合―対話文〕

≪全訳≫❶父(F)：ジェームズ，おはよう。❷息子(S)：おはよう，お父さん。ずいぶん遅くまで寝てたね。もう10時35分だよ。❸F：わかっている。今週はとても忙しかったんだ。日曜日は寝坊しても大丈夫だろ。ところで，何をやっているんだい？　朝食を食べているのか？❹Ｓ：いや，メッセージをチェックしているんだ。でも，いくつかの言葉が理解できない。手伝ってくれる？❺Ｆ：いいよ。どれどれ。／差出人：アンディ／時間：2020年１月25日６時37分／タイトル：楽しいイベント@サウスパーク／今日，サウスパークで楽しいイベントがあるんだ。僕と一緒に行こう。11時から12時までだよ。11時15分前に東門前で待ち合わせしよう。イベントが終わった後にもしよかったら，一緒にランチを楽しみたいと思うんだ。とにかく，行けるかどうか，できるだけ早く教えてね。／参考：君の大好きな音楽バンドが来るよ！❻Ｆ：すると，お前は「pls」，「ASAP」，そして「FYI」がわからないというわけだね？❼Ｓ：そうなんだ。❽Ｆ：私はこの種のことが得意なんだ。「ASAP」と「FYI」は頭字語だ。例えば，「NP」は「no problem」を意味する。また，「pls」は略語だ。例えば，「msg」は「message」であるように。❾Ｓ：なるほど。すると，「pls」はきっと「please」だね。❿Ｆ：そうだ。他のはどうだ？⓫Ｓ：「FYI」は「FBI」のようなもの？⓬Ｆ：それはちょっと違うな。いくつかヒントをあげよう。お前が物事を早く行いたいときは「ASAP」を使い，何かを必要とするかもしれない人に情報を与えるときは「FYI」を使うんだ。⓭Ｓ：わかった！　「ASAP」は「as soon as possible」で，「FYI」はひょっとしたら「for your information」のこと？⓮Ｆ：そうだ。じゃあ「U」は？⓯Ｓ：それは簡単だ。「you」でしょ。⓰Ｆ：そのとおり！　よくわかったな，ジェームズ。私たち若者は言葉を短くするのが好きなんだ。⓱Ｓ：お父さん，今「私たち」と言った？⓲Ｆ：いや，そのことは忘れてくれ。とにかく，頭字語や略語を使うことにはいくつかの長所がある。／⑤→ウ．スペースが少なくてすみ，速く書き込めるからだ。／→ア．そして，たぶん自分自身の言葉をつくることを楽しめる。／→イ．でも，お前が書く短いものを他人が理解できるようにしなければならない。⓳Ｓ：もうアンディからのメッセージは全部理解できたよ。⓴Ｆ：ああ，そうか。おっと，もう10時40分だぞ。待ち合わせ時間まで５分しかない。㉑Ｓ：ああ，しまった…着替えて，できるだけ早く家を出ないと。HAGD，お父さん！㉒Ｆ：待て，ジェームズ！　それは何だかわからないぞ。何とかしてくれ！　意味を説明してくれないと。

1＜語句解釈＞時刻の表現で‘*A* to *B*’は「*B*時*A*分前」を表す。したがって，15 to 11は「11時15分前」，すなわち10:45「10時45分」を表す。

2＜英文解釈＞父親は，この後で「いくつかヒントをあげよう」と言っていることから，息子は見当違いのことを言っていることがわかる。下線部②のpictureは「考え，イメージ」という意味。get the wrong pictureで「間違った考えを持つ」→「誤解する」という意味。

3＜適文選択＞息子が「ASAP」，「FYI」，「U」の意味を全て正しく言い当てたことに対する父親の言葉として，イ．「私はお前を誇りに思う〔＝よくわかったな〕，ジェームズ」が適切。　be proud of ～「～を誇りに思う」

4＜指示語＞第17段落で息子が「お父さん，今『私たち』と言った？」と述べているが，これは直前で父親が「私たち若者は言葉を短くするのが好きなんだ」と言ったことを受けて，お父さんは若者には含まれない，と言外に言っているのである。したがって，「そのことは忘れてくれ」の「そのこと」の内容を表すものはエ。

5＜文整序＞頭字語や略語を使う長所を述べる部分。アは文頭のAndに着目すれば，２つ目の長所を述べていることがわかり，１つ目の長所であるウの後にくる。また，イは頭字語や略語を使うときの注意点を述べているので最後にくる。以上から，ウ→ア→イと決まる。

6＜英文解釈＞この後，父親が「何とかしてくれ！　意味を説明してくれないと」と言っていることから，父親は息子の言ったHAGDという言葉を理解していないことがわかる。したがって，言い換えたものとしては，エ．「私はその表現が理解できない」である。cannot make heads or tails of 〜 は「〜が理解できない」という意味の熟語。

7＜内容真偽＞(1)「ジェームズは父親より早く起きた」…○　第2段落に一致する。　(2)「ジェームズは今週やることがたくさんあった」…×　第3段落参照。今週やることがたくさんあったのは父親の方。　(3)「アンディはジェームズに楽しいイベントについてのメッセージを送った」…○　第5段落のメッセージに一致する。　(4)「ジェームズはアンディとのランチをとりそこなった」…×　そのような記述はない。　(5)「単語を短くしようとすると頭が良くなる」…×　そのような記述はない。　(6)「最後に，父親はジェームズが自分で頭字語や略語を明確にする方法を学んでないと思っている」…○　第21，22段落に一致する。

7〔長文読解総合―説明文〕

≪全訳≫❶現在，宇宙飛行士は私たちの400キロ上空の宇宙で暮らして働いており，そういった高い所から見ると地球はかなり異なって見える。宇宙飛行士は地球がどれほど美しいかを見ることができ，夜に世界の大都市の明かりを見ると，多くの人にとって，今が生きているすばらしい時間であることがわかるのだ。❷しかし，宇宙飛行士は私たちの世界が変化しているのを見て取ることもできる。見下ろすと，ミシシッピ川のような大河の汚れた水や，アマゾンとインドネシアで燃えている木々からの炎が見える。時がたつにつれ，宇宙から送られてくる写真は，世界の大きな森林が小さくなり，最も暑い国の一部がより乾燥し，海にプラスチックゴミが毎年増えている様子を映し出している。❸宇宙飛行士は私たちが環境を変えていることを見て取ることができるが，宇宙からは目にすることのできない問題が他にも多くあるのだ。彼らはいかに多くの人が，毎晩空腹のまま寝床につき，清潔な水を飲むことができないのかを見ることができない。彼らは，学校に行けない何百万もの子どもたちや，すみかがなくなっているために死につつある動物を見ることができない。❹これらの問題は，世界中の人々や国々にとって重要であり，「地球規模の問題」と呼ばれている。では，今日の最大の地球規模の問題とは何か，そしてなぜ私たちはそのことを知る必要があるのか。私たちの世界に何が起こっているのだろうか，そして私たちの世界は危険にさらされているのだろうか。

❶世界は急速に変化し始めている――そして，世界が変化するとき，私たちの生活における重要な地球規模の問題も変化する。❷オランダのユトレヒトで，オランダの少年が荷物を開ける。中には男の子が待ち望んでいたTシャツがある。Tシャツにはメイド・イン・バングラデシュと書かれているが，Tシャツはバングラデシュだけでつくられたわけではない。Tシャツの材料は，米国アーカンソー州の農場で生育した綿花だ。その後，綿はメキシコに渡った。そこで，日本とドイツの工場機械がそれを原材料にした。その後，その原材料は船でバングラデシュのダッカに運ばれ，そこでTシャツになった。それはダッカから中国の広州に旅することになった。中国の企業がTシャツをインターネットで販売し，オランダに発送した。❸100年前，多くの企業は自国でのみ物を製造・販売していた。しかし，今日の世界経済では，企業は世界中で物を製造・販売している。ある場所から別の場所へ移動すること，そして何千キロも離れた場所に住む人々とビジネスを行うことがますます容易になっている。このことは

「グローバリゼーション」と呼ばれる。グローバリゼーションのせいで，世界のある地域で何かが起きたとき，どこの国や人々にも変化が起こる。⑥例えば，2008年には，米国の一部の銀行の問題が，世界中で経済危機を引き起こした。

1＜適語選択＞この文の前半に「宇宙飛行士は地球がどれほど美しいかを見ることができる」とあることから，後半も地球に対するプラスのイメージが描かれていると判断し，「世界の大都市の明かりを見ると，多くの人にとって，今が生きているすばらしい時間であることがわかるのだ」となるよう，wonderful を入れる。

2＜要旨把握＞ア，ウ，オはいずれも第２段落第３文で述べられているが，イとエに関する記述はない。

3＜語句解釈＞第３段落第２，３文の「彼らはいかに多くの人が，毎晩空腹のまま寝床につき，清潔な水を飲むことができないのかを見ることができない。彼らは，学校に行けない何百万もの子どもたちや，すみかがなくなっているために死につつある動物を見ることができない」から，４つの点をまとめればよい。

4＜要旨把握＞２つ目の文章の第２段落第４～８文参照。　(1)「Ｔシャツの材料は，米国アーカンソー州の農場で生育した綿花だ」から，「綿花」。　(2)「その後，綿はメキシコに渡った」から，「メキシコ」。　(3)「その原材料は船でバングラデシュのダッカに運ばれ」から，「バングラデシュ」。　(4)，(5)「それ〔＝Ｔシャツ〕はダッカから中国の広州に旅することになった」から，(4)が「Ｔシャツ」，(5)が「中国」。

5＜適語句補充＞直前の文に「100年前，多くの企業は自国でのみ物を製造・販売していた」とある。この後，But「しかし」とあるのだから，この後には「自国でのみ」物を製造・販売する，と対立する内容がくる。したがって，「世界中で」物を製造・販売する，となるよう，all around the world を入れる。これは，１つ目の文章の最終段落第１文にある。

6＜適文選択＞直前の文に「グローバリゼーションのせいで，世界のある地域で何かが起きたとき，どこの国や人々にも変化が起こる」とある。その具体例としては，一国での出来事が世界中に影響を与えたことを述べる，ア．「例えば，2008年には，米国の一部の銀行の問題が，世界中で経済危機を引き起こした」を入れるのが適切。

2020年度／目白研心高等学校

数学解答

1 (1) 1　(2) $-24a^2b$　(3) $\dfrac{4x-19y}{12}$
(4) $3xy(x-7)(x+6)$　(5) -6

2 (1) $-15a^2-56a-85$　(2) $\dfrac{13}{17}$
(3) $x=0, -5$

3 (1) 12通り　(2) 約40枚　(3) 46°

4 (1) (順に) $10x+y$, $x+y$, $10y+x$, $10x+y$〔$7(x+y)$〕
(2) 63

5 (1) 72cm^3　(2) 54cm^2　(3) 4cm

6 (1) (3, 3)　(2) -1　(3) 5：7

7 (1) $18\pi\ \text{cm}^3$
(2) $10\pi a^2+24\sqrt{5}\pi a\ \text{cm}^2$

1〔独立小問集合題〕

(1)＜数の計算＞与式 $=32\div(-8)-9\times\left(-\dfrac{5}{9}\right)=-4+5=1$

(2)＜式の計算＞与式 $=3ab^2\times(-4ab)\times\dfrac{2}{b^2}=-\dfrac{24a^2b^3}{b^2}=-24a^2b$

(3)＜式の計算＞与式 $=\dfrac{3(2x-3y)-2(x+5y)}{12}=\dfrac{6x-9y-2x-10y}{12}=\dfrac{4x-19y}{12}$

(4)＜因数分解＞与式 $=3xy(x^2-x-42)=3xy(x-7)(x+6)$

(5)＜平方根の計算＞与式 $=3\sqrt{2}(2-\sqrt{2})-\dfrac{24}{2\sqrt{2}}=6\sqrt{2}-3\times2-\dfrac{12}{\sqrt{2}}=6\sqrt{2}-6-\dfrac{12\sqrt{2}}{\sqrt{2}\times\sqrt{2}}=6\sqrt{2}$ $-6-\dfrac{12\sqrt{2}}{2}=6\sqrt{2}-6-6\sqrt{2}=-6$

2〔独立小問集合題〕

(1)＜式の計算＞与式 $=a^2-36-(16a^2+56a+49)=a^2-36-16a^2-56a-49=-15a^2-56a-85$

(2)＜一次方程式―$\boldsymbol{a}$の値＞方程式を，$6a+15x-4x+12a=a+2$，$17a+11x-2=0$ と変形して，解の x $=-1$ を代入すると，$17a+11\times(-1)-2=0$，$17a-13=0$　$\therefore a=\dfrac{13}{17}$

(3)＜二次方程式＞与式を3でわり，因数分解する。$x^2+5x=0$，$x(x+5)=0$　$\therefore x=0, -5$

3〔独立小問集合題〕

(1)＜確率―カード＞一の位の数に奇数の1，3，5のカードを使うから，右図1のように12通りとなる。

図1

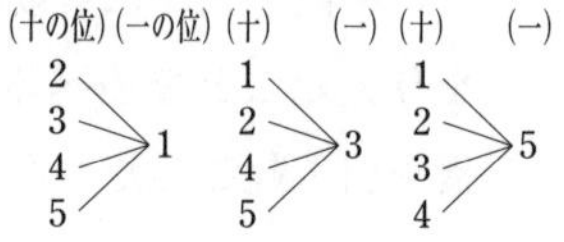

(2)＜資料の活用―標本調査＞25枚の中に当たりが2枚あったから，くじ全体の中の当たりの割合は $\dfrac{2}{25}$ と考えられる。よって，くじ全体の中の当たりの枚数は，$500\times\dfrac{2}{25}=40$ より，およそ40枚と推定できる。

(3)＜図形―角度＞右図2のように点Aと円の中心Oを結ぶ。$\overset{\frown}{BC}$ に対する中心角と円周角の関係より，$\angle BAC=\dfrac{1}{2}\angle BOC=\dfrac{1}{2}\times126^\circ=63^\circ$ となる。AO＝BO だから △AOB は二等辺三角形であり，底角は等しいので $\angle OAB=\angle OBA=17^\circ$ となり，$\angle OAC=\angle BAC-\angle OAB=63^\circ-17^\circ=46^\circ$ となる。よって，CO＝AO だから △AOC も二等辺三角形となり，$\angle x=\angle OAC=46^\circ$ である。

図2

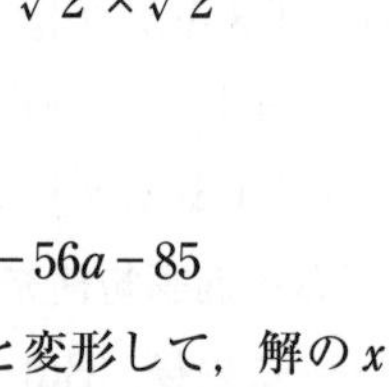

4〔方程式―連立方程式の応用〕

(1)＜立式＞2けたの自然数の十の位の数を x，一の位の数を y とするとき，この自然数は $10x+y$，十の位の数と一の位の数の和は $x+y$ と表されるので，「この自然数は，十の位の数と一の位の数の和の7倍に等しい」という関係を等式で表すと，$10x+y=7(x+y)$……①となる。また，十の位の数と一の位の数を入れかえてできる自然数は$10y+x$と表されるので，「十の位の数と一の位の数を入れかえてできる自然数は，もとの自然数よりも27小さい」という関係を等式で表すと，$10y+x=10x+y-27$……②となる。なお，もとの自然数は$7(x+y)$に等しいので，$10y+x=7(x+y)-27$と表してもよい。

(2)＜連立方程式の応用＞①を整理すると，$10x+y=7x+7y$，$3x=6y$，$x=2y$……①′となり，②を整理すると，$10y+x-10x-y=-27$，$-9x+9y=-27$，$x-y=3$……②′となる。①′を②′に代入すると，$2y-y=3$　$\therefore y=3$　これを①′に代入して，$x=2\times3$　$\therefore x=6$　これより，もとの自然数は63である。

5〔空間図形—三角錐〕

≪基本方針の決定≫(3)　三角錐の底面と高さの見方をかえ，体積と底面積から高さを求める。

(1)＜体積＞底面が△EGH，高さDHの三角錐である。$\triangle EGH=\frac{1}{2}\times EH\times GH=\frac{1}{2}\times12\times6=36(cm^2)$，DH＝6cmなので，〔三角錐D-EGH〕$=\frac{1}{3}\times36\times6=72(cm^3)$である。

(2)＜面積—三平方の定理＞右図1で，DH＝GH＝6cm，EH＝12cm，∠DHE＝∠GHE＝90°より，△DHE≡△GHEだからDE＝GEとなり，△DEGは二等辺三角形である。△DHEにおいて三平方の定理より，$DE=\sqrt{EH^2+DH^2}=\sqrt{12^2+6^2}=\sqrt{180}=6\sqrt{5}(cm)$となり，△DHGは直角二等辺三角形だから，$DG=\sqrt{2}\times DH=6\sqrt{2}(cm)$である。図1のように点EからDGに垂線を引き，交点をMとすると，$DM=\frac{1}{2}DG=3\sqrt{2}(cm)$だから，△DMEにおいて三平方の定理より，$EM=\sqrt{DE^2-DM^2}=\sqrt{(6\sqrt{5})^2-(3\sqrt{2})^2}=\sqrt{162}=9\sqrt{2}(cm)$となる。これより，$\triangle DEG=\frac{1}{2}\times DG\times EM=\frac{1}{2}\times6\sqrt{2}\times9\sqrt{2}=54(cm^2)$である。

図1

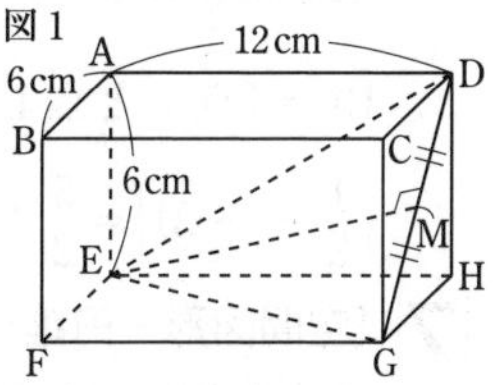

(3)＜長さ＞三角錐D-EGHの底面を△DEGと見ると，右図2のように，点Hから△DEGに引いた垂線HIは三角錐の高さとなり，その体積は$\frac{1}{3}\times\triangle DEG\times HI$と表すことができる。よって，(1)，(2)より，$\frac{1}{3}\times54\times HI=72$が成り立つから，HI＝4(cm)となる。

図2

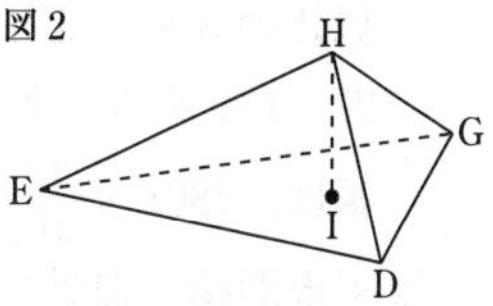

6〔関数—関数$y=ax^2$と直線〕

≪基本方針の決定≫(2)　長さの比をx座標，y座標の数値で考える。

(1)＜点の座標＞放物線はy軸について対称だから，$y=\frac{1}{3}x^2$のグラフ上の異なる2点A，Bのy座標が等しいとき，そのx座標は絶対値が等しく符号が異なる。よって，点Bのx座標が-3より，点Aのx座標は3である。点Aのy座標は$y=\frac{1}{3}\times3^2=3$だから，A(3，3)となる。

(2)＜aの値＞右図のように点Dを通ってy軸に平行な直線を引き，線分ABとの交点をEとする。また，点Bと点Cのx座標はともに-3だから，線分BCはy軸に平行である。よって，BC∥ED，AD：DC＝1：2より，AE：EB＝AD：DC＝1：2であり，$AB=3-(-3)=6$だから，$AE=\frac{1}{1+2}AB=\frac{1}{3}\times6=2$となり，点Eの$x$座標は$3-2=1$である。点Dの$x$座標は点Eと等しく1だから，点Dの$y$座標は$y=ax^2$に$x=1$を代入して，$y=a\times1^2=a$となり，点Dの座標はD(1，$a$)である。また，点Cの$y$座標は$y=a\times(-3)^2=9a$より，C($-3$，$9a$)である。よって，A(3，3)，D(1，$a$)，C($-3$，$9a$)，AD：

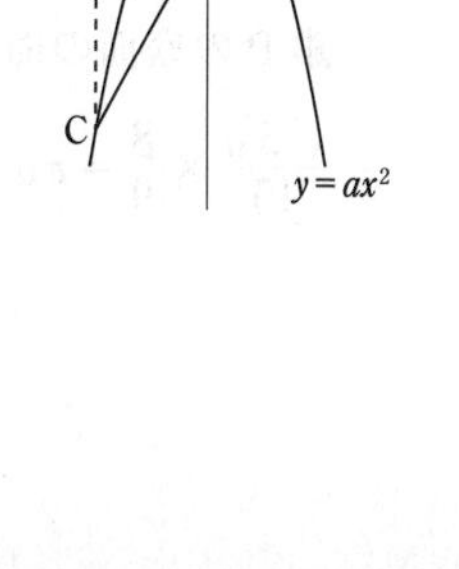

DC＝1：2より，点Aと点Dのy座標の差と，点Dと点Cのy座標の差が1：2となることから，$(3-a):(a-9a)=1:2$が成り立つ。これを解いて，$2(3-a)=1\times(a-9a)$，$6-2a=-8a$，$6a=-6$より，$a=-1$である。

(3)＜線分の比＞$a=-\frac{1}{2}$のとき，曲線nの式は$y=-\frac{1}{2}x^2$，点Cのy座標は$y=-\frac{1}{2}\times(-3)^2=-\frac{9}{2}$より，$\mathrm{C}\left(-3,\ -\frac{9}{2}\right)$である。ここで，直線ACの式を$y=bx+c$とおくと，A(3, 3)を通ることから，$3=3b+c$……①，点Cを通ることから，$-\frac{9}{2}=-3b+c$……②となり，①と②を連立方程式として解いて，$b=\frac{5}{4}$，$c=-\frac{3}{4}$より，直線ACの式は$y=\frac{5}{4}x-\frac{3}{4}$となる。直線ACと曲線$n$の式から，その交点の$x$座標を求めると，$\frac{5}{4}x-\frac{3}{4}=-\frac{1}{2}x^2$，$\frac{1}{2}x^2+\frac{5}{4}x-\frac{3}{4}=0$，$2x^2+5x-3=0$となるから，解の公式より，$x=\frac{-5\pm\sqrt{5^2-4\times2\times(-3)}}{2\times2}=\frac{-5\pm\sqrt{49}}{4}=\frac{-5\pm7}{4}$となり，$x=\frac{1}{2}$，$-3$より，点Dの$x$座標は$\frac{1}{2}$となる。これより，点Aの$x$座標は3，点Dの$x$座標は$\frac{1}{2}$，点Cの$x$座標は$-3$で，AD：DC＝〔点Aと点Dの$x$座標の差〕：〔点Dと点Cの$x$座標の差〕となるので，AD：DC＝$\left(3-\frac{1}{2}\right):\left\{\frac{1}{2}-(-3)\right\}=\frac{5}{2}:\frac{7}{2}=5:7$となる。

7〔空間図形—円錐〕

≪基本方針の決定≫(1)　相似比と体積比の関係を利用する。　(2)　立体Bの側面の面積が円錐Pの側面積の何倍に当たるか考える。

(1)＜体積—相似＞右図1のように，円錐Pと円錐Aは相似な立体で，相似比は高さの比から$(1+2):1=3:1$である。相似な立体の体積の比は相似比の3乗の比に等しいので，円錐Pと円錐Aの体積の比は$3^3:1^3=27:1$である。よって，円錐Pの体積が$486\pi\,\mathrm{cm}^3$のとき，円錐Aの体積は，$486\pi\times\frac{1}{27}=18\pi\,(\mathrm{cm}^3)$である。

図1

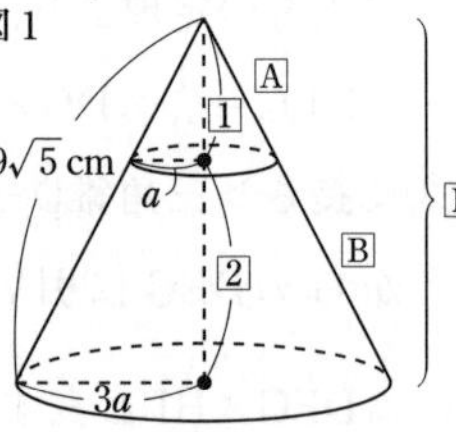

(2)＜表面積—相似＞右図1のように，円錐Pと円錐Aの相似比は3：1だから，円錐Aの底面の半径がaのとき，円錐Pの底面の半径は$3a$である。立体Bの側面は，右図2のように円錐Pの側面のおうぎ形から円錐Aの側面のおうぎ形を除いた形になり，円錐Pの側面のおうぎ形の半径は$9\sqrt{5}$ cm，弧の長さは円錐Pの底面の半径$3a$の円周の長さに等しい。ここで，おうぎ形の中心角を用いて，側面積の割合を求める。〔円錐Pの側面のおうぎ形の弧の長さ〕＝〔円錐Pの底面の円周の長さ〕なので，円錐Pの側面のおうぎ形の中心角をxとすると，半径$9\sqrt{5}$ cmの円に対する円錐Pの側面積の割合は，$2\pi\times9\sqrt{5}\times\frac{x^\circ}{360^\circ}=2\pi\times3a$より，$\frac{x^\circ}{360^\circ}=\frac{\sqrt{5}a}{15}$となる。さらに，相似な図形の面積比は相似比の2乗の比に等しいので，円錐Pの側面のおうぎ形と円錐Aの側面のおうぎ形の面積の比は$3^2:1^2=9:1$となるから，立体Bの側面の面積は円錐Pの側面の面積の$\frac{9-1}{9}=\frac{8}{9}$(倍)に当たる。以上から，立体Bの表面積は，円錐Aの底面の面積と，円錐Pの底面の面積と，円錐Pの側面の$\frac{8}{9}$倍の面積の和となるから，$\pi a^2+\pi\times(3a)^2+\pi\times(9\sqrt{5})^2\times\frac{\sqrt{5}a}{15}\times\frac{8}{9}=\pi a^2+9\pi a^2+\frac{81\times5\times\sqrt{5}\times8}{15\times9}\times\pi a=10\pi a^2+24\sqrt{5}\pi a\,(\mathrm{cm}^2)$となる。

図2

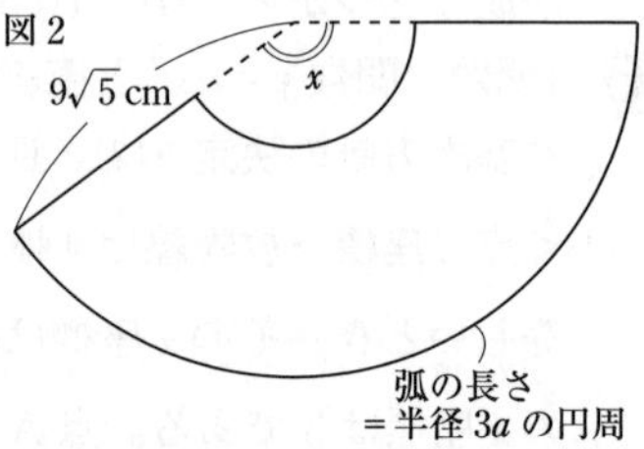

2020年度／目白研心高等学校

国語解答

一　①　あわ　②　あお　③　ばっさい
④　いこ　⑤　たまわ　⑥　堅実
⑦　鋭敏　⑧　疲労　⑨　捜索
⑩　逸話

二　問一　父親と違ったことをすることで自分の特異性や独創性を発揮したいと願う人。(35字)
問二　ウ　問三　A…ア　B…ウ
問四　何気ない父～してゆく。
問五　ウ　問六　エ
問七　厳密に一点一画をなぞるのではなく，一定の形象にのっとりながら，同時に個性を発揮する点。(43字)
問八　ア　問九　ウ　問十　エ

三　問一　イ
問二　夢乃はべったりした女友達を欲しがる人ではなく，男子クラスへも行こうと思ったら平気で行ける人だから。(49字)〔自分はそれほど加藤健一とは親しくなく，心当たりのない話で呼び出されることには，抵抗を感じるから。(48字)〕
問三　エ　問四　ウ　問五　イ
問六　女子は手を汚して遅くまで仕事をしなくていいということ。(27字)
問七　イ
問八　女子がパンを売れば場がなごむという考え方。(21字)
問九　エ　問十　イ

四　問一　ア　問二　イ
問三　おもうよう
問四　かの人の足にしつかと食ひつきければ
問五　イ

一〔漢字〕

①音読みは「併用」などの「ヘイ」。　②他の訓読みは「おお(せ)」。音読みは「仰天」などの「ギョウ」，「信仰」などの「コウ」。　③木を切り出すこと。　④音読みは「休憩」などの「ケイ」。　⑤音読みは「恩賜」などの「シ」。　⑥手堅くて確実なこと。　⑦感覚などが鋭いこと。　⑧肉体や精神を使いすぎたために疲れること。　⑨いなくなった人やなくなった物を捜し求めること。　⑩世の中にあまり知られていない興味深い話。

二〔論説文の読解─文化人類学的分野─日本文化〕出典；多田道太郎『しぐさの日本文化』。

《本文の概要》人間の性格形成には，遺伝と初期学習の両方が関係していると考えられるが，身振りなどは，幼少期の家庭環境などの影響を受け，無意識のうちに形成される。父親や母親の何気ない振る舞いが，いつの間にか体にしみつき，心の奥深くに入っていき，性格の表現である身振りなどを規定していくのである。一国の文化も，育ちと共通した部分があり，無意識のうちに模倣することによって成り立つものである。地球上の全ての文化は，模倣を不可欠の要素として成立しており，中でも中国は，模倣ということを文化の支配概念として尊重している。しかし，例えば中国の臨書においては，一定した形象にのっとりながらも，そこに微妙な個性を発揮することに意味があるとされているように，中国には，他世界のものよりも身近なこの世のものを尊重しようという態度があり，さらに他人にならいながらも微妙に味を出すということが尊重されている。一方，日本の学芸も，中国と同様に文化の先達を写すことで成り立っており，その過程そのものが文化であるといえる。

問一＜指示語＞「父親と違ったこと」をして，自分の「特異性」や「独創性」を発揮したいと願う人でさえ，「おやじの年齢になると，ふと自分とおやじとの相似に気づくこと」がある。

問二＜ことわざ＞「氏より育ち」は，人間形成に大切なのは，家柄よりも環境である，という意味。

問三＜文章内容＞人間の「性格形成」において，「顔立ち」「体格」など「性格のきわだった表現」に関わったり，その基礎になったりするものは「遺伝」によって決まると考えられており(…Ａ)，「もう少し表層的」な「身振り，しぐさ」などは，「家庭」における幼い頃の教育や環境，つまり「初期学習」によると考えられている(…Ｂ)。

問四＜文章内容＞人間の「無意識の部分」に関わる「初期学習」は，「何気ない父親の振舞い」や「母親の物腰」といったものが「いつのまにか私たちのからだ」にしみついて，そのしみついたものが「心の奥深くにはいって，性格を形づくり，また性格の表現である身振り，しぐさというものを規定してゆく」ので，簡単にまねすることができないのである。

問五＜文章内容＞「個人の育ち」における「無意識のうちに形成」される「身振り」や「しぐさ」が，「模倣により成りたった」のと同じように，「一国の文化も育ちに似た無意識の部分」を持っている。子どもが親の「身振り」や「しぐさ」をまねて成長するように，文化の成立には，その文化を「になう人びとがたがいにたがいをまねあうこと」が必要なのである。

問六＜語句＞「門外漢」は，その道の専門家ではない人のこと。「漢」は，男子を意味する言葉だが，広く一般の人を表すときにも用いられる。

問七＜文章内容＞「臨書」は，「厳密に一点一画をなぞるのではなく，一定した形象」にのっとって書いていくのと同時に，「微妙な個性」を書の中に発揮するところに，意味がある。したがって，「臨書」は，「西洋風の概念」でいうところの「模倣」や，ただまねをするだけの「サルまね」とは違うといえる。

問八＜文章内容＞中国においては，自国の「文明の態度に普遍な，常識」や「日常的なもの」を尊重するべきであるという考え方があり，また，芸術は「専門家の仕事ではなく，万人が参与し得る形態」であるべきだという精神もある。つまり，中国には，「神仏といった他世界のものより身近なこの世のものを尊重しよう」という考え方が根づいており，さらに「他人から抜きんでること」よりも，「他人に倣い，そこに微妙の味を出す」という態度が一般的であるので，「先人尊重」の精神が受け継がれているのである。

問九＜文章内容＞河合紀氏によれば京焼の陶工たちには，「文化の先達」である中国の陶磁を「写す」ことが，「中心的美学」であった。この陶工の例と同じように，日本の他の分野や学芸も，「『文化の先達』を写すことで成りたってきた」のである。

問十＜要旨＞文化は，文化をになう人々どうしが互いに「まねあう」ことで成り立つもので，「地球上のすべての文化」は，「模倣を不可欠の要素として成立している」といえる。したがって，「写す」ことは，卑下されるべきではないといえる。

三〔小説の読解〕出典；荻原規子『樹上のゆりかご』。

問一＜語句＞「ざっくばらん」は，遠慮することなく率直に気持ちを打ち明ける様子，という意味。

問二＜文章内容＞ひろみは，「男子クラスへでもどこへでも，行こうと思ったら平気で行ける」夢乃が，「いっしょにＣ組まで行ってくれないかな」と自分を誘ってきた理由がわからなかった。

問三＜慣用句＞「首をひねる」は，疑問に思って考え込む，という意味。ひろみは，「加藤クンが緊張する場面」を見たことがなかったので，夢乃の「カトケンは上田サンに話そうとすると，必ず上がっちゃうと言うんだもの」という言葉に，疑問を感じたのである。

問四＜文章内容＞ひろみは，少ない女子の中の「さらに狭い殻に閉じこもっている」ような自分と比べて，夢乃が男子の数など全く問題にせず，「かえって気の合う人間が多くて，すごしやすい」とさえ見えることに，感心しているのである。

問五＜文章内容＞ひろみは，男子生徒たちが自分の「姿かたちに関心」を持っているとわかる目で見たり，「侵入者」を見るような目で見たりする「突きささってくる視線」を，「いや」だと思っており，「いつまでたっても慣れない」でいるのである。

問六＜指示語＞「賢い女子生徒」は，「女子は手を汚して遅くまで仕事をしなくていい」と男子生徒が考えているという「不文律」を了承しているので，合唱祭の実行委員会に「みずから参加しよう」と思ったり，わざわざ運営に口を出したりはしないのである。

問七＜文章内容＞合唱祭の行われる「市の社会教育会館」は，「移転したばかりのきれいな施設」で，「設備のととのったコンサートホール」もあり，プロも使うことがある。実行委員には，この施設の「高価な設備のどこかを一度でも損傷」したら，翌年からは使えなくなるという「重い責任がつきまとっている」ので，ひろみは，実行委員が気の毒になったのである。

問八＜文章内容＞加藤クンは，先輩がパンの売り子が男子だと「むさくるしい」と言っているという理由で，ひろみに売り子を頼んできたが，ひろみは，「女子がパンを売れば場がなごむ」という理由には同意できなかったので，「本気で思っているの？」と問い返したのである。

問九＜心情＞加藤クンたちが合唱祭のことで苦労していたり，夢乃が合唱祭でパンの売り子を引き受けたりするのを見て，ひろみはイベントを運営するのが自分たち二年生なのだということを実感し，「これが二年生になったということだ」と思った。そして，ひろみは，自分が「合唱好き」でもあるので，「同学年にささやかな助力を申し出る度量」を示したいと思ったのである。

問十＜表現＞ひろみは，男子クラスに入っていけないほど消極的であったが，加藤クンや夢乃が合唱祭に積極的に取り組んでいる姿を見て，心を開いて，自分の思いを話し始めた。そして，ひろみは，自分たちがイベントを運営する二年生になったということを自覚し，自分も手伝おうという気になっていった。ひろみの気持ちが少しずつ変化していく様子が，ひろみの視点から描かれている文章である。

四〔古文の読解―仮名草子〕出典；『伊曾保物語』下八。

≪現代語訳≫ある川のほとりで，蟻が，遊んでいた。急に(川の)水かさが増えてきて，その蟻を巻き込んで流れた。(蟻が川の中を)浮いたり沈んだりしていたところ，鳩が，木の枝からこの様子を見て「かわいそうな様子であることよ」と(思って)，木の枝をちょっと食いちぎって，川の中に落としたところ，蟻は，それに乗って岸に上がった。このようなところに，ある人が，竿の先にとりもちをつけて，その鳩を捕らえようとした。蟻が，心に思うには，「今の(自分が受けた)恩を返したいものだなあ」と思って，その人の足にしっかりと食いついたところ，(その人は)怖がってうろたえてしまい，竿をそこに投げ捨てた。その人に，(足に食いついた蟻の)心を理解できるだろうか。いや理解などできはしない。しかし，鳩は，この事情を悟って，どこへともなく飛び去ってしまった。

問一＜古文の内容理解＞蟻は，急に川の水かさが増したので，水に流されてしまい，川の中で浮いたり沈んだりしていた。

問二＜現代語訳＞「あはれなり」は，しみじみと感じる，趣がある，もの寂しい，かわいい，気の毒だ，などの意味を持つ多義語である。ここは，鳩が流されている蟻を見て気の毒だと思っている。

問三＜歴史的仮名遣い＞歴史的仮名遣いの語頭以外のハ行は，現代仮名遣いでは，原則として「わいうえお」と読む。したがって「おもふ」は，「おもう」になる。また，歴史的仮名遣いの「au」の音は，現代仮名遣いでは「ou」と読む。したがって「やう」は，「よう」になる。

問四＜古文の内容理解＞危ういところを鳩に助けてもらった蟻は，恩返しをしようと思い，鳩を捕獲しようとしていた「かの人」の足に食いついた。

問五＜現代語訳＞「ぬ」は，完了の意味を表す助動詞で，～てしまった，などと訳す。

2019年度　目白研心高等学校

【英　語】（50分）〈満点：100点〉

1 （リスニングテスト）

Part A:　英語の対話を聞いた後、それぞれの対話の内容に関する質問が流れます。その質問に対し最も適切な答えを(A)、(B)、(C)、(D)から１つ選び、記号で答えなさい。対話と質問は２回流れます。

1.

(A)　900 yen
(B)　2,000 yen
(C)　18,000 yen
(D)　20,000 yen

2.

(A)　Beside the library
(B)　In Mejiro-cho
(C)　Far from Kenshin Station
(D)　Next to the man's house

3.

(A)　Write a report with the man
(B)　Go to the library
(C)　Go shopping
(D)　Stay home

Part B:　英語の対話を聞いた後、対話の内容に関する質問が３つ流れます。それぞれの質問に対し最も適切な答えを(A)、(B)、(C)、(D)から１つ選び、記号で答えなさい。対話と質問は２回流れます。

1.

(A)　Three
(B)　Four
(C)　Five
(D)　Six

2.

(A) It's July 30th.
(B) It's July 31st.
(C) It's August 1st.
(D) It's August 2nd.

3.

(A) The date line is between England and the U.S.
(B) You can see the date line from the sky.
(C) We go back one day when we go over the date line from west to east.
(D) When we cross the date line, we always add one day.

※＜リスニングテスト放送原稿＞は英語の問題の終わりに付けてあります。

2 次の語と、下線部の発音が異なるものを(　　)内のア～エから１つ選び、記号で答えなさい。

1.	chair	(ア	chorus	イ	change	ウ	chance	エ	March)
2.	hear	(ア	hand	イ	heart	ウ	hour	エ	hot)
3.	hope	(ア	snow	イ	boat	ウ	show	エ	cloud)
4.	afternoon	(ア	soon	イ	too	ウ	stood	エ	moon)

3 (　　)内の単語を適切な形にしなさい。

1. Jack (buy) a DVD at the store yesterday.
2. My father said the sunset (see) from the bridge was beautiful.
3. This flower is (pretty) than that flower.
4. There are four (child) in his family.

4 下の a)と b)の文がほぼ同じ意味になるように、(　　)に適する１語を入れなさい。

1. a) Mr. Sato is our teacher of English.
b) Mr. Sato (　　) (　　) English.

2. a) I like oranges. I like strawberries, too.
   b) I like ( ) oranges ( ) strawberries.

3. a) I found the hospital easily.
   b) It was ( ) for me ( ) find the hospital.

4. a) Sam is taller than any other boy in his class.
   b) Sam is ( ) ( ) boy in his class.

5 次の文の(　　)に入れるのに最も適切なものをア～エの中から 1 つ選び、その記号を書きなさい。

1. Miho can speak English as ( ) as Kana.
   ア better　イ well　ウ best　エ harder

2. I am looking forward ( ) you again.
   ア to see　イ seeing　ウ to seeing　エ see

3. Tom got up very late, ( ) he was late for school.
   ア so　イ since　ウ but　エ although

4. She is interested ( ) reading English books.
   ア as　イ to　ウ in　エ on

5. Hana ( ) been sick since last week.
   ア is　イ have　ウ was　エ has

6. This TV program is very popular ( ) young students.
   ア in　イ between　ウ among　エ during

7. You went to school yesterday, ( ) you?
   ア don't　イ wasn't　ウ didn't　エ weren't

8. This is the most beautiful view ( ) I have ever seen in my entire life.
   ア that　イ whose　ウ who　エ whom

6 それぞれの日本語の内容に合うように下の語句を並べかえるとき、①～⑭の(　　)に入る語の記号を書きなさい。ただし、文頭に来る語も小文字になっています。

1. 私は明日、あなたにあの本を持ってきてほしい。

(　　)(　　)(①)(　　)(②)(　　)(　　) tomorrow.

ア you　イ book　ウ to　エ want　オ bring
カ I　キ that

2. 虹には七色ある。

(　　)(③)(　　)(④)(　　)(　　) rainbow.

ア in　イ there　ウ seven　エ are　オ colors
カ a

3. 土曜日に医者に診てもらう必要はないよ。

(　　)(⑤)(　　)(　　)(　　)(⑥)(　　) on Saturday.

ア to　イ don't　ウ a　エ see　オ doctor
カ you　キ have

4. 何か温かい飲み物を下さい。

(　　)(　　)(　　)(⑦)(　　)(⑧)(　　).

ア me　イ hot　ウ to　エ something　オ drink
カ give　キ please

5. この鳥は英語で何といいますか。

(　　)(　　)(　　)(　　)(⑨)(　　)(⑩)?

ア bird　イ is　ウ what　エ this　オ English
カ in　キ called

6. 紅茶を一杯いかがですか。

(　　)(⑪)(　　)(　　)(　　)(⑫)(　　)?

ア like　イ you　ウ a　エ cup　オ would
カ of　キ tea

7. これが博物館への道を示す地図です。

This (　　)(⑬)(　　)(　　)(　　)(⑭)(　　).

ア which　イ to　ウ the way　エ the map　オ the museum
カ is　キ shows

7 次の対話の文章を読んで、あとの各問に答えなさい。
(*印の語句には注釈があります。)

Emi and Shun are high school students. Mary is an exchange student from Canada.

Mary: Hi, Emi. Hi, Shun. Can I join you?

Emi: Sure, Mary. Shun tells me he is thinking of having a pet.

Shun: Yes, I am. What is a popular pet in your country, Mary?

Mary: I think it is a dog or a cat. ①<u>I am not sure which is better as a pet.</u>

Shun: I like both but my mother says it may be difficult to have a big animal in our apartment building. (②)

Emi: I guess dogs can be more *faithful to their owners. We all know about the famous dog, Hachiko.

Mary: That's right. My friend showed me the *statue of Hachiko in Shibuya.

Shun: By the way, I read an interesting *article on the Internet about pets in Japan. Did you know that there are more pet dogs and pet cats than children in Japan now?

Emi: I didn't know ③<u>that</u>.

Shun: The article also says that one out of four families lives with either a dog or a cat, or both.

Mary: I see. Does the article show the number of pet cats and pet dogs in Japan?

Emi: I've heard that the number of pet cats is almost as large as that of pet dogs.

Shun: Well, in 2017, the *estimated number of pet dogs was 8,920,000 and that of pet cats was 9,526,000. The article also reports that the number of pet dogs has become much (④).

Mary: Does the article say why?

Shun: Yes, it does. One is an *economic reason. It is more expensive to ⑤<u>keep</u> a dog than a cat.

Emi: It may also be that the number of elderly people is growing larger. It is hard for them to walk their dogs every day. They don't have to walk their cats outside.

Shun: Thank you for sharing your thoughts. I have to think about a lot of things before deciding which pet to get.

注) faithful to: ～に忠実な　statue: 銅像　article: 記事　estimated: 推計の
economic: 経済上の

1. 下線部①が指す内容として最も適切なものを以下の選択肢から１つ選び、記号で答えなさい。
   ア Mary likes cats better than dogs.
   イ Mary thinks cats are better than dogs.
   ウ Mary can't decide whether dogs are better than cats.
   エ Mary thinks dogs are more popular than cats.

2. 空欄(　②　)に入る表現として最も適切なものを以下の選択肢から１つ選び、記号で答えなさい。
   ア Do you like animals?
   イ Are cats better?
   ウ Do you have pets?
   エ What do you think?

3. 下線部③の指す内容として最も適切なものを以下の選択肢から１つ選び、記号で答えなさい。
   ア ペットの犬の数が子どもの数より多いこと
   イ ペットの猫の数が子どもの数より少ないこと
   ウ ペットの犬と猫を合わせた数が子どもの数より多いこと
   エ 子どもの数が犬と猫を合わせた数より多いこと

4. 空欄(　④　)の中に入る表現として最も適切なものを以下の選択肢から１つ選び、記号で答えなさい。
   ア smaller
   イ bigger
   ウ wider
   エ more

5. 下線部⑤が指す内容として最も適切なものを以下の選択肢から１つ選び、記号で答えなさい。
   ア 取る
   イ 飼う
   ウ 保つ
   エ 置く

8 次の文を読んで設問に答えなさい。（*印の語句には注釈があります。）

Can a poor country boy from the hills of *Kentucky become President of the United States? Can a poor African American from the center city become wealthy and famous all over the world? Can a woman become President of the United States? The answer to all of these questions is "yes, *ideally it is possible." The key word here is _ideally_. ①Ideally, everyone in the United States, whether rich or poor, has an equal chance to succeed.

This idea of equal chance to succeed is a basic belief in *capitalism, the economic system of the United States. Social classes or levels are not fixed. Upper class or upper-middle class are words that mainly *relate to money, although an upper-class person has been wealthy for a long time. There are no kings or queens in the United States, and a person's *background is not as important as that person's position. Perhaps because the United States is a country of *immigrants, people who often had very little when they arrived in the country, Americans *value the ability to go "from ②rags to riches."

The first two examples in the first *paragraph are about self-made men, who started life with almost nothing and became successful. ③These men are President Abraham Lincoln and the boxer Mohammad Ali. These two men did not have the advantages of wealth, a good education, or connections with powerful people. However, they were hungry to succeed.

Of course, it is not true to say that everyone who wants to succeed will be able to succeed. But there are ④laws that give every person in the United States the chance to succeed. These laws provide equal chances for education and work to all people. These laws are especially important to members of minorities (any group of people not white, not *Protestant, and not male in the United States) such as Mexicans, women, African Americans, people with *physical disabilities, and many other groups. Minority groups may find that they do not have equal education or work. They may have difficulty finding jobs or getting enough pay because of *_prejudice_.

⑤Prejudice is a negative feeling against a person because of his or her *race, *religion, or background. For example, if a factory owner does not like Mexican Americans, this person is prejudiced. A prejudiced person actually has already judged a whole group of people and feels negatively about all the people in that group. If a factory owner feels prejudiced, this is not a problem. The problem happens when the factory owner refuses to give someone work because of that prejudice. If the factory owner gives a job to a man instead of a woman just because he is a man when both are equally good enough, this is called *_discrimination_. ⑥Discrimination in education and in work is against the law in this country.

The word discrimination really means noticing differences. Of course, there are differences in people. However, the law tries to stop differences from becoming problems when people want to succeed. In education, *employment, and many other areas, discrimination is a bad word.

(出典: Abraham,P., & Mackey,D. *Equality For All?* 出題の都合により、一部変更)

注) Kentucky: ケンタッキー州(アメリカ中東部の州)　ideally: 理想的に
capitalism: 資本主義　relate to ~: ～に関連して　background: 経歴
immigrant: 移民　value: 価値を置く　paragraph: 段落
Protestant: プロテスタント教徒　physical disability: 身体的な障がい
prejudice: 偏見、偏見を持たせる　race: 民族　religion: 宗教
discrimination: 差別　employment: 雇用

1. 下線部①の内容から、実際のアメリカ社会の状況はどのようであると推測できるか、日本語で説明しなさい。

2. 下線部②は本文中でどのような状態の人々を例えているのかを、解答欄に合うように日本語で答えなさい。

3. 下線部③で挙げられている二人に最も関係が深いものをそれぞれ2つずつ選び、記号で答えなさい。ただし、同じ記号を2度使うことはできない。

【語群】 ア. アフリカ系アメリカ人　イ. メキシコ系アメリカ人
ウ. 女性　エ. 首都　オ. 田舎　カ. ボクサー
キ. 大統領　ク. 牧師

4. 下線部④の「法律」について、正しく述べられているものにはTを、そうでないものにはFを解答欄に書きなさい。
(1) アメリカにいるすべての人が成功するように定めている。
(2) アメリカにいるすべての人が教育や雇用で平等な機会を得ることを保証している。
(3) アメリカにいるすべての人とは、メキシコ人、女性、アフリカ系アメリカ人、身体に障がいがある人を除いたすべての人々を指している。
(4) アメリカにいるすべての人のうち、"少数派"と呼ばれる人たちにとってこの法律は大きな意味を持つ。

5. 下線部⑤の「偏見」がアメリカで「違法」となるケースを、本文の内容に合うように説明しなさい。

6. 下線部⑥の「差別」について、本文の内容に一致するものにはT、そうでないものにはFを解答欄に書きなさい。
(1) 偏見をもとにして教育や雇用の場面で不当な扱いをしたり受けたりすることを差別と呼ぶ。
(2) 雇用において差別をすることは違法であるが、その他の場面では違法にはならない。
(3) 差別という言葉は「違いに気付く」というのが本来の意味である。
(4) 差別は教育や雇用の現場でのみ悪い意味で使われる。

＜リスニングテスト放送原稿＞

Part A

1.

M:　The design of our class T-shirts looks really nice!

W:　I think so too.　How much will they cost?

M:　They cost 1,000 yen each and there are 20 class members, so....

W:　But look!　If we order more than 10 T-shirts, we will get a 10 percent discount.

QUESTION: How much will all the T-shirts be?

(A)　900 yen

(B)　2,000 yen

(C)　18,000 yen

(D)　20,000 yen

2.

M:　I heard you moved last month.

W:　Yes.　I lived in Mejiro-cho, but now I live near Kenshin Station.

M:　There is a city library near the station.　I often go there.

W:　Oh, that's next to my house!

QUESTION: Where does the woman live?

(A)　Beside the library

(B)　In Mejiro-cho

(C)　Far from Kenshin Station

(D)　Next to the man's house

3.

M:　How about going shopping with me?

W:　I'm sorry, but I can't.　I have to write a science report.

M:　That's too bad.　There is a big sale at the new mall.

W:　Sounds nice!　Then, I'll write it later.

QUESTION: What is the woman going to do first?

(A) Write a report with the man

(B) Go to the library

(C) Go shopping

(D) Stay home

Part B

B: Ms. Tanaka, can I ask you some questions?

T: Is it about your homestay in Vancouver, Canada?

B: Yes. I got in touch with my host family last week. My host brother, Jeff, is the same age as me. He lives with his father, mother, two sisters and grandfather. Jeff and I love the same rock band.

T: That's good!

B: And I want to talk with him on the phone next time, but I don't know when to call.

T: OK, you want to ask me about the time difference. There is a 16-hour time difference between Tokyo and Vancouver.

B: 16 hours? It's hard to imagine.

T: Look at that clock. It's 3:00 p.m. on August 1st in Tokyo now. Go back 16 hours, and that is the time in Vancouver, so it's too late to call him now.

B: I see. Can I ask you one more question?

T: Of course.

B: This is my flight schedule. I'll leave Tokyo at 6:00 p.m. on August 10th, but I'll arrive in Vancouver at 10:00 a.m. on the same day.

T: That is because you pass the date line.

B: The date line?

T: Yes, the date line is in the middle of the Pacific Ocean, but it is not a real line. When you cross the date line from west to east, you go back one day, and when you cross the line from east to west, you add one day.

B: I got it. Ms. Tanaka, thank you so much.

T: Have a nice trip.

Questions

1. How many people are there in Jeff's family?
   (A) Three
   (B) Four
   (C) Five
   (D) Six

2. In this conversation, what is the date in Canada?
   (A) It's July 30th.
   (B) It's July 31st.
   (C) It's August 1st.
   (D) It's August 2nd.

3. Which of the following sentences is true?
   (A) The date line is between England and the U.S.
   (B) You can see the date line from the sky.
   (C) We go back one day when we go over the date line from west to east.
   (D) When we cross the date line, we always add one day.

【数　学】（50分）〈満点：100点〉

〈注意〉答えが分数の場合は，既約分数(これ以上約分できない分数)で答えなさい。

1　次の各問いに答えなさい.

(1)　$-\left(-3^2\right)+\left(-4\right)^2\div 8$ を計算しなさい.

(2)　$2x-5-\dfrac{x-7}{3}$ を計算しなさい.

(3)　$\left(-\dfrac{5}{2}x^3y\right)^2\times\left(-\dfrac{3}{10}y\right)\div 15x^2y^4$ を計算しなさい.

(4)　x^4-5x^2-36 を因数分解しなさい.

(5)　$3\sqrt{27}-\dfrac{6}{\sqrt{3}}+\sqrt{8}\times 2\sqrt{24}$ を計算しなさい.

2　次の各問いに答えなさい.

(1)　$\left(2x-5y+7\right)^2$を展開したとき，xyの係数を求めなさい.

(2)　等式 $\dfrac{a-2b}{3}=\dfrac{c}{2}$ をbについて解きなさい.

(3)　２次方程式$x^2+ax-12=0$の２つの解がともに整数となるようなaの値の個数を求めなさい.

3 **次の各問いに答えなさい.**

(1)　10 円，50 円，100 円の 3 枚の硬貨を投げるとき，表が出た硬貨の合計金額が 50 円より大きくなる確率を求めなさい.

(2)　右下の図は，あるクラスで行なった数学の小テストの正解した問題数を表したヒストグラムである．中央値を求めなさい.

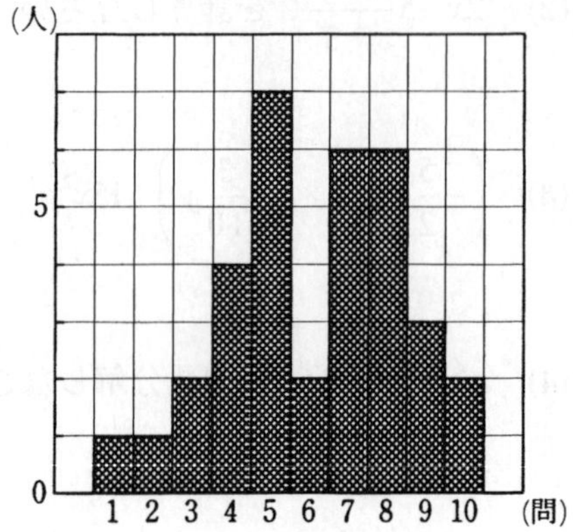

(3)　右下の図の四角形 ABCD において，AD // BC，点 M，N はそれぞれ AB，DC の中点であるとき，線分 MN の長さを求めなさい.

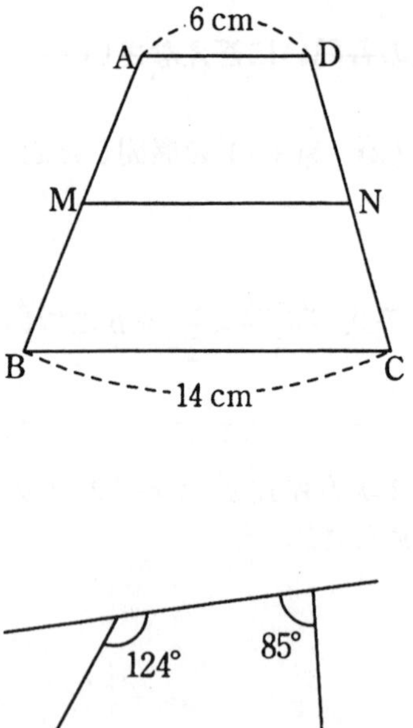

(4)　右下の図で，$\angle x$ の大きさを求めなさい.

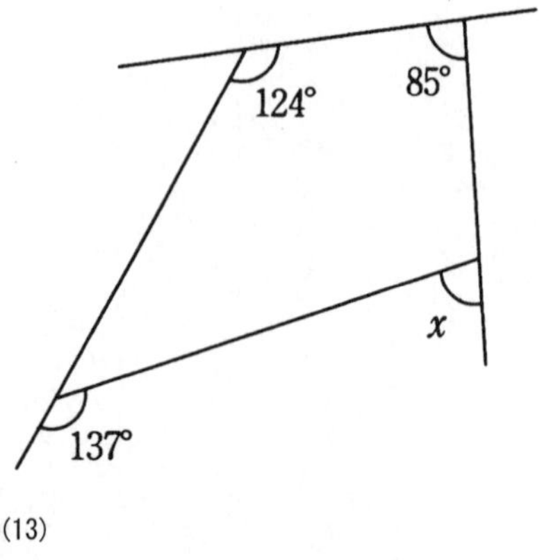

4 一定の速さで進行中の列車が，430m の鉄橋を渡り始めてから渡り終えるまでに 37 秒かかった．また，この列車が同じ速さで 710m のトンネルを通過するとき，列車全体がトンネル内にあったのは 23 秒間であった．このとき，次の各問いに答えなさい．

(1) 列車の長さを x m，速さを秒速 y m として，連立方程式を作りなさい．

(2) 列車の長さと速さをそれぞれ求めなさい．

5 円 O は線分 AB を直径とする半径 4cm の円である．円 O の円周上に $\angle BAC = 15°$ となるように点 C をとる．点 B を含まない弧 AC 上に $\angle ACD = 30°$ となるように点 D をとり，弦 AC と弦 BD の交点を E とする．また，直径 AB の延長と直線 DC の交点を F とする．このとき，次の各問いに答えなさい．

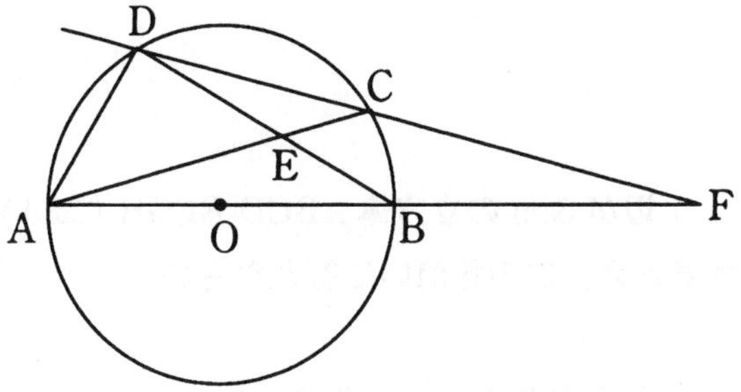

(1) $\angle DAE$ の大きさを求めなさい．

(2) 線分 CD の長さを求めなさい．

(3) 線分 DF の長さを求めなさい．

6 右下の図で，2点A，Bは関数 $y=ax^2$ のグラフ上にあり，点Cは直線ABと x 軸との交点である．点Aの座標が $(-2, 2)$，△ABOの面積と△ACOの面積の比が $3:1$ のとき，次の各問いに答えなさい．ただし，点Bの x 座標は正とする．

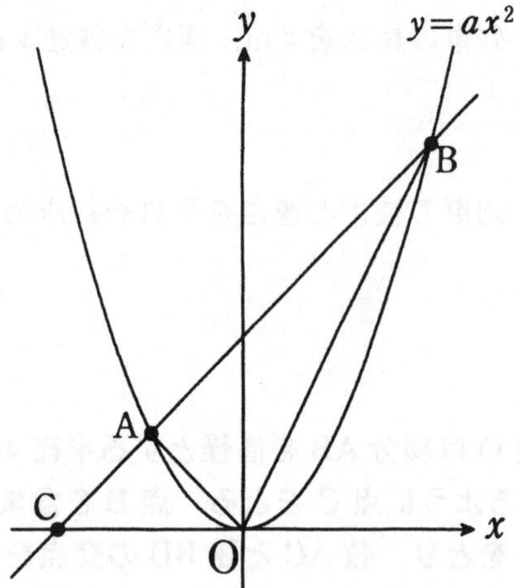

(1)　a の値を求めなさい．

(2)　点Bの座標を求めなさい．

(3)　点Cの座標を求めなさい．

7 1辺が6cmの立方体ABCD-EFGHにおいて，対角線BHと△DEGとの交点をPとするとき，次の各問いに答えなさい．

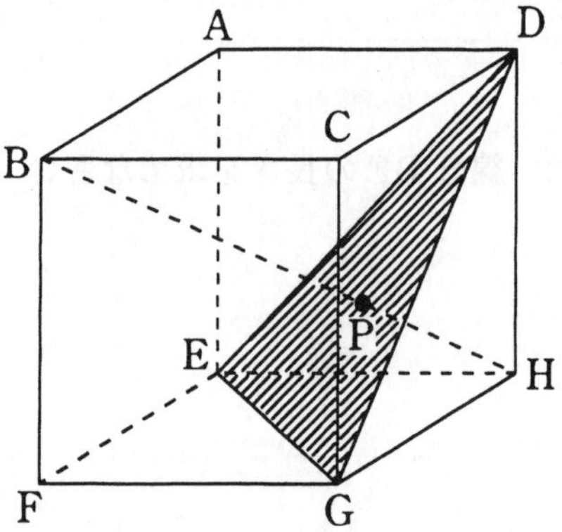

(1)　対角線BHの長さを求めなさい．

(2)　△DEGの面積を求めなさい．

(3)　線分BPの長さを求めなさい．

ウ　この馬に鞍を置き換えたが、気が荒くて乗りこなせそうもなかったから。
エ　この馬は小屋の敷居にも脚を引っかけるほど、動作がゆっくりだから。

問五　――線④「道を知らざらん人」とありますが、ここではどのような人のことですか。最も適当なものを次から選び、記号で答えなさい。

ア　学問の道を習得できない人
イ　武士の道に思い切り励んだ人
ウ　神仏の道に人生をささげた人
エ　馬術の道を究めていない人

った自分を恥ずかしく思っている。

問六 ――線⑤「いいよ。投げ切る」とありますが、なぜアネゴはそのように言ったと考えられますか。本文の言葉を使って二十～二十五字で答えなさい。**（句読点も数える）**

問七 ――線⑥「監督の眉根が寄せられた。」とありますが、この時の監督の心情はどのようなものですか。最も適当なものを次から選び、記号で答えなさい。

ア アネゴが自分には好調を装い、後輩には不調を訴えていることに不信感を覚えている。

イ アネゴの肩が本来の調子ではないという事実を初めて耳にして、少し動揺している。

ウ アネゴが目の前で格下の相手に打ち込まれている状況に、不快感をあらわにしている。

エ アネゴの不調を察知した森野が自分の作戦を否定したため、戸惑いを隠せないでいる。

問八 ――線⑦「試合の事情が変わっても、」とありますが、試合前と実際とではどのように変わったということですか。本文の言葉を使って四十五～五十字で答えなさい。**（句読点も数える）**

問九 本文の表現上の特徴として最も適当なものを次から選び、記号で答えなさい。

ア 思いがけず格下の相手に劣勢に立たされたチームが、エースの気迫に押されて次第に本気になっていく様子が主人公の視点から描かれている。

イ 勝利への気持ちに差があったチームメイトが、強敵を相手にして初めて団結していくまでの様子が試合の展開とともに劇的に描かれている。

ウ 控え投手としてエースに複雑な思いを抱いていた主人公が、エースの孤軍奮闘する姿を見て共感するまでの様子が段階的に描かれている。

エ 勝利のためには手段を選ばない監督に反発していた主人公が、監督の生徒への愛情を理解するまでの様子が淡々とした筆致で描かれている。

四

次の文章を読んで、後の問いに答えなさい。

城《じょうの》陸奥《むつの》守《かみ》泰盛《やすもり》は、※1さうなき馬乗りなりけり。馬を引き出《いだ》させけるに、足を①そろへて※2閾《しきみ》をゆらりと越ゆるを見ては、「是《これ》は②勇《いさ》める馬なり」とて、※3鞍《くら》を置きかへさせけり。又、足を伸《の》べて閾に蹴《け》あてぬれば、「是は鈍《にぶ》くして、［A］あるべし」とて、③乗らざりけり。④道を知らざらん人、※4かばかり恐れなんや。

（『徒然草』）

※1 さうなき…並ぶものがいない
※2 閾…敷居。入口の戸の枠
※3 鞍…牛や馬の背に置く、人や荷物を乗せるための道具
※4 かばかり恐れなんや…これほど慎重にするであろうか

問一 ――線①「そろへて」の読みを、現代仮名遣いで書きなさい。

問二 ――線②「勇める馬なり」の現代語訳として最も適当なものを次から選び、記号で答えなさい。

ア 勇気あふれる馬である

イ 気が立っている馬である

ウ 機転が利かない馬である

エ とても急いでいる馬である

問三 空欄［A］に入る適語を次から選び、記号で答えなさい。

ア おちこみ　イ たたかい

ウ あやまち　エ なきごえ

問四 ――線③「乗らざりけり。」の理由として最も適当なものを次から選び、記号で答えなさい。

ア 泰盛が乗る馬は、当時の将軍から頂いたものでなければならないから。

イ この馬は動作が機敏で、一緒に走る馬の競争心をあおってしまうから。

ストライク。
上がった主審の声に振り返ると、相手の三番を三振に仕留めたアネゴがゆっくりとこちらに歩いてくるところだった。
「勝つよ」
ベンチに戻ったアネゴが言った。
「もう一点もやらない。だからあと二点。死ぬ気で取って。お願い」
延長はなしと試合前に取り決めた。あと二回の攻撃で二点。勝つなら取るしかない。
言葉にこもっていたアネゴの気迫に、みんながしんとなった。
「取る。取るよ」
やがてキャッチャーが言った。
「当たり前だよ。あんな一年坊にいつまでも舐められててたまるか」
「お姉様の怖さを教えてやんなきゃ」
「勝つよ」
アネゴの言葉に、おう、とみんなが応じた。

（本多孝好『エースナンバー』）

※1 クローザー…試合を締めくくるピッチャー
※2 詭弁…きれいごと

問一 ――線①「そんなもの」とはどのようなものですか。本文の言葉を使って二十五〜三十字で答えなさい。**（句読点も数える）**

問二 空欄 A に当てはまる語句を次から選び、記号で答えなさい。

ア 胸をなでおろしていた　イ さじを投げていた
ウ 手をこまねいていた　エ 高をくくっていた

問三 ――線②「結構、やるじゃないの、と見下ろしたまま打席に入った方がよほど打てる確率は高い。」とありますが、なぜ私はそのように思うのですか。最も適当なものを次から選び、記号で答えなさい。

ア ずっと控えの選手としてレギュラーたちより冷静にゲームの流れを見てきており、アネゴがこの程度の相手に打ち崩されたことがないことを経験的に知っていたから。
イ 相手ピッチャーは実力的にはアネゴより格下であり、アネゴさえ相手打線を抑えてくれればチームに勢いがつき、いずれ打線も当たり出すことは明らかであるから。
ウ 最初から全力で挑んできている相手に今からペースを合わせるのは難しく、自分たちが地力に勝ることを意識して精神的に余裕を持って臨んだ方が勝機はあるから。
エ 相手ピッチャーは確かに球も速いし、コントロールもいいが、明らかに最初から全力で飛ばしすぎであり、そのうち力尽きるであろうことは簡単に予測できたから。

問四 ――線③「躊躇した。」の意味として最も適当なものを次から選び、記号で答えなさい。

ア 混乱した。　イ ためらった。
ウ 油断した。　エ 勘違いした。

問五 ――線④「『うん』と思わず私も頷いていた。」とありますが、この時の私の心情として最も適当なものを次から選び、記号で答えなさい。

ア 「負けるかもしれない」という試合前の嫌な予感が的中したように、自分たちのミスで相手に得点が入ったため、最悪の結果を想定して怖くなっている。
イ チームにいつもならありえないミスが連発し、ついに相手に得点を許してしまい、同級生も弱気になっているのを見て、敗戦を予感して不安になりつつある。
ウ アネゴが格下の相手に打ち込まれている姿を目の当たりにし、試合前に肩の違和感をもらしたアネゴの登板回避を監督に訴えなかったことを後悔している。
エ ずっと「負けるはずがない」と信じながらも、実際には相手ピッチャーを打ち崩せない状態が続き、勝てると公言してしま

「ノーヒットで一点」
私の近くにきていた奈美が呟いた。
「負けるかもね」
④「うん」と思わず私も頷いていた。
続く打者を三者連続三振。その回の守備が終わっても、アネゴの投球に「ナイスピッチ」と声をかける人はいなかった。もう前にすら飛ばさせない。孤高のサークルからベンチへと引き上げてくるアネゴからは、そんな気迫を感じた。
「次から、私、行きます」
やってきたアネゴのグラブを受け取り、バットを渡しながら、私は囁いた。
「⑤いいよ。投げ切る」
先頭打者として打席に向かいかけたアネゴの腕を私はつかんだ。
「練習試合ですよ。今日は、ここまで。本番の県大会でやっちゃってください」
アネゴはちらりとベンチの方を見た。
「負けるわけにはいかない試合だ」
「監督のお父さんなら大丈夫です。もう死んでるらしいですから。たぶん文句も言いません。言ったとしたって聞こえません」
「監督の親父《おやじ》は関係ない」とアネゴは言った。「私が負けるわけにはいかないんだよ」
アネゴは打席に入り、一年生ピッチャーを睨《にら》みつけた。一年生に負けるわけにはいかない。アネゴの意地だろう。
その回、アネゴは塁に出たが、後続があっさりと断たれた。
六回、アネゴは簡単に先頭打者を打ち取ってから九番と一番に連打を浴びた。肩をかばうような仕草は微塵《みじん》もなかったが、球威の衰えは明らかだった。
「まだばてる球数でもないでしょうに」
監督が呟いた。
「私に行かせてください」
監督がちょっと驚いたように私を見た。
「珍しいわね。うちの※1クローザーが登板直訴なんて」
クローザーが冗談であることくらい私にもわかった。私はただ、すでにゲームの勝敗が決まったあとで、アネゴを休ませるためだけに投げる控え投手だ。
「アネゴ、肩に違和感があるそうです」
⑥監督の眉根が寄せられた。
「森野にそう言ったの？　いつ？」
「試合前です。今日は五回まで。六回、七回は任せると言われました」
監督はしばらく考え、首を振った。
「じゃ、事情が変わった」
確かにそうだろう。試合前、五回が終わったころには、悪くとも五対〇、あわよくば七対〇、十対〇だってあり得たはずの試合だった。
「⑦試合の事情が変わっても、アネゴの事情は変わりません。球がいってません。明らかにおかしいです」
快音が鳴った。グラウンドを見ると、高く上がった打球を懸命に追いかけたセンターがスライディングキャッチしていた。これでツーアウト。
「負けたくないのは監督の勝手です。そんなものを生徒に背負わせないでください。お父さんの命日なんてそんなこと、私たちの知ったことじゃありません」
監督がきっとなって私を見た。何かを言いかけ、そしてまた首を振った。
「生徒になんて背負わせてない。エースに背負わせただけよ」
「※2詭弁《きべん》です」
思わずかっとなった私の温度に合わせるように、監督の言葉の温度も上がった。
「詭弁でも何でも、それがエースなの」

り、それではどこまで戦えるのか。県大会ならベストフォー常連のうちを使って、早い時期に試してみたかったということだろう。
三回、四回と、どちらも点が取れないまま、回だけがいたずらに進んだ。負けるはずのない練習試合。そう［　A　］レギュラーたちの表情が変わり始めた。けれど、それでは遅い。
アネゴの控えとして、さほど試合に出る機会に恵まれなかった私は、レギュラーたちより引いた視線でゲームの流れというものを見てきた。今、本気になるくらいなら、相手を舐《な》めたまま試合を続けた方がまだましだ。相手は最初からトップスピードで挑んできている。今更そのスピードに合わせようとしたところで追いつくはずがない。無理に歩調を合わせる必要などないのだ。相手のピッチャーは確かに球は速いし、コントロールもいい。それにしたところで、たかだかピッチャー一人。それもアネゴと比べればはるかに見劣りする。その程度のピッチャーだ。地力では負けるはずがないのだ。②結構、やるじゃないの、と見下ろしたまま打席に入った方がよほど打てる確率は高い。
五回。この回で降りるはずのアネゴは、監督にもチームメイトにも何も言わないままサークルの中心に向かった。足場を確かめるように二度地面を蹴り、キャッチャーに一つ頷《うなず》いてみせる。
「まあ、負けはしないけどね」
私の斜め前で、腕を組んでグラウンドを見つめる監督がそう呟いた。三球の準備投球をするアネゴを見れば、誰でもそう思うだろう。滑らかに弧を描く腕、力強く蹴り出される足、鋭く放たれるボール。流れるような一連の動作は美しくさえあった。あのエースが、あの程度の打線から点を奪われるはずがない。
けれどゲームの主役はエースでも四番でもない。ボールだ。
先頭打者が簡単に打ち上げたボールをサードが後ろに下がりながら追った。そのボールはやがてグラブに収まるだろう。私が目線を切りかけたとき、視界からサードの姿が消えた。本来、突き出される場所にグラブはなく、行き場をなくしたボールが地面に落ちて大きく弾んだ。
固まったのは私だけではなかった。足を取られて仰向けに倒れたサードも、その背後をカバーするべきレフトも、一瞬、動きを止めた。スピードを落としかけていた打者ランナーが、一塁を蹴った。慌ててボールに駆け寄ったレフトがグラブにボールを収めた。
「投げるな」
アネゴが叫んだときには、打者ランナーはすでに二塁に達していた。
レフトが内野まで入ってきて、ボールをアネゴに戻した。ごめん、と声をかけたサードのサキ先輩に、軽くグラブを掲げると、アネゴはちらりとこちらを見た。私と目が合った。
「奈美」
私は同級生に声をかけた。
「キャッチ、付き合って」
「え？　あ、うん」
私は一塁側のファールグラウンドでキャッチボールをしながら、試合の行方を見守った。
相手の五番が右の打席に入った。すっと塁上のランナーを見て、バットを構える。大きく弧を描いたアネゴの手からボールが離れたそのとき、ランナーが塁を蹴った。
三盗？
バントを警戒して前に出ていたサードのサキ先輩が咄嗟《とっさ》に塁に戻りかけた。この状況なら本来ベースカバーに入るべきショートが、それで③躊躇《ちゅうちょ》した。うちのチームらしくないミスだった。右バッターの体をかわし、キャッチャーが三塁へ送球したとき、ショートはまだ十分な捕球姿勢ができていなかった。滑り込んだランナーに覆い被さるように捕球を試みたショートが頭から転倒した。ボールが外野へと抜けていった。ショートの体を押しのけて、ランナーが本塁を突いた。その足がベースを駆け抜けたとき、ボールはようやくレフトから内野へ戻ってきたところだった。

人のために仕事をしているという意識がないため人と協力して働くことができない。

ウ　ミッションは自動的には与えられないので、ミッション感覚を持ち、日常のあらゆる物事に触発され、自分を奮い立たせることが大切だ。

エ　一流の人物や人を感動させる本との出会いは少ないので、親や学校の先生は積極的にミッションの意義を子どもたちに教えていくべきだ。

三

次の文章を読んで、後の問いに答えなさい。（問題作成上、本文に省略した部分があります。）

　高校を卒業してから九年後のある日、私（森野）は高校生当時、所属していたソフトボール部の監督に再会する。二人の話題はチームのエースで、アネゴと呼ばれていた結城《ゆうき》雛乃《ひなの》と、最も記憶に残る試合のことだった。

「絶対、勝ってよね」
その練習試合が始まる前、監督はそう笑って私たちに声をかけた。今日は私の父の命日だから、と。
つまらないことを言う。ベンチの前で円陣を組み、憮然《ぶぜん》としたことを覚えている。けれど、そう思ったのは私だけだったようだ。
「絶対、勝とう」
正捕手の三年生がレギュラーたちに声をかけた。
「絶対、勝つ」
みんながそう応じた。
隣町にあるその高校のソフトボール部の実力はみんなが知っていた。普通にやれば、負けるはずのない試合だった。十回やれば、九回は勝てる相手だった。相手側の申し出に応じはしたが、こちらとしてはさして得るものもない練習試合。監督は緩んだ選手たちの気を引き締めるためにそんなことを言ったのかもしれない。正捕手は当然勝つだろう退屈な試合に、ささやかなスパイスを加えるためにそう応じたのかもしれない。けれど、私は不愉快だった。それに憮然とする私のほうがおかしいのだろう。試合に①そんなものを持ち込むなと、ほとんど声に出して言いかけた。
円陣が解かれた直後、ポンと肩を叩かれた。
アネゴだった。
「今日、六回から行くよ」
耳元で囁《ささや》くように言われた。
「は？」
「肩が張ってる。嫌な感じだ。六回、七回、森野に任せる」
「張ってるって、だったら監督に……」
アネゴは軽く笑って首を振った。登板回避を言い出す前に、父親の命日の話をされてしまったということか。
「私から言います」
守備位置の確認を正捕手としていた監督に向かって歩き出そうとした私の肩は、アネゴにつかまれた。
「誰にだって」とアネゴは言った。「負けたくない試合ってのはあるんだよ。どうしても負けたくない試合ってのはさ」
十回やれば九回は勝てる相手。前年までなら、間違いなくそうだった。けれどその試合に登場した一年生ピッチャーは、ピッチャーズサークルの中で悠然と私たちのチームの前に立ち塞《ふさ》がった。
「先月まで中学生かよ。かわいくないね」
そう言って打席に向かった四番バッターは、一球目のライズボールをあっけなくサードに打ち上げた。
「試されたわね」
呟《つぶや》いた監督が唇を噛《か》んだ。
「今年は本気で勝ちにくる気ね」
県大会では、いつも初戦か二回戦で姿を消していたそのチームに、とんでもなく優秀なピッチャーが入学した。彼女を軸にチームを作

問一　――線①「これまで喜びをもって働くという構えを〃技〃としてとらえられることはあまりなかった。」とありますが、筆者は「働くという構え」についてどのようにとらえていますか。それがわかる表現を本文から四十字以内で抜き出し、初めと終わりの五字で答えなさい。**（句読点も数える）**

問二　――線②「とくに若い人は、お金よりも仕事のミッションがほしい。」とありますが、なぜそう言えるのですか。最も適当なものを次から選び、記号で答えなさい。

ア　期限内に期待のものをもたらすことで、社会の役に立ち多くの人から称賛されるから。
イ　自分一人に課せられた仕事をすることで、通常とは違う喜びを知ることができるから。
ウ　使命は期限や目的が明確なゲームであり、スリリングな感覚を覚えることができるから。
エ　他者からミッションを与えられて目的が達成されるとお金は必要ではなくなるから。

問三　――線③「私は何を措《お》いても彫刻家である。彫刻は私の血の中にある」という高村光太郎の言葉からわかることはどのようなことですか。最も適当なものを次から選び、記号で答えなさい。

ア　高村光太郎は一切の喜びや悲しみを託しても悔いることのない職業として、詩よりも彫刻の道を選んだということ。
イ　高村光太郎は彫刻に対する強い愛着が年齢とともに深まっていき、晩年に彫刻が天職だと意識したということ。
ウ　高村光太郎は詩と彫刻の両方に対して、世のため人のためなのだという強烈な使命感を持ち続けたということ。
エ　高村光太郎にとって彫刻は生きることそのものであるという強い意識があり、彫刻が彼の天職であったということ。

問四　――線④「ミッションの最大の利点は、自分の限界や殻を打ち破る絶好の機会になることが多い。」とありますが、なぜそう言えるのですか。本文の言葉を使って三十五～四十字で答えなさい。**（句読点も数える）**

問五　空欄 A ・ B に入る語として最も適当なものを次から選び、記号で答えなさい。**（一つの記号は一回しか使えない）**

ア　未曽有《みぞう》　イ　無尽蔵　ウ　不可欠　エ　双方向
オ　試金石　カ　帰着点　キ　起爆剤　ク　等身大

問六　――線⑤「技としての『ミッション感覚』」が身につくと、具体的にどのような効果があると考えられますか。本文の言葉を使って三十五～四十字で答えなさい。**（句読点も数える）**

問七　――線⑥「しかし私は、若いうちから経営者の伝記や創業者の本などももっと読んだほうがいいと思っている。」とありますが、なぜそう言えるのですか。**あてはまらないもの**を次から一つ選び、記号で答えなさい。

ア　経営者や創業者たちは多くの人に働く環境を提供し、やりがいのある仕事をつくり出す力を持っているから。
イ　経営者や創業者たちは自分の仕事を楽しみ、強烈な使命感やミッションを持っている人ばかりだから。
ウ　経営者や創業者たちの仕事ぶりを知ることで、自分に合った仕事のスタイルが身につくようになるから。
エ　経営者や創業者たちは若い時から仕事への強い使命感を持ち、常に人生に真摯に向き合っていたから。

問八　――線⑦「偶然の出会いも特別な使命へと昇格するのだ。」とありますが、ドナルド・キーンにとっての「特別な使命」とは何ですか。本文から二十一字で抜き出して答えなさい。**（句読点は数えない）**

問九　次のうち、本文の内容と合っているものを一つ選び、記号で答えなさい。

ア　仕事にやる気が持てない人は、具体的で明確なミッションを与えてくれる人の下で働けば、どんな仕事にも強烈な使命感を抱くようになる。
イ　自分の経済力や幸福のためだけに仕事をする人は、世のため偉人伝は非常にいいトレーニング・メニューだ。

日本には、お金をたくさん稼ぐのは汚らしいと考える風潮があるせいか、子ども向けの伝記物語には、たとえば良寛《りょうかん》和尚《おしょう》など、清廉潔白な人の本が多い。⑥しかし私は、若いうちから経営者の伝記や創業者の本などももっと読んだほうがいいと思っている。

私の家には※2松下幸之助の発明の話や、※3本田宗一郎のエンジン開発話などの本があり、子ども心に読んでは燃えていた。※4豊田喜一郎の自動車開発のマンガなどもあった。そうした本を通じて、ビジネスの成功には使命感というものが必要であること、逆に言えば、使命感やミッションを持っている人ほど成功することを学んだ。

ちなみに私は、仕事にまつわることでもっとも価値があることの一つは、雇用を生むことだと思っている。自分以外の人もやり甲斐《がい》を持って働ける環境を提供し、そこからお金を得ることができる仕事をつくり出せるというのは、もっと評価されてしかるべきものだ。

大人物というのは仕事を楽しみ、また仕事に強烈な使命感を持ってやっている人たちばかりだ。「こういう人たちはこうやって仕事をしたんだ」「こういうふうにやると仕事が遊びになるんだ」など、自分に合った仕事のスタイルを自然に模倣するようにもなってくる。働くことを心から楽しんで一流のことをなした人々の言葉は、働く環境や職種は違っても、学ぶべきものは大きい。

実のところ、ミッションというのは、ミッションが勝手に降ってくる、自動的に与えられるというよりも、自分にとって何をミッションと感じるか、何をミッションとして受け取るかというテクニックに本質がある。

ミッション感覚のない人には、どんな言葉も結局は自分を強制する命令にしか聞こえない。空疎にしか響かない。

ミッション感覚のある人は、ある出会いから受け取った感動を、自分に引きつけてミッション化することができる。それをきっかけにエネルギーのツボを開き、自分を奮い立たせることができる。

たとえば、戦後、日本文化・文学の紹介に多大な貢献をした※5ドナルド・キーンもその一人かもしれない。彼は大学在学中、十八歳で『源氏物語』の英文の抄訳に出会った。

第二次世界大戦が勃発し、世界の国々が戦争に向かって突進していく時期だった。『源氏物語』は、自分がそのとき置かれた状況と正反対の、「美のためだけに生きる人々」が織りなす物語である。彼はその美に強烈なインパクトを感じる。

やがて日本語を読めるようになった彼は、戦中の日本兵の日記や手紙から日本人の心情に共感し、美を至上のものとして生きる人たちの世界、日本文学を研究し広く世界に知らしめていこうというミッションを持つに至る。

平時の学校カリキュラムの一つとして『源氏物語』に触れただけでは、「こういうものか」というだけで通り過ぎていたかもしれない。しかし、世界がある絶望の極致へと向かっていく中、内なるミッション感覚は美に対して鋭敏に研ぎ澄まされていた。

この出会いの最初のきっかけになった『源氏物語』の英文の抄訳は、一般に売られているものである。別に特別、キーン氏のために組まれた本ではない。だがその美しい言葉は、生涯を決定する出会いとなった。

ミッションというのは、必ずしも「きみを見込んでこれを頼みたい」というような形をとって立ち現れるとは限らない。ミッション受け取り感覚を研ぎ澄ませておくことで、⑦偶然の出会いも特別な使命へと昇格するのだ。

（齋藤　孝『働く気持ちに火をつける』）

※1　小林秀雄…評論家
※2　松下幸之助…実業家。発明家。パナソニックの創業者
※3　本田宗一郎…実業家。技術者。ホンダの創業者
※4　豊田喜一郎…経営者。技術者。トヨタ自動車の創業者
※5　ドナルド・キーン…アメリカ出身の日本文学・日本文化研究の第一人者

※1小林秀雄が『私の人生観』（角川文庫）で語るところの「天職意識」というものにもつながっていく。

天職とは「人が自分の一切の喜びや悲しみを託して悔いぬ職業」だ。「自分の職業に対していよいよ深まって行く意識的な愛着」がそこにはある。それは彫刻家であり詩人でもある高村光太郎の、「③私は何を措《お》いても彫刻家である。彫刻は私の血の中にある」という意識にも近い。私はこの仕事で生きていくんだ、これが世のため人のためなんだという強烈な使命感に満ちた、生きることに分かちがたく結びついた感覚だ。

④ミッションの最大の利点は、自分の限界や殻を打ち破る絶好の機会になることが多い。こと仕事に関しては、自分がやりたいもの、興味を引かれるものを選ぶだけでは、己の枠を越えられない。一見できそうもない指令が来たときにこそ、やり抜くことで力が伸びる。

一番いいのは、具体的で明確なミッションを与えてくれる人に出会うことだ。誰かが「信頼してお前に任せた、お前ならできる」とささやいた使命を必死でクリアする。できる、できないではなく、その信頼に応えようとまず動いてみる。それがエネルギーを出す最大のコツである。

人は誰かから期待されているときにこそ、エネルギーが湧いてくる。尊敬する人のため、あるいは世のため人のためになすことのほうが力が出る。自分の経済力のため、自分が幸せになるためだけに何かをする人は、エネルギーがどんどん枯渇していってしまう。

エネルギーは、損得を考えずにバーンと発散することで、かえって豊かになる。たとえて言えば、上流の川が猛スピードで海へと駆け抜け、その勢いがまるで衰えることのないような潤沢さである。手元にある小金を出し惜しみながらちょっとずつ使うというイメージではない。

東洋の気功法に、「気を放つ」というエネルギーの発散法がある。気を出すと、エネルギーが目減りしていくかといえば、そうではない。出せば出すほどまた新しいエネルギーが湧き出て、［A］にあふれ出す。それが人間の身体だ。

具体的で的確なミッションを与えてくれる人や、炎のようなエネルギーのある一流の人物との出会いに恵まれていれば、すでにミッションは心に宿って燃え立っているかもしれない。本物の持つ圧倒的な着火力が火をつけるからだ。

だが職場では、必ずしも、自分にクリアなミッションを与えてくれる人がいるとは限らない。自分に与えられた特別な使命というのを実感できることは、なかなかないかもしれない。そこで、⑤技としての「ミッション感覚」というものが必要になってくる。

技としての「ミッション感覚」とは、たとえば、直接自分のために言われたわけではない言葉、何人かのうちの一人として聞いた言葉であっても、自分に対するミッションだと引きつけて感じ取れる「ミッション受け取り感覚」とでもいうべきものだ。

それは、触発される力、被触発力と言ってもいい。

自分に対するミッションとして物事を感じ取っていく感覚が開かれていると、いろいろなものが火種になる。すると、本を読んでいても、街を歩いていても、人の何気ない言葉にも、あらゆるチャンスにミッションを感じ取り、それを［B］にしてことを始められる。

出会ったものを、私のために語りかけられたものだと受け取れるのだ。

ミッション感覚を鋭敏にするためには、まず伝記を読むことを勧めたい。

伝記というものはいまあまり流行らなくなってきているが、大人物たちの言葉の宝庫だ。私は小学校時代からそういった伝記を、ずっと愛読してきた。伝記のおかげで、常に人生に対する向き合い方が真摯に研ぎ澄まされていたように思う。

ノーベルでも、エジソンでもいい。そういう刺激的な人生ストーリーを読んでいる間に、「生きる上ではミッションを待つものだ」という心が育ってくる。ミッションを待ち受ける構えをつくる上で、

二〇一九年度
目白研心高等学校

【国　語】〈五〇分〉〈満点：一〇〇点〉

一　次の――線①～⑤の漢字には読みをひらがなで記し、――線⑥～⑩のカタカナは漢字に直しなさい。

① ほころびを繕う。
② 将棋を観戦する。
③ 傑作を書き残す。
④ 作品を吟味する。
⑤ 歌詞に抑揚をつける。
⑥ ガッショウ造りの家。
⑦ フンソウ地域に食糧を運ぶ。
⑧ 突入をソシする。
⑨ トウキ製の花瓶。
⑩ カダンの手入れをする。

二　次の文章を読んで、後の問いに答えなさい。（問題作成上、本文に省略した部分があります。）

自分の仕事を心から楽しんでいる人はどのくらいいるだろう。あるいは、これから社会に出ていこうとする人たちで、働くことを喜びあふれたものとして積極的にとらえている人たちはどのくらいいるだろうか。

実は、働くというのは、それ自体が楽しいのか楽しくないのかが自分自身でもはっきりしない、そういう種類のものだ。

しかし、生きていく上で働くことを喜びとするか、それとも苦しみとするかによって、人生の色合いはまったく変わってきてしまう。そのぐらい大きなことであるにもかかわらず、①これまで喜びをもって働くという構えを〝技〟としてとらえられることはあまりなかった。技とは反復練習によって修得できる、いつでも使える身体に埋め込まれた技術のことである。

仕事に対するやる気は気の持ちよう、などというぬるい話をするつもりはない。私の専門である教育、身体、コミュニケーション技法からみれば、上機嫌に楽しく仕事をするというメンタリティは、誰でも修得可能な技である。働くことに喜びを見出す精神のあり方を、クリアにとらえ直してみたい。

働く気持ちに火をつけるもっとも手っ取り早い方法は、すぐれたミッションを与えられることだ。

ミッションとは、期限内に期待のものをもたらすという「使命」である。ある任務を背負って派遣されるとき、絶対に手ぶらで帰ってくるわけにはいかないという緊張感がみなぎる。すると、人はその仕事をあたかも「天から与えられた」ように感じる。その感覚が力になる。

人は、「おまえの使命はこれだ」と、ぽんと誰かから背中を押されると、思ってもみないエネルギーが湧き出てくるものなのだ。

自分だけに割り当てられた特別任務をこなすことには、非日常的な快感がある。日常の中に割り込んできたちょっとぞくぞくするような興奮というか、ある種のゲーム感覚を覚えるはずだ。

この使命を帯びた意識というものは、人が社会の中で働くとき、実は一番ほしがっているものだ。②とくに若い人は、お金よりも仕事のミッションがほしい。期限や目的の曖昧なぬるい仕事ではなく、「いついつまでにこれを実現してくれ」という具体的な指令が来ると、人は燃える。そんなスリリングな感覚を、仕事に活かさない手はない。

ミッションは、誰かから具体的な指令を与えられるという点が重要だ。

自分で自分にミッションを与えることができる人は少ない。他者から与えられてこそ、より大きな目的のために働く意識、ひいては

2019年度／目白研心高等学校

英語解答

1 Part A 1…(C) 2…(A) 3…(C)
Part B 1…(D) 2…(B) 3…(C)

2 1 ア 2 ウ 3 エ 4 ウ

3 1 bought 2 seen
3 prettier 4 children

4 1 teaches us 2 both, and
3 easy, to 4 the tallest

5 1 イ 2 ウ 3 ア 4 ウ
5 エ 6 ウ 7 ウ 8 ア

6 1 ①…ア ②…オ
2 ③…エ ④…オ
3 ⑤…イ ⑥…ウ
4 ⑦…エ ⑧…ウ
5 ⑨…キ ⑩…オ
6 ⑪…イ ⑫…カ
7 ⑬…エ ⑭…イ

7 1 ウ 2 エ 3 ウ 4 ア
5 イ

8 1 必ずしも誰もが成功するための平等な機会を得ることができているわけではない。
2 無一文〔貧乏な〕
3 Abraham Lincoln…オ，キ
Mohammad Ali…ア，カ
4 (1)…F (2)…T (3)…F (4)…T
5 工場の経営者が偏見を持っていることが理由〔原因〕で仕事を与えなかった場合。
6 (1)…T (2)…F (3)…T (4)…F

1〔放送問題〕解説省略

2〔単語の発音〕

1．chair[tʃ] ア．chorus[k] イ．change[tʃ] ウ．chance[tʃ]
エ．March[tʃ]

2．hear[h] ア．hand[h] イ．heart[h] ウ．hour[黙字]
エ．hot[h]

3．hope[ou] ア．snow[ou] イ．boat[ou] ウ．show[ou]
エ．cloud[au]

4．afternoon[uː] ア．soon[uː] イ．too[uː] ウ．stood[u]
エ．moon[uː]

3〔語形変化〕

1．文末に過去を表すyesterdayがあるので，動詞を過去形にする。 「ジャックは昨日，店でDVDを買った」

2．(see) from the bridgeの部分が直前のthe sunset「夕日」を修飾していると考え，分詞の形容詞的用法を使う。「夕日」―「見られる」という受け身の関係からseeを過去分詞に変える。現在分詞や過去形にするのは誤りなので注意。 「橋から見た夕日は美しかったと父は言った」

3．this flower「この花」とthat flower「あの花」を比較していると考え，形容詞prettyを比較級にする。 「この花はあの花よりもかわいい」

4．「4人の子ども」なのでchildを複数形にする。不規則変化なので注意。 (類例)man(男性)の

複数形はmen。　「彼の家族には４人の子どもがいる」

4 〔書き換え―適語補充〕

1．(a)「佐藤先生は私たちの英語の先生だ」→(b)「佐藤先生は私たちに英語を教えている」　'teach＋人＋物'「〈人〉に〈物〉を教える」という形に書き換える。主語がMr. Satoで３人称単数形現在の文なので，teachにesをつけることに注意。また，動詞の後ろに(目的語として)代名詞を置くときは目的格にすることに注意。

2．(a)「私はオレンジが好きだ。いちごも好きだ」→(b)「私はオレンジといちごの両方が好きだ」　'both ～ and …'「～と…の両方」の形に書き換える。

3．(a)「私はその病院を簡単に見つけた」→(b)「その病院を見つけるのは私にとって簡単だった」　'It is ～ for … to ―'「…が〔…にとって〕―することは～だ」の形に書き換える。

4．(a)「サムは彼のクラスの他のどの男の子よりも背が高い」→(b)「サムは彼のクラスで一番背が高い男の子だ」　'比較級＋than any other＋単数名詞'「他のどの～より…」を最上級の文に書き換える。

5 〔適語(句)選択〕

1．'as＋形容詞/副詞の原級＋as ～'「～と同じくらい…」なので，イが適切。　「ミホはカナと同じくらい上手に英語を話すことができる」

2．look forward to ～で「～を楽しみにする」という表現。このtoはto不定詞ではなく前置詞なので，seeは原形ではなく，動名詞が適切。　「私はまたあなたに会えることを楽しみにしている」

3．空所の前の文の内容が，空所の後ろの文の内容の'理由'を表しているので，「～なので…」という意味になるアが適切。　「トムは大変遅く起きた(寝坊した)ので，学校に遅刻した」

4．「～に興味がある」はbe interested in ～。　「彼女は英語の本を読むことに興味がある」

5．since ～「～から，～以来」とあり，過去分詞beenがあるので，'have/has＋過去分詞'の現在完了の形であると考える。主語が３人称単数なので，エが適切。　「ハナは先週から体調が悪い」

6．「若い学生たちの間で」のように，「(ある範囲)の間」はamong ～で表せる。betweenは「(２人，２つ)の間」，duringは「(ある一定期間)の間」を表す場合に使う。　「このテレビ番組は若い学生の間でとても人気がある」

7．付加疑問の形であると考える。文の動詞が一般動詞・過去形・肯定なので，ウが適切。　「あなたは昨日，学校に行きましたよね？」

8．'the＋最上級＋名詞＋that＋主語＋have/has ever＋過去分詞'は「(主語)が～した中で最も…な―だ」という表現。　「これは，私の全人生で見た中で最も美しい景色だ」

6 〔整序結合〕

1．「〈人〉に～してほしい」は'want＋人＋to不定詞'で表せる。　I want <u>you</u> to <u>bring</u> that book tomorrow.

2．「(場所に)～がある」は'there is/are ～(s)＋場所'で表せる。　There <u>are</u> seven <u>colors</u> in a rainbow.

3．「～する必要はない」は'don't/doesn't have to ～'で表せる。「医者に診てもらう」はsee a doctorで表せる。　You <u>don't</u> have to see <u>a</u> doctor on Saturday.

4.「～を(私に)下さい」は，ていねいな命令文の形でplease give me ～。「何か飲み物」はto不定詞の形容詞的用法を使ってsomething to drinkで表せる。-thingや -oneの不定代名詞には形容詞は後ろに置くので，「温かい」hotはsomethingの直後に置く。 Please give me something hot to drink.

5.「何といいますか」を「何と呼ばれますか」という受け身の形に読み換える。疑問文なのでbe動詞isを主語this birdの前に置くことに注意。「～語で」は‘in＋言語’。 What is this bird called in English？

6.「～はいかがですか」と相手に勧める表現はWould you like ～?。「一杯の～」はa cup of ～で表せる。 Would you like a cup of tea？

7.文の骨組みを「これは地図です」This is the map.と考える。「それ(その地図)は博物館への道を示す」という文を考えると，It shows the way to the museum.となり，この文の代名詞itを関係代名詞whichに置き換えてから先行詞the mapの後ろに置く。 This is the map which shows the way to the museum.

7〔長文読解総合―会話文〕

≪全訳≫❶エミとシュンは高校生である。メアリーはカナダ出身の交換留学生である。❷メアリー(M)：こんにちは，エミ。こんにちは，シュン。お話に加わってもいいかしら？❸エミ(E)：いいわよ，メアリー。シュンがね，ペットを飼おうと思っていると言うのよ。❹シュン(S)：うん，そうなんだ。君の国ではどんなペットが人気があるの，メアリー？❺M：犬か猫だと思うわ。ペットとしてどちらがいいかは私にははっきりわからないわ。❻S：ぼくは両方好きだけど，母はぼくたちのアパートでは大きい動物を飼うのは難しいだろうって言うんだ。②どう思う？❼E：犬は飼い主に，より忠実じゃないかしら。私たちは全員，ハチ公という有名な犬について知っているでしょ。❽M：そうね。私の友達が渋谷にあるハチ公の銅像を見せてくれたわ。❾S：ところで，ぼくは日本のペットについてインターネットで興味深い記事を読んだよ。今，日本には子どもたちよりもペットの犬と猫の方がたくさんいるって知ってた？❿E：それは知らなかったわ。⓫S：その記事には4世帯に1世帯が犬か猫のどちらか，あるいは両方を飼っているとも書いてあったよ。⓬M：なるほど。その記事には日本のペットの猫と犬の数は書かれていた？⓭E：ペットの猫の数はペットの犬の数とほぼ同じくらいの数だと聞いたことがあるわ。⓮S：そうだね，2017年には推計でペットの犬の数は892万匹，ペットの猫の数は952万6000匹だったよ。その記事にはペットの犬の数は以前よりもかなり④少なくなってきていると書かれていたよ。⓯M：それに理由は書いてあった？⓰S：うん，書いてあったよ。1つは経済上の理由だね。犬を飼うことは猫を飼うことよりも費用がより多くかかるんだ。⓱E：他にも，お年寄りの数が多くなっていることもあるかもしれないわね。毎日犬と一緒に散歩したりするのはお年寄りにとっては大変だもの。猫とは外を歩かなくてもいいわ。⓲S：一緒に考えてくれてありがとう。どのペットを飼うべきか決める前に多くのことを考えなければならないね。

1＜英文解釈＞下線部①は「ペットとしてどちらがいいかは私にははっきりわからない」という意味で，メアリーは，直前に「カナダではペットとして犬と猫が人気があると思う」と言った後に，下線部①「ペットとしてどちらがいいかは私にははっきりわからない」と言っている。つまり，犬と猫のどちらがいいとか好きとか人気があるとかについてはメアリーは決められないということ。

2＜適文選択＞空欄②の後に，エミは「犬は飼い主に，より忠実じゃないかしら」という犬について自分なりの意見を述べている。よって，「どう思う？」と尋ねるエが適切。イは「猫の方がいいかな？」という意味で，空欄②に入れてもよさそうに思えるが，その後に猫がいいかとかそうではないとか猫の話題になっていないので，不適切と考える。

3＜指示語＞エミが知らなかったと言った内容は，直前にシュンが述べた内容であるので，ウが適切。

4＜適語選択＞空欄④を含むシュンの発言の理由(根拠)がその後に述べられており，犬を飼うことの大変な面などの記述があるので，ペットの犬は少なくなっていると推測できる。

5＜語句解釈＞下線部⑤の前後は，ペットの犬の話題であり，下線部⑤を含む文は「犬を(　　)ことは猫を(　　)ことよりも費用がより多くかかる」という意味なので，イが適切。

8〔長文読解総合―説明文〕

≪全訳≫❶ケンタッキー州の丘からやってきた貧しい田舎の少年がアメリカ合衆国の大統領になることはできるだろうか。センターシティ出身の貧しいアフリカ系アメリカ人が裕福に，そして世界中で有名になることはできるだろうか。女性がアメリカ合衆国の大統領になることはできるだろうか。これらの質問全てに対する答えは「できる。理想的には可能」である。鍵となるのは今述べた「理想的には」という言葉だ。理想的には，金持ちであろうと貧しかろうと，アメリカ合衆国の誰もが成功するための平等な機会を持っているのだ。❷成功するための平等な機会というこの考えは，アメリカ合衆国の経済の仕組みである資本主義の基本理念である。社会的な階級や身分は固定されていない。上流階級の人物というのは長い間裕福な者を指すものだが，上流階級または中流階級というのは主にお金に関連した言葉である。アメリカ合衆国には王や王妃は存在せず，ある人物の経歴というのはその人物の地位ほど重要なものではない。たぶん，アメリカ合衆国は，アメリカという国に足を踏み入れたときには金をほんの少ししか持っていなかった人々である移民の国なので，アメリカ人たちは「ぼろきれから富へ」と向かう能力に価値を置いているのだ。❸第1段落の初めの2つの例は，ほぼ何も持たない状態で人生を始めて自力で成功を収めた男たちについてである。これらの男たちは(元)大統領のエイブラハム・リンカーンとボクサーのモハメド・アリのことである。これら2人の男たちは裕福さという強みも，良い教育も，権力者とのつながりも持たなかった。しかしながら，彼らは成功に向かって貪欲であった。❹もちろん，成功したい人が誰でも成功できると言うのは本当のところではない。しかし，アメリカ合衆国の全ての人に成功するための機会を与えるという法律がある。この法律は全ての人々に教育と労働の平等な機会を供給する。この法律は，メキシコ人，女性，アフリカ系アメリカ人，身体的な障がいを持つ人々，そしてその他多くの集団のような(白人ではなく，プロテスタント教徒ではなく，アメリカ合衆国の男性ではない人々の集団)少数派の人たちにとっては特に重要なものである。少数派の集団は彼らが平等な教育を受けたり仕事を持ったりしていないということがわかるだろう。彼らは偏見のために仕事を見つけることや十分な対価を得ることが困難だろう。❺偏見というのは，人種や宗教または生い立ちなどを理由とした，人物に対する否定的な感情のことである。例えば，もし工場の経営者がメキシコ系アメリカ人のことが好きでなければ，この人物は偏見的な人物である。偏見的な人物というのは実際，すでに人々の集団全体を判断してしまっていて，その集団に属する人々全員に対して否定的な感情を抱いている。もし工場の経営者が偏見的な感情を抱いているとしても，これは問題(違法)にはならない。その工場の経営者がその偏見を理由に誰かに仕事を与えることを拒否したときに問題が発生する(違法になる)のだ。もしその工場の経営者が，男女どちらも同様に十分に良い人物であった場合に男性だからという理由だけで女性の代わりに男性に仕事を与えたとすれば，これは差別と呼ばれるのだ。教育や仕事における差別というのはこの国の法律に反しているのだ。❻ discrimination という言葉は本来，違いに気づくという意味である。もちろん，人々には違いがあるが，(アメリカの合衆国の)その法律は，人々が成功したいときに違いというのが問題になるのを止めようとしているのだ。教育，雇用，そしてその他多くの場所において，discrimination というのは悪い言葉なのである。

1＜英文解釈＞第1段落後半では，あくまでも，ideally「理想的に」という言葉を軸として展開していることを理解する必要がある。下線部①の文頭にも再度，文を修飾する副詞として Ideally, が置かれている。よって，実際には必ずしも下線部①の内容どおりではないということが推測できる。

2＜語句解釈＞下線部②の rag は「ぼろきれ」などの意味を表す名詞で，その後ろにある riches は「富，財産」などの意味を表す名詞。第2段落最終文の最後の部分の Americans value the ability to go “from rags to riches”を直訳すると，「アメリカ人たちは『ぼろきれから富へ』と向かう能力に価値を置く」となるから，rags は「貧乏」や「無一文」などの状態の人々をたとえていると考えられる。

3＜要旨把握＞第3段落第1文で，第1段落の初めの2つの例は，後で述べる2人の男についてであると示している。そのため，President Abraham Lincoln「大統領のエイブラハム・リンカーン」については第1段落の1番目の例に country boy「田舎の少年」という表記があり，boxer Mohammad Ali「ボクサーのモハメド・アリ」については2番目の例に African American「アフリカ系アメリカ人」という表記がある。

4＜内容真偽＞(1)…×　第4段落第2文参照。定められているのは，成功するための機会が平等に与えられるということ。　(2)…○　第4段落第3文参照。　(3)…×　第4段落第4文参照。このような人々を「除いた」ではなく，「含む」全ての人々。　(4)…○　第4段落第4文参照。especially important to members of minorities「(この法律は)少数派の人たちにとっては特に重要」とある。

5＜要旨把握＞第5段落第5文参照。when から後ろに述べられている内容を端的にまとめる。

6＜内容真偽＞(1)…○　第5段落第6，7文参照。　(2)…×　第5段落第7文参照。教育の面においても差別は違法であると述べられている。　(3)…○　第6段落第1文参照。　(4)…×　第6段落最終文参照。and many other areas「そして，その他多くの場所」とある。

2019年度／目白研心高等学校

数学解答

1 (1) 11　(2) $\frac{5x-8}{3}$　(3) $-\frac{x^4}{8y}$

(4) $(x+3)(x-3)(x^2+4)$　(5) $23\sqrt{3}$

2 (1) -20　(2) $b=\frac{2a-3c}{4}$

(3) 6個

3 (1) $\frac{5}{8}$　(2) 6.5問　(3) 10cm

(4) 72°

4 (1) $37y=430+x$, $23y=710-x$

(2) 列車の長さ…273m

速さ…秒速19m

5 (1) 45°　(2) $4\sqrt{2}$ cm

(3) $6\sqrt{2}+2\sqrt{6}$ cm

6 (1) $\frac{1}{2}$　(2) (4, 8)　(3) (−4, 0)

7 (1) $6\sqrt{3}$ cm　(2) $18\sqrt{3}$ cm^2

(3) $4\sqrt{3}$ cm

1〔独立小問集合題〕

(1)＜数の計算＞与式 $=-(-9)+16\div 8=9+2=11$

(2)＜式の計算＞与式 $=\frac{6x}{3}-\frac{15}{3}-\frac{x-7}{3}=\frac{6x-15-(x-7)}{3}=\frac{6x-15-x+7}{3}=\frac{5x-8}{3}$

(3)＜式の計算＞与式 $=\frac{25}{4}x^6y^2\times\left(-\frac{3}{10}y\right)\times\frac{1}{15x^2y^4}=-\frac{25x^6y^2\times 3y}{4\times 10\times 15x^2y^4}=-\frac{x^4}{8y}$

(4)＜因数分解＞$x^2=A$ とする。$x^4-5x^2-36=A^2-5A-36=(A-9)(A+4)=(x^2-9)(x^2+4)=(x+3)(x-3)(x^2+4)$

(5)＜平方根の計算＞与式 $=3\times 3\sqrt{3}-\frac{6\times\sqrt{3}}{\sqrt{3}\times\sqrt{3}}+2\sqrt{2}\times 2\times 2\sqrt{6}=9\sqrt{3}-\frac{6\sqrt{3}}{3}+8\sqrt{12}=9\sqrt{3}-2\sqrt{3}+8\times 2\sqrt{3}=9\sqrt{3}-2\sqrt{3}+16\sqrt{3}=23\sqrt{3}$

2〔独立小問集合題〕

(1)＜式の計算＞$2x-5y=A$ とすると，$(2x-5y+7)^2=(A+7)^2=A^2+14A+49=(2x-5y)^2+14(2x-5y)+49$ と変形できる。文字部分が xy の項になるのは，$(2x-5y)^2$ の式を展開したところだけである。よって，$2\times 2x\times(-5y)=-20xy$ より，xy の係数は -20 である。

(2)＜等式変形＞$\frac{a-2b}{3}=\frac{c}{2}$ の両辺を6倍して，$2(a-2b)=3c$ となるから，$2a-4b=3c$，$-4b=3c-2a$，$4b=2a-3c$，$b=\frac{2a-3c}{4}$ となる。

(3)＜二次方程式の応用＞$x^2+ax-12=0$ を $(x+p)(x+q)=0$ と変形したとき，p と q がともに整数であれば $x^2+ax-12=0$ の2つの解がともに整数になる。$(x+p)(x+q)=x^2+px+qx+pq=x^2+(p+q)x+pq$ となるので，$x^2+(p+q)x+pq=0$ と $x^2+ax-12=0$ の係数を比べて $p+q=a$，$pq=-12$ が成り立つ。$pq=-12$ を満たす整数 p と q の組は，$p>q$ として，$(p, q)=(1, -12)$，$(2, -6)$，$(3, -4)$，$(4, -3)$，$(6, -2)$，$(12, -1)$ の6組であり，それぞれに対する a の値は順に -11，-4，-1，1，4，11となるので，a の値の個数は6個である。

3〔独立小問集合題〕

(1)＜確率―硬貨＞10円，50円，100円の3枚の硬貨を投げるときの表，裏の出方は，全部で $2\times 2\times 2=8$(通り)ある。(10円，50円，100円)の3枚の硬貨を投げるときの表，裏の出方を，表のときは金額の数字，裏のときは×として表すと，表が出た硬貨の合計金額が50円より大きい場合は，(10円，50円，100円)＝(10, 50, 100)，(10, ×, 100)，(×, 50, 100)，(×, ×, 100)，(10, 50, ×)の5通りとなる。これより，求める確率は $\frac{5}{8}$ となる。

(2)＜資料の活用―中央値＞資料の総数は，$1+1+2+4+7+2+6+6+3+2=34$(人)である。資料の総数が偶数のときの中央値は中央にある2つの値の平均値である。よって，$34\div 2=17$ より，資料を数の小さい方から並べたときの17番目と18番目の値の平均が中央値となる。17番目は6問，18番目は7問だから，中央値は$(6+7)\div2=6.5$(問)となる。

(3)＜図形—長さ＞点M，Nはそれぞれ辺AB，辺DCの中点だから，MN∥AD，MN∥BCとなる。右図のように点A，点Cを結び，線分ACと線分MNの交点をEとすると，点Eは線分ACの中点である。△ABCについて中点連結定理より$\mathrm{ME}=\frac{1}{2}\mathrm{BC}=7$(cm)，△CADについて中点連結定理より$\mathrm{EN}=\frac{1}{2}\mathrm{AD}=3$(cm)となり，$\mathrm{MN}=\mathrm{ME}+\mathrm{EN}=7+3=10$(cm)となる。

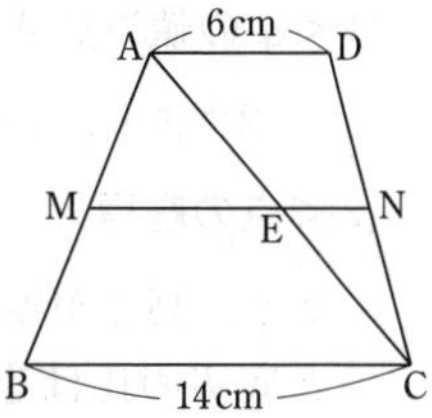

(4)＜図形—角度＞137°の角に隣り合う角の大きさは，$180°-137°=43°$である。また，$\angle x$に隣り合う角の大きさは，四角形の4つの内角の和が360°であることから，$360°-(124°+85°+43°)=360°-252°=108°$となる。よって，$\angle x=180°-108°=72°$となる。

4〔連立方程式の応用〕

(1)＜立式＞長さxmの列車が430mの鉄橋を渡り始めてから渡り終えるまでに進む道のりは，(鉄橋の長さ)＋(列車の長さ)だから$430+x$mであり，これが秒速ymで37秒かかることから，$37y=430+x$が成り立つ。また，この列車が710mのトンネルを通過するとき，列車全体がトンネル内にある間に進む道のりは，(トンネルの長さ)−(列車の長さ)だから$710-x$mであり，これが秒速ymで23秒間だったことから，$23y=710-x$が成り立つ。

(2)＜速さ，道のり＞$37y=430+x$……①，$23y=710-x$……②とする。①＋②より，$37y+23y=430+710$，$60y=1140$　$\therefore y=19$　これを①に代入すると，$37\times19=430+x$，$703=430+x$　$\therefore x=273$　これより，列車の長さは273m，速さは秒速19mとなる。

5〔平面図形—円と直角三角形〕

≪基本方針の決定≫(2)　特別な直角三角形の辺の比を利用する。　(3)　大きさがわかっている角から，図の中の三角形の形状がわかる。

(1)＜角度—円周角＞ABは円Oの直径だから，$\angle\mathrm{ADB}=90°$である。同じ弧に対する円周角は等しいので，$\angle\mathrm{ABD}=\angle\mathrm{ACD}=30°$であり，△ABDの内角の関係から，$\angle\mathrm{DAB}=180°-90°-30°=60°$である。$\angle\mathrm{BAC}=15°$だから，$\angle\mathrm{DAE}=\angle\mathrm{DAB}-\angle\mathrm{BAC}=60°-15°=45°$となる。

(2)＜長さ—特別な直角三角形＞△ABDは3つの角が30°，60°，90°だから，3辺の比が$1:2:\sqrt{3}$の直角三角形である。円Oの半径は4cmだから，$\mathrm{AB}=8$cm，$\mathrm{AD}=\frac{1}{2}\mathrm{AB}=\frac{1}{2}\times8=4$(cm)である。ここで，右図のように，点Dから線分ACに垂線を引き，ACとの交点をHとすると，$\angle\mathrm{DAH}=45°$，$\angle\mathrm{AHD}=90°$だから，△AHDは直角二等辺三角形であり，$\mathrm{AD}=4$cmより，$\mathrm{HD}=\frac{1}{\sqrt{2}}\mathrm{AD}=\frac{1}{\sqrt{2}}\times4=\frac{4\times\sqrt{2}}{\sqrt{2}\times\sqrt{2}}=2\sqrt{2}$(cm)となる。また，$\angle\mathrm{HCD}=30°$，$\angle\mathrm{CHD}=90°$だから，△HCDは3辺の比が$1:2:\sqrt{3}$の直角三角形であり，$\mathrm{HD}=2\sqrt{2}$cmより，$\mathrm{CD}=2\mathrm{HD}=2\times2\sqrt{2}=4\sqrt{2}$(cm)である。

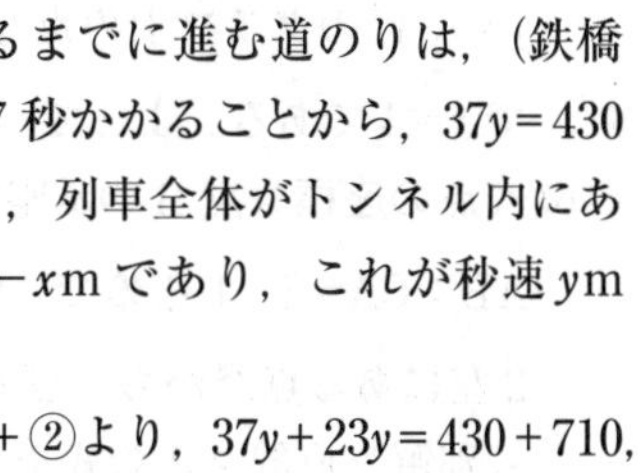

(3)＜長さ＞右上図の△CAFにおいて，内角と外角の関係より，$\angle\mathrm{CFA}=\angle\mathrm{ACD}-\angle\mathrm{BAC}=30°-15°=15°$となるから，$\angle\mathrm{CFA}=\angle\mathrm{CAF}$である。よって，△CAFは二等辺三角形で$\mathrm{CA}=\mathrm{CF}$となる。また，(2)より，$\mathrm{AH}=\mathrm{HD}=2\sqrt{2}$cm，$\mathrm{HC}=\sqrt{3}\mathrm{HD}=\sqrt{3}\times2\sqrt{2}=2\sqrt{6}$(cm)だから，$\mathrm{CA}=2\sqrt{2}+2\sqrt{6}$(cm)となる。したがって，$\mathrm{DF}=\mathrm{CD}+\mathrm{CF}=\mathrm{CD}+\mathrm{CA}=4\sqrt{2}+(2\sqrt{2}+2\sqrt{6})=6\sqrt{2}+2\sqrt{6}$(cm)となる。

6〔関数—関数$y=ax^2$と直線〕

≪基本方針の決定≫(2)　2つの三角形の面積の比から線分の比を考える。高さが等しい2つの三角形の底辺と面積の比は等しい。

(1)＜$\boldsymbol{a}$の値＞点Aは関数$y=ax^2$のグラフ上の点なので，$x=-2$，$y=2$を$y=ax^2$に代入して，$2=a\times(-2)^2$より，$a=\frac{1}{2}$となる。

(2)＜点の座標＞△ABOと△ACOは辺ABと辺CAをそれぞれの底辺と見たとき，高さが等しい三角形である。高さが等しい2つの三角形の面積の比と底辺の比は等しくなるので，AB：CA＝△ABO：△ACO＝3：1である。右図のように，2点A，Bからx軸に垂線を引き，交点をそれぞれD，Eとすると，AD∥BEより，△CDAと△CEBは相似であり，AD：BE＝CA：CB＝1：(1＋3)＝1：4となる。線分ADの長さは点Aのy座標より2だから，BEの長さは2×4＝8であり，点Bのy座標は8となる。点Bは関数$y=\frac{1}{2}x^2$のグラフ上の点なので，$y=8$を代入して，$8=\frac{1}{2}x^2$，$x^2=16$となり，点Bのx座標は正なので$x=4$である。よって，点Bの座標は(4，8)となる。

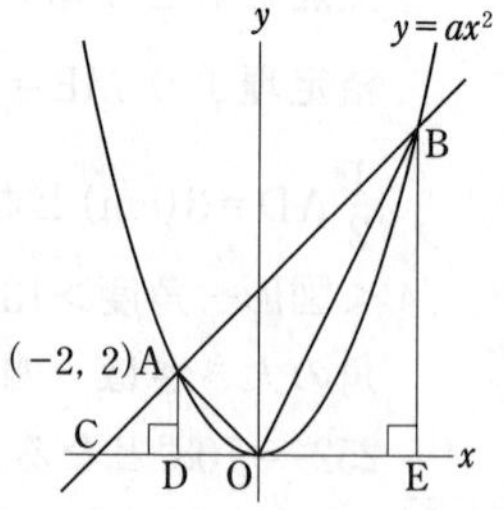

(3)＜点の座標＞点Bのx座標は4，点Aのx座標は−2だからDE＝4−(−2)＝6となり，DE：CD＝AB：CA＝3：1なので，$CD=6\times\frac{1}{3}=2$となる。点Dのx座標は−2で，点Cはx軸上で点Dより2左にある点だから，点Cのx座標は−2−2＝−4となる。よって，点Cの座標は(−4，0)となる。

≪別解≫直線ABの式を$y=px+q$とおく。点A(−2，2)と点B(4，8)を通ることから，$2=-2p+q$，$8=4p+q$となり，これらを連立方程式として解くと，$p=1$，$q=4$となる。よって，直線ABの式は$y=x+4$となる。点Cは$y=x+4$とx軸の交点なので，$y=0$を代入して$0=x+4$，$x=-4$となるから，点Cの座標は(−4，0)となる。

7 〔空間図形―立方体〕

≪基本方針の決定≫(3)　対角線BHを含む平面で考える。

(1)＜長さ―三平方の定理＞2点B，Dを結ぶ。△ABDで三平方の定理より，$BD^2=AB^2+AD^2=6^2+6^2=72$となるから，△BDHで三平方の定理より，$BH=\sqrt{BD^2+DH^2}=\sqrt{72+6^2}=\sqrt{72+36}=\sqrt{108}=6\sqrt{3}$(cm)となる。

(2)＜面積―三平方の定理，特別な直角三角形＞3辺DE，EG，GDはそれぞれ1辺が6cmの正方形の対角線なので，長さは$\sqrt{6^2+6^2}=\sqrt{72}=6\sqrt{2}$(cm)となり，△DEGは1辺の長さが$6\sqrt{2}$cmの正三角形となる。右図1のように，点Dから辺EGに垂線を引いて交点をIとすると，△DEIは3辺の比が$1:2:\sqrt{3}$の直角三角形であり，$DI=\frac{\sqrt{3}}{2}DE=\frac{\sqrt{3}}{2}\times6\sqrt{2}=3\sqrt{6}$(cm)となる。これより$\triangle DEG=\frac{1}{2}\times EG\times DI=\frac{1}{2}\times6\sqrt{2}\times3\sqrt{6}=18\sqrt{3}$(cm²)である。

図1

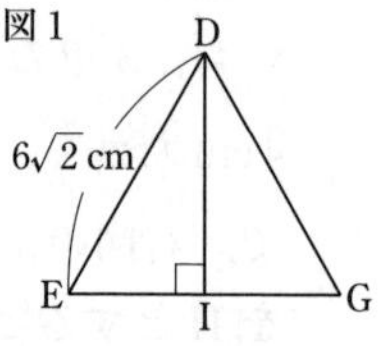

(3)＜長さ―相似＞右図2のように，4点B，F，H，Dを含む平面をかくと，BHは長方形BFHDの対角線である。線分FHの中点をJとすると，図形の対称性より，点Pは線分DJ上にあり，線分BHと線分DJの交点となる。BD∥FHより△BPD∽△HPJであり，BD：HJ＝2：1より相似比は2：1である。よって，$BP=\frac{2}{2+1}BH=\frac{2}{3}\times6\sqrt{3}=4\sqrt{3}$(cm)となる。

図2

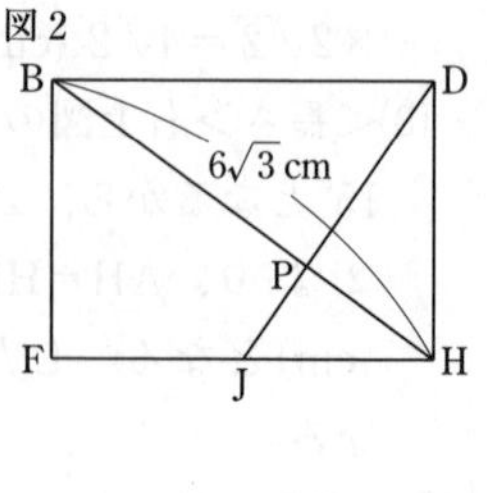

国語解答

一 ① つくろ　② しょうぎ
③ けっさく　④ ぎんみ
⑤ よくよう　⑥ 合掌　⑦ 紛争
⑧ 阻止　⑨ 陶器　⑩ 花壇

二 問一　上機嫌に～技である。
問二　イ　問三　エ
問四　信頼に応えようとまず動き，エネルギーを出して必死でやり抜くことで力が伸びるから。(40字)
問五　A…イ　B…キ
問六　出会ったものを，私のために語りかけられたものだと受け取れるようになるという効果。(40字)
問七　エ
問八　日本文学を研究し広く世界に知らしめていこう
問九　ウ

三 問一　今日は父の命日だから絶対勝ってほしいという監督の気持ち。(28字)
問二　エ　問三　ウ　問四　イ
問五　イ
問六　自分が一年生に負けるわけにはいかないと思ったから。(25字)
問七　イ
問八　試合前は五回までに大差がついていると思われたが，実際は相手にリードされる状態になっていたこと。(47字)
問九　ア

四 問一　そろえて　問二　イ
問三　ウ　問四　エ　問五　エ

一〔漢字〕

①「繕う」は，破れたり壊れたりしている所を直す，という意味。　②「将棋」は，二人で駒を一手ずつ動かし，相手方の王将を詰めるボードゲームのこと。　③「傑作」は，作品が非常に優れた出来ばえであること。　④「吟味」は，物事を念入りに調べること。　⑤「抑揚」は，声や文章などの調子をおさえたりあげたりすること。　⑥「合掌造り」は，日本の民家の木造建築様式の一つ。　⑦「紛争」は，もめ事のこと。　⑧「阻止」は，くいとめること。　⑨「陶器」は，吸水性のある素地にうわ薬をかけた焼き物のこと。　⑩「花壇」は，草花などを植えるためにつくられた場所のこと。

二〔論説文の読解―哲学的分野―人生〕出典；齋藤孝『働く気持ちに火をつける』。

≪本文の概要≫上機嫌に楽しく仕事をするというメンタリティは，誰でも修得可能な技である。働く気持ちに火をつける最も手っ取り早い方法は，優れたミッションを与えられることである。ミッションとは，「使命」であり，その最大の利点は，自分の限界や壁を打ち破る機会を得ることが多いことである。誰かから具体的なミッションを与えられ，期待されると，人は，エネルギーが湧いてくる。技としての「ミッション感覚」は触発される力である。自分に対するミッションとして物事を感じ取っていく感覚が開かれていると，間接的な言葉であっても「ミッション感覚」を持つことができる。そのような感覚を持つためには，経営者の伝記を読むとよい。ミッションというのは，自分にとって何をミッションと感じるかというテクニックに本質がある。ミッション感覚のある人は，ある出会いをきっかけにしてエネルギーのツボを開き，自分を奮い立たせることができる。ミッション感覚を研ぎ澄ませておくことで，偶然の出会いも特別な使命へと変わるのである。

問一＜文章内容＞働くことを喜びとするか，苦しみとするかによって，人生の色合いは変わってくる。働くことを喜びにあふれたものとしてとらえることは，反復練習によって習得できる技術であり，「誰でも修得可能な技」である。

問二＜文章内容＞「自分だけに割り当てられた特別任務をこなすことには，非日常的な快感がある」のである。そのような使命は，人が社会の中で働くときに一番欲しがっているものである。

問三＜文章内容＞高村光太郎の言葉には，自分は彫刻で生きていくのであり，そうすることが世のため人のためなのだという強烈な使命感がある。

問四＜文章内容＞仕事において具体的なミッションを与えられた場合には，それが自分の使命として感じられるために，信頼に応えようとして，豊かなエネルギーを発して，それを達成することができる。自分の枠を超えた，できそうもないことをやり抜くことで力が伸び，自分の限界や殻を打ち破ることとなる。

問五＜語句＞A.「無尽蔵」は，いくら取ってもなくならないこと。　B.「起爆剤」は，ある事態を引き起こすきっかけになるもののこと。

問六＜文章内容＞技としての「ミッション感覚」があると，直接自分のために言われたわけではない言葉や，何人かのうちの一人として聞いた言葉でも，自分に対するミッションだと引きつけて感じられる。

問七＜文章内容＞伝記に書かれるような経営者や創業者は，やりがいを持って働ける環境を提供するという業績を残した(ア…○)。また，仕事を楽しみ，仕事に強烈な使命感を持つ人たちばかりであるので(イ…○)，彼らをよく知ることによって，自分に合った仕事のスタイルを自然に模倣するようになれる(ウ…○)。

問八＜文章内容＞ドナルド・キーンは，『源氏物語』が持つ美に強烈なインパクトを感じ，美を至上のものとして生きる人たちの世界である日本文学を広く世界に知らしめることを，自分のミッションとした。

問九＜文章内容＞人から具体的なミッションを与えられることが望ましいが，必ずしもそうはならないので，「ミッション感覚」を持つことによって，偶然の出会いを特別な使命へと昇格させるべきである。

三〔小説の読解〕出典；本多孝好『エースナンバー』。

問一＜指示語＞試合が始まる前，「私」のチームの監督は，今日は父親の命日だから「絶対，勝ってよね」と言った。「私」は，その言葉を聞き，自分たちには関係がないことだと反発を覚えた。

問二＜語句＞「高をくくる」は，大したことはないと見くびる，という意味。

問三＜文章内容＞相手のチームは初めからトップスピードで戦ってきていた。「私」のチームは，負けるはずがないと「相手を舐め」ていたために，今さら相手チームのスピードに合わせようとしたところで，追いつくことができるはずもなかった。「私」は，無理に相手に歩調を合わせず，「地力で負けるはずがない」と冷静な気持ちになって落ち着いて臨んだ方が有利だと考えた。

問四＜語句＞「躊躇する」は，あれこれと迷って決心できない，という意味。

問五＜心情＞サードの選手やショートの選手のエラーは，「私」のチームではありえないようなミスだった。その様子を見ていた同級生の奈美は気弱になって，「負けるかもね」と言った。試合の流れを冷静に見ていた「私」も，それに賛成せざるをえなかった。

問六＜心情＞アネゴは，相手のピッチャーが一年生であることや，格下のチームであることを思い，絶対に負けるわけにはいかないのだという強い気持ちを持っていた。

問七＜心情＞監督は，アネゴの肩が本調子でないことを知らなかった。「私」は，アネゴを自分と交代させるために，そのことを監督に告げた。監督は「私」の言葉を聞いて，少し不安になった。

問八＜文章内容＞相手のチームは格下のチームであったために，試合が進むまでは，五回までには大量得点差をつけて，楽に勝てるだろうと思われていた。しかし，味方選手のエラーやアネゴの不調などによってリードを奪われ，「私」のチームは，苦戦を強いられていた。

問九＜表現＞「私」のチームは，思わぬ苦戦を強いられ，不安な思いを感じていたが，アネゴは，断固として勝つことを目指した。そうしたアネゴの必死な思いにみんなも反応し，チームに前向きな気持ちが生まれていく様子が，「私」の視点から描かれている。

四〔古文の読解―随筆〕出典；兼好法師『徒然草』第百八十五段。

≪現代語訳≫城陸奥守泰盛は，並ぶ者がいないほどすばらしい馬乗りだった。馬を引き出させたとき，馬が足をそろえて敷居をひらりと越えるのを見て，「これは激しく興奮している馬だ」として，鞍をつけかえさせた。また，(馬が)足を伸ばして敷居にぶつかると，「これは鈍感で，〈間違い〉があるに違いない」として，乗らなかった。その道を知らない人は，これほど慎重にするであろうか。

問一＜歴史的仮名遣い＞歴史的仮名遣いの語頭以外の「はひふへほ」は，現代仮名遣いでは原則として「わいうえお」に直す。

問二＜現代語訳＞「勇む」は，激しく興奮する，という意味。

問三＜古文の内容理解＞敷居に足をぶつける馬は間違いをしそうだと泰盛は思った。

問四＜古文の内容理解＞泰盛は，鈍感な馬に乗ることは危険なので，その馬には乗らない方がいいと考えた。

問五＜古文の内容理解＞泰盛は，馬が足を敷居にぶつけただけで，その馬に乗ることをやめた。馬に乗る資質を十分に備えていない人は，それほど慎重にならないだろうと思われる。

═読者へのメッセージ═

馬の道は，六芸の一つで「御」といい，当時は，貴族や知識人のたしなみと考えられていました。兼好法師自身も，『徒然草』の記述によると，馬の道に通じていたようです。

●要点チェック●　図形編―相似と平行線

◎相似な図形

相似……一方の図形を拡大または縮小して，他方の図形と合同となるとき，２つの図形は相似である。

・相似な図形の性質

１．対応する線分の長さの比はすべて等しい。

２．対応する角の大きさはそれぞれ等しい。

・三角形の相似条件

２つの三角形は次のどれかが成り立つとき相似である。

１．３組の辺の比がすべて等しい。

２．２組の辺の比とそのはさむ角がそれぞれ等しい。

３．２組の角がそれぞれ等しい。

1.

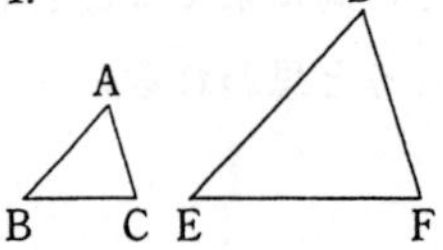

AB：DE＝BC：EF＝AC：DF

2.

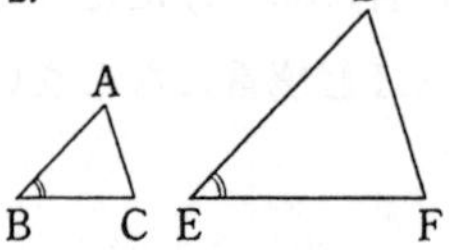

AB：DE＝BC：EF
∠ABC＝∠DEF

3.

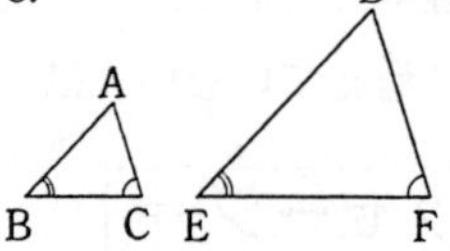

∠ABC＝∠DEF
∠ACB＝∠DFE

・平行線と線分の比

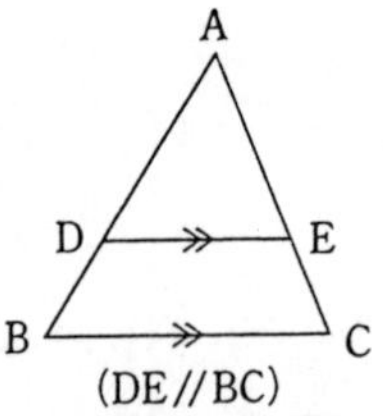

(DE//BC)
AD：DB＝AE：EC
AD：AB＝DE：BC＝AE：AC

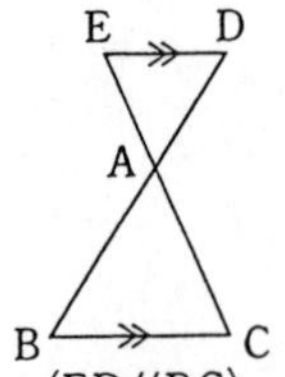

(ED//BC)
AD：AB＝DE：BC＝AE：AC

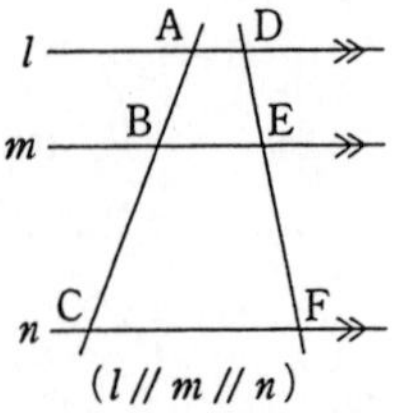

(*l*//*m*//*n*)
AB：BC＝DE：EF

●要点チェック●　図形編－合同

◎図形の合同

合同……一方の図形を移動させて(ずらしたり《平行移動》，回したり《回転移動》，裏返したり《対称移動》して)，他方の図形に重ね合わせることのできるとき，この２つの図形は合同である。

・合同な図形の性質

1．対応する線分の長さは等しい。

2．対応する角の大きさは等しい。

・三角形の合同条件

２つの三角形は次のどれかが成り立つとき合同である。

1．３組の辺がそれぞれ等しい。

2．２組の辺とそのはさむ角がそれぞれ等しい。

3．１組の辺とその両端の角がそれぞれ等しい。

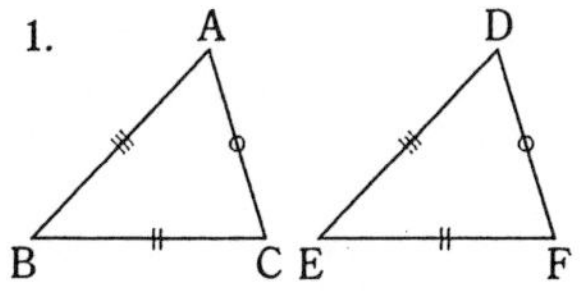

AB＝DE
BC＝EF
AC＝DF

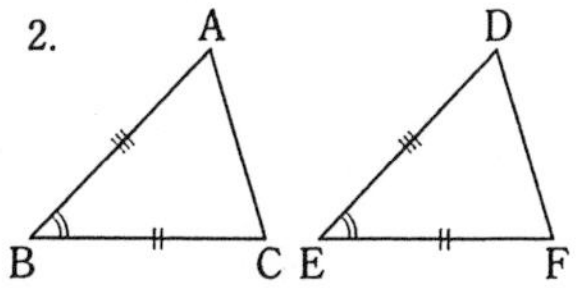

AB＝DE
BC＝EF
∠ABC＝∠DEF

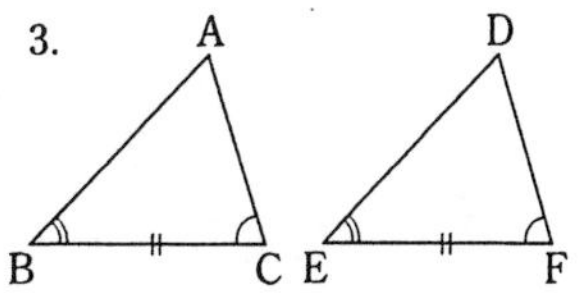

BC＝EF
∠ABC＝∠DEF
∠ACB＝∠DFE

・直角三角形の合同条件

２つの直角三角形は次のどちらかが成り立つとき合同である。

1．斜辺と１鋭角がそれぞれ等しい。

2．斜辺と他の１辺がそれぞれ等しい。

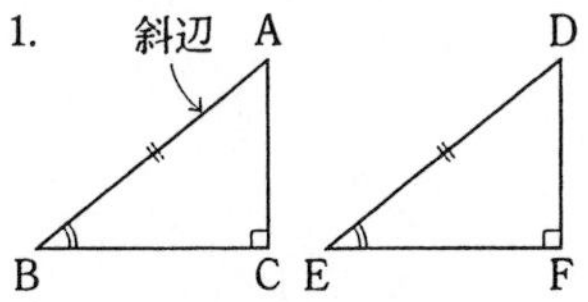

∠ACB＝∠DFE＝90°
AB＝DE
∠ABC＝∠DEF

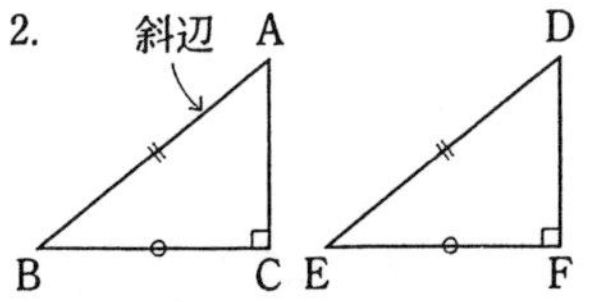

∠ACB＝∠DFE＝90°
AB＝DE
BC＝EF

Memo

当社発行物の無断使用は固くお断りいたします。御使用の前はまずご相談ください。

当社発行物には500点余の首都圏中・高過去問をはじめ、6点の学校案内、そのほかいくつかの情報誌などがございます。その多くが年度版で、限られたスタッフが来るべき受験シーズン前に余裕を持って受験生へ届けられるよう、日夜作業にあたり出版を重ねております。

最近、通塾生ご父母や塾内部からの告発によって、いくつかの塾が許諾なしに当社過去問を複写（コピー）し生徒に配布、授業等にも使用していることが発覚し、その一部が紛争、係争に至っております。過去問には原著作者や管理団体、代行出版等のほか、当社に著作権がございます。当社としましては、著作権侵害の発覚に対しては著作権を有するこれらの著作権関係者にその事実を開示して、マスコミにリリースする場合や法的な措置を取る場合がございます。その事例としましては、毎年当社過去問の発行を待って自由にシステム化使用していたA塾、個別教室でコピーを生徒に解かせ指導していたB塾、冊子化していたC社、生徒の希望によって書籍の過去問代わりにコピーを配布していたD塾などがあります。

当社発行物の全部もしくは一部を無断使用することは固くお断りいたします。

当社コンテンツの中にはリーズナブルな設定で紙面の利用を許諾している塾もたくさんございますので、ご希望の方は、お気軽にご相談くださいますようお願いします。同時に、当社発行物を無断で使用している会社などにつきましての情報もお寄せいただければ幸いです。

株式会社 声の教育社

2025年度用

高校スーパー過去問

■編集人 声の教育社・編集部

■発行所 株式会社 声の教育社

〒162-0814 東京都新宿区新小川町8-15

☎03-5261-5061㈹ FAX03-5261-5062

https://www.koenokyoikusha.co.jp

※本書の内容についての一切の責任は当社にあります。内容・解説・解答その他の質問等は文書にて当社に御郵送くださるようお願いいたします。

目白研心高等学校

別冊解答用紙

丁寧に抜きとって、別冊としてご使用ください。

★合格最低点

	年度	2024	2023	2022	2021	2020	2019
特進	一般	—	180	150	157	154	168
総合	一般	—	161	135	142	147	137
ＳＥＣ	一般	—	174	157	169	165	149

※ＳＥＣはSuper English Course　※ — は非公表

※2019～2022 年度は一般・併願優遇の合算

注意

○ 解答用紙は、収録の都合により縮小したものや、小社独自に作成したものもあります。

○ 学校配点は学校発表のもの、推定配点は小社で作成したものです。

○ 無断転載を禁じます。

○ 解答用紙を拡大コピーする場合、表示した拡大率に対応する用紙サイズは以下のとおりです。
101%～102%=B5　103%～118%=A4　119%～144%=B4　145%～167%=A3
(タイトルと配点表は含みません)

2024年度　英語解答用紙

目白研心高等学校

番号		氏名		評点	/100

1

Part A	1		2		3			
Part B	1		2		3		4	

2

A	①		②	
	③		④	
	⑤		⑥	

	⑦		⑧		⑨	
	3番目	6番目	3番目	6番目	3番目	6番目
B						

3

1	①		②		③		④		⑤	
2	(A)		(B)		(C)					

4

①		②	
③		④	
⑤			

5

1	①-X		①-Y		①-Z		
2	②-X		②-Y		②-Z		
3							
4							
5							
6	Monday	Tuesday	Wednesday	Thursday	Friday	Saturday	Sunday

6

1								
2		→		→		→		
3	(1)	自分が買ったものを (15字程度目安) に入れてしまうこと。						
	(2)							
4	ア							
	イ							
5								
6								
7								
8	(1)		(2)		(3)		(4)	

（注）この解答用紙は実物を縮小してあります。185%拡大コピーすると、ほぼ実物大で使用できます。（タイトルと配点表は含みません）

推定配点	
1～5 各2点×39〔2 Bは各2点×3〕 6 1～7 各2点×9　8 各1点×4	
100点	計

２０２４年度　目白研心高等学校

数学解答用紙

番号		氏名		評点	／100

1	(1)		
	(2)		
	(3)		
	(4)		
	(5)		
2	(1) $a=$		
	(2)		
	(3)		
3	(1)	通り	
	(2) $x=$		
	(3)	度	
	(4)	a	b

4	(1)	$\left\{\begin{array}{l} \square = 13 \\ \square = -1 \end{array}\right.$	
	(2)	x	y
5	(1)	あ	い
		a	b
		c	d
		e	f
	(2)	cm^2	
6	(1) $a=$		
	(2)		
	(3)		
7	(1)	：	
	(2)	cm	
	(3)	cm^3	

（注）この解答用紙は実物を縮小してあります。Ａ４用紙に118％拡大コピーすると、ほぼ実物大で使用できます。（タイトルと配点表は含みません）

推定配点		計
	1 各３点×５　2～4 各４点×９ 5 ⑴ 各２点×８ ⑵ ４点 6 ⑴ ４点 ⑵，⑶ 各５点×２ 7 各５点×３	100点

二〇二四年度　目白研心高等学校

国語解答用紙

番号		氏名		評点	/100

一

①　②　③　④　⑤
⑥　⑦　⑧　⑨　⑩

二

問一　A　B　C

問二　問三

問四（10・20・30・40）

問五　問六

問七（10）　問八

問九（10・20・30・40・50）

問十

三

問一　問二

問三（10・20・30・40・50）

問四　(1)　(2)

問五（10・20）

問六（10・20・30・40・50）

問七　問八　問九

四

問一　問二

問三　問四　(1)　(2)

(注) この解答用紙は実物を縮小してあります。204%拡大コピーすると、ほぼ実物大で使用できます。（タイトルと配点表は含みません）

推定配点	計
一　各2点×10　二　問一　各2点×3　問二、問三　各3点×2　問四　4点　問五～問八　各3点×4　問九　4点　問十　3点 三　問一、問二　各3点×2　問三　5点　問四　各2点×2　問五、問六　各4点×2　問七　2点　問八、問九　各3点×2 四　問一、問二　各3点×2　問三　2点　問四　各3点×2	100点

２０２３年度　目白研心高等学校

英語解答用紙

番号		氏名		評点	/100

1

Part A	1		2		3		4	
Part B	1		2		3		4	

2

A	①		②	
	③		④	
	⑤		⑥	

	⑦		⑧		⑨	
B	2番目	5番目	2番目	5番目	2番目	5番目

3

1	①		②		③		④		⑤	
2	(A)		(B)		(C)					

4

①		②	
③		④	
⑤			

5

1	①		②		⑦	
2						
3						
4	⑤		⑥			
5						
6						
7	(文化祭前の最後の授業日)	11月(　　)日				
	(文化祭後の最初の授業日)	11月(　　)日				

6

1	ア		イ							
2										
3										
4										
5										
6										
7	(1)		(2)		(3)		(4)		(5)	

（注）この解答用紙は実物を縮小してあります。179%拡大コピーすると、ほぼ実物大で使用できます。(タイトルと配点表は含みません)

推定配点	
1～5 各2点×41〔2Bは各2点×3〕 6 1 各1点×2　2～5 各2点×4　6 3点　7 各1点×5	
100点	計

２０２３年度　　目白研心高等学校

数学解答用紙

番号		氏名		評点	／100

大問	小問	解答
1	(1)	
	(2)	
	(3)	
	(4)	
	(5)	
2	(1)	
	(2)	
	(3)	
	(4)	冊
	(5)	$a=$
3	(1)	通り
	(2)	度
	(3)	度
	(4)	：　：
4	(1)	$\boxed{\quad} = 40$ $\frac{60}{100}(\boxed{\quad}) = \boxed{\quad}$
	(2)	男子　人 女子　人
5	(1)	：
	(2)	：
	(3)	倍
6	(1)	$a=$
	(2)	
	(3)	
7	(1)	cm^3
	(2)	cm
	(3)	cm^2

（注）この解答用紙は実物を縮小してあります。Ａ４用紙に116％拡大コピーすると、ほぼ実物大で使用できます。（タイトルと配点表は含みません）

推定配点		計
	1 各３点×５　2，3 各４点×９ 4 ⑴ ３点 ⑵ ４点 5 ⑴ ４点 ⑵，⑶ 各５点×２ 6 ⑴ ４点 ⑵，⑶ 各５点×２ 7 ⑴ ４点 ⑵，⑶ 各５点×２	100点

二〇二三年度 目白研心高等学校

国語解答用紙

番号　氏名

評点　/100

一

①　②　③　④　⑤　⑥　⑦　⑧　⑨　⑩

二

問一

問二

問三

問四　と判断した。

問五　A　B　C

問六

問七

問八

問九

三

問一

問二

問三

問四

問五

問六

問七

問八

問九

四

問一

問二

問三

問四

問五

（注）この解答用紙は実物を縮小してあります。192％拡大コピーすると、ほぼ実物大で使用できます。（タイトルと配点表は含みません）

推定配点

一　各2点×10　二　問一　3点　問二　4点　問三　3点　問四　4点　問五　各2点×3　問六～問九　各4点×4
三　問一～問三　各3点×3　問四　5点　問五～問七　各3点×3　問八　5点　問九　3点
四　問一　2点　問二、問三　各3点×2　問四　2点　問五　3点

計　100点

２０２２年度　目白研心高等学校

英語解答用紙

番号		氏名	

評点
/100

1

Part A	1		2		3		4	
Part B	1		2		3		4	

2

A	①			②		
	③			④		
	⑤			⑥		
B	⑦		⑧		⑨	
	3番目	6番目	3番目	6番目	3番目	6番目

3

1	①		②		③		④		⑤	
2	(A)	cm	(B)	cm	(C)	cm				

4

①		②	
③		④	
⑤			

5

1												
2												
3												
4												
5												
6												
7	(1)		(2)		(3)		(4)		(5)		(6)	

6

1										
2	ア									
	イ									
3										
4	(2語)									
5										
6										
7	(1)		(2)		(3)		(4)		(5)	

（注）この解答用紙は実物を縮小してあります。189％拡大コピーすると、ほぼ実物大で使用できます。（タイトルと配点表は含みません）

推定配点

1〜4 各2点×30〔2 Bは各2点×3〕
5 1〜6 各2点×6　7 各1点×6
6 1 2点　2、3 各3点×3　4〜6 各2点×3
7 各1点×5

計
100点

２０２２年度　目白研心高等学校

数学解答用紙

番号		氏名	

評点	／100

1	(1)	
	(2)	
	(3)	
	(4)	
	(5)	
2	(1)	$y=$
	(2)	
	(3)	
	(4)	
	(5)	$a=$
		他の解
3	(1)	通り
	(2)	度
	(3)	度
	(4)	

4	(1)	{ □ =128 □ =93	
	(2)	2050年の男性	人
		2050年の女性	人
5	(1)	cm	
	(2)	：	
	(3)	：	
6	(1)	$a=$	
	(2)		
	(3)	$b=$	
7	(1)	cm^3	
	(2)	cm	
	(3)	cm	

(注) この解答用紙は実物を縮小してあります。Ａ４用紙に118%拡大コピーすると、ほぼ実物大で使用できます。(タイトルと配点表は含みません)

推定配点		計
	1　各３点×５　　2　(1)～(4)　各４点×４　(5)　各２点×２ 3　各４点×４　　4　(1)　３点　(2)　４点 5　(1)　４点　(2), (3)　各５点×２ 6　(1)　４点　(2), (3)　各５点×２ 7　(1)　４点　(2), (3)　各５点×２	100点

二〇二二年度　目白研心高等学校

国語解答用紙

番号　氏名　評点 /100

一
①　②　③　④　⑤
⑥　⑦　⑧　⑨　⑩

二
問一　問二　問三
問四　問五
問六
問七
問八
問九

三
問一　問二　問三
問四 ④ ⑤
問五
問六
問七 ～
問八
問九　問十

四
問一 ① ②
問二
問三
問四

(注) この解答用紙は実物を縮小してあります。196%拡大コピーすると、ほぼ実物大で使用できます。(タイトルと配点表は含みません)

推定配点	
一 各2点×10 二 問一 2点 問二～問六 各3点×5 問七 4点 問八 6点 問九 3点 三 問一～問三 各3点×3 問四 各2点×2 問五～問七 各3点×3 問八 6点 問九、問十 各3点×2 四 問一 各3点×2 問二 2点 問三 5点 問四 3点	計 100点

2021年度 英語解答用紙

目白研心高等学校

番号		氏名		評点	/100

1

Part A	1		2		3		4	
Part B	1		2		3		4	

2

1		2	
3		4	

3

1	
2	
3	
4	

4

1		2		3		4	
5		6		7		8	

5

1		2		3	
①	②	③	④	⑤	⑥
4		5			
⑦	⑧	⑨	⑩		

6

1		2		3								
4		5		6								
7	(1)		(2)		(3)		(4)		(5)		(6)	

7

1	(　　　)(　　　)
2	
3	
4	私は、てんかん患者が (ア)＿＿＿＿＿ ということを、 (イ)＿＿＿＿＿。
5	
6	(1)　　(2)　　(3)　　(4)　　(5)　　(6)
7	

（注）この解答用紙は実物を縮小してあります。185%拡大コピーすると、ほぼ実物大で使用できます。（タイトルと配点表は含みません）

推定配点

1〜5 各2点×29

6 1 2点 2〜6 各3点×5 7 各1点×6

7 1 2点 2 3点 3〜5 各2点×3 6 各1点×6 7 2点

計 100点

２０２１年度　目白研心高等学校

数学解答用紙

番号		氏名		評点	／100

1	(1)	
	(2)	
	(3)	
	(4)	
	(5)	
2	(1)	
	(2)	
	(3)	
	(4)	個
	(5)	
3	(1)	
	(2)	度
	(3)	度
	(4)	$a=$
		$b=$

4	(1)	$\boxed{}=y$	
		$\boxed{}=y-12$	
	(2)	2点シュートの本数	本
		Aチームの得点	点
5	(1)		
	(2)		
	(3)	P(　　,　　)	
6	(1)		
	(2)	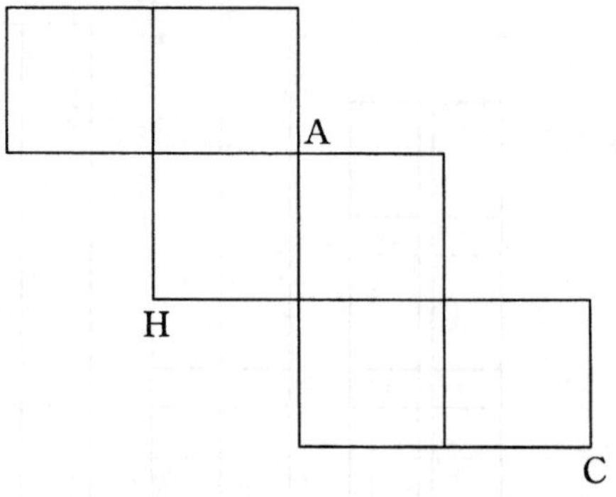	
	(3)	cm^3	

(注)　この解答用紙は実物を縮小してあります。Ａ４用紙に115%拡大コピーすると、ほぼ実物大で使用できます。(タイトルと配点表は含みません)

推定配点		計
	1, 2　各４点×10　　3〜6　各５点×12	100点

二〇二二年度　目白研心高等学校

国語解答用紙

番号　　氏名　　評点　／100

一

①　②　③　④　⑤　⑥　⑦　⑧　⑨　⑩

二

問一

問二　A　B　C　D

問三　問四

問五

問六　問七

問八　問九

三

問一　問二　問三

問四

問五　問六　問七

問八

問九

四

問一

問二

問三　問四

問五

（注）この解答用紙は実物を縮小してあります。192％拡大コピーすると、ほぼ実物大で使用できます。（タイトルと配点表は含みません）

推定配点		計
	一 各2点×10 二 問一 5点　問二～問四 各3点×6　問五 5点　問六～問九 各3点×4 三 問一～問三 各3点×3　問四 5点　問五～問七 各3点×3　問八 4点　問九 3点 四 各2点×5	100点

2020年度　目白研心高等学校

英語解答用紙

番号		氏名		評点	/100

1

Part A	1		2		3		4	
Part B	1		2		3		4	

2

1		2	
3		4	

3

1	
2	
3	
4	

4

1		2		3		4	
5		6		7		8	

5

1		2		3	
①	②	③	④	⑤	⑥

4		5	
⑦	⑧	⑨	⑩

6

1		2		3		4					
5	→ →										
6											
7	(1)		(2)		(3)		(4)		(5)		(6)

7

1	
2	
3	・ ・ ・ ・
4	(1)　(2)　(3)　(4)　(5)
5	
6	

(注) この解答用紙は実物を縮小してあります。192%拡大コピーすると、ほぼ実物大で使用できます。(タイトルと配点表は含みません)

推定配点

1～5 各2点×29
6 1 2点 2～6 各3点×5 7 各1点×6
7 1、2 各2点×2 3、4 各1点×9 5、6 各3点×2

100点	計

２０２０年度　　目白研心高等学校

数学解答用紙

番号		氏名		評点	／100

1	(1)	
	(2)	
	(3)	
	(4)	
	(5)	
2	(1)	
	(2)	$a =$
	(3)	
3	(1)	通り
	(2)	枚
	(3)	度
4	(1)	$\begin{cases} \square = 7(\square) \\ \square = \square - 27 \end{cases}$
	(2)	
5	(1)	cm^3
	(2)	cm^2
	(3)	cm

6	(1)	A(　　,　　)
	(2)	$a =$
	(3)	：
7	(1)	cm^3
	(2)	cm^2

（注）この解答用紙は実物を縮小してあります。B４用紙に120％拡大コピーすると、ほぼ実物大で使用できます。（タイトルと配点表は含みません）

推定配点		計
	1　各４点×５　　2～7　各５点×16〔4(1)は完答〕	100点

二〇二〇年度　目白研心高等学校

国語解答用紙

番号　　氏名　　評点 /100

一　①　②　③　④　⑤　⑥　⑦　⑧　⑨　⑩

二　問一（35字）　問二　問三 A B　問四 〜　問五　問六　問七（45字）　問八　問九　問十

三　問一　問二（50字）　問三　問四　問五　問六（30字）　問七　問八（25字）　問九　問十

四　問一　問二　問三　問四（20字）　問五

(注) この解答用紙は実物を縮小してあります。192%拡大コピーすると、ほぼ実物大で使用できます。(タイトルと配点表は含みません)

推定配点	
一 各2点×10 二 問一 4点　問二 3点　問三 各2点×2　問四〜問六 各3点×3　問七 5点　問八〜問十 各3点×3 三 問一 3点　問二 5点　問三〜問五 各3点×3　問六 4点　問七〜問十 各3点×4 四 問一〜問三 各2点×3　問四 4点　問五 3点	計 100点

2019年度 目白研心高等学校
英語解答用紙

番号		氏名		評点	/100

1

	1		2		3	
Part A	1		2		3	
Part B	1		2		3	

2

1		2		3		4	

3

1	
2	
3	
4	

4

1		
2		
3		
4		

5

1		2		3		4	
5		6		7		8	

6

1		2		3		4	
①	②	③	④	⑤	⑥	⑦	⑧
5		6		7			
⑨	⑩	⑪	⑫	⑬	⑭		

7

1		2		3		4		5	

8

1							
2	状態の人々						
3	Abraham Lincoln						
	Mohammad Ali						
4	(1)		(2)		(3)		(4)
5							
6	(1)		(2)		(3)		(4)

（注）この解答用紙は実物を縮小してあります。179%拡大コピーすると、ほぼ実物大で使用できます。（タイトルと配点表は含みません）

推定配点	
1～7 各2点×38　8 1 3点　2、3 各2点×5　4 各1点×4　5 3点　6 各1点×4	
100点	計

数学解答用紙

番号		氏名	

評点	／100

1	(1)	
	(2)	
	(3)	
	(4)	
	(5)	
2	(1)	
	(2)	
	(3)	個
3	(1)	
	(2)	問
	(3)	*cm*
	(4)	度
4	(1)	{
	(2)	列車の長さ　　*m*
		速さ　　秒速　　*m*

5	(1)	度
	(2)	*cm*
	(3)	*cm*
6	(1)	$a =$
	(2)	B(　　,　　)
	(3)	C(　　,　　)
7	(1)	*cm*
	(2)	cm^2
	(3)	*cm*

（注）この解答用紙は実物を縮小してあります。A４用紙に112％拡大コピーすると、ほぼ実物大で使用できます。（タイトルと配点表は含みません）

推定配点		計
	1～3　各４点×12　　4　各５点×２ 5　各４点×３　　6, 7　各５点×６	100点

二〇一九年度　目白研心高等学校

国語解答用紙

番号　　氏名　　評点　／100

一　①　②　③　④　⑤　⑥　⑦　⑧　⑨　⑩

二　問一　～　問二　問三
問四（40字）
問五　A　B
問六（40字）
問七
問八（21字）
問九

三　問一（30字）
問二　問三　問四　問五
問六（25字）
問七
問八（50字）
問九

四　問一　問二　問三
問四　問五

（注）この解答用紙は実物を縮小してあります。192%拡大コピーすると、ほぼ実物大で使用できます。（タイトルと配点表は含みません）

推定配点		計
	一　各2点×10 二　問一～問三　各3点×3　問四　5点　問五　各3点×2　問六　5点　問七～問九　各3点×3 三　問一　4点　問二～問五　各3点×4　問六　4点　問七　3点　問八　5点　問九　3点 四　各3点×5	100点

Memo

高校後見返し